Conheça o
Saraiva Conecta

Uma plataforma que apoia o leitor em sua jornada de estudos e de atualização.

Estude *online* com conteúdos complementares ao livro e que ampliam a sua compreensão dos temas abordados nesta obra.

Tudo isso com a **qualidade Saraiva Educação** que você já conhece!

Veja como acessar

No seu computador
Acesse o *link*
https://somos.in/SJPCTGPPC19

No seu celular ou tablet
Abra a câmera do seu celular ou aplicativo específico e aponte para o *QR Code* disponível no livro.

Faça seu cadastro

1. Clique em **"Novo por aqui? Criar conta"**.

2. Preencha as informações – insira um *e-mail* que você costuma usar, ok?

3. Crie sua senha e clique no botão **"CRIAR CONTA"**.

Pronto!
Agora é só aproveitar o conteúdo desta obra!*

Qualquer dúvida, entre em contato pelo *e-mail* suportedigital@saraivaconecta.com.br

Para consultar o conteúdo complementar, acesse:
https://somos.in/SJPCTGPPC19

*Sempre que quiser, acesse todos os conteúdos exclusivos pelo link ou pelo QR Code indicados. O seu acesso tem validade de 24 meses.

Carlos Eduardo Ferraz de Mattos Barroso

PROCESSO CIVIL

19ª edição
2024

TEORIA GERAL DO PROCESSO E PROCESSO DE CONHECIMENTO

saraiva jur

Av. Paulista, 901, Edifício CYK, 4º andar
Bela Vista – São Paulo – SP – CEP 01310-100

SAC | sac.sets@saraivaeducacao.com.br

DADOS INTERNACIONAIS DE CATALOGAÇÃO NA PUBLICAÇÃO (CIP) DE ACORDO COM ISBD
ELABORADO POR ODILIO HILARIO MOREIRA JUNIOR – CRB-8/9949

B277s Barroso, Carlos Eduardo Ferraz de Mattos
Sinopses jurídicas – Processo Civil – Teoria geral do processo e processo de conhecimento / Carlos Eduardo Ferraz de Mattos Barroso. – 19. ed. – São Paulo : SaraivaJur, 2024.
176 p.
ISBN: 978-65-5362-934-9 (impresso)
1. Direito. 2. Direito civil. 3. Processo Civil. I. Título

2023-3209

CDD 347
CDU 347

Índices para catálogo sistemático:
1. Direito civil   347
2. Direito civil   347

Diretoria executiva	Flávia Alves Bravin
Diretoria editorial	Ana Paula Santos Matos
Gerência de produção e projetos	Fernando Penteado
Gerência de conteúdo e aquisições	Thais Cassoli Reato Cézar
Gerência editorial	Livia Céspedes
Novos projetos	Aline Darcy Flôr de Souza
	Dalila Costa de Oliveira
Edição	Estevão Bula Gonçalves
Design e produção	Jeferson Costa da Silva (coord.)
	Karina Kempter
	Alanne Maria
	Lais Soriano
	Rosana Peroni Fazolari
	Tiago Dela Rosa
	Verônica Pivisan Reis
Planejamento e projetos	Cintia Aparecida dos Santos
	Daniela Maria Chaves Carvalho
	Emily Larissa Ferreira da Silva
	Kelli Priscila Pinto
Diagramação	Lais Soriano
Revisão	Ligia Alves
Capa	Lais Soriano
Produção gráfica	Marli Rampim
	Sergio Luiz Pereira Lopes
Impressão e acabamento	Gráfica Paym

Data de fechamento da edição: 4-12-2023

Dúvidas? Acesse www.saraivaeducacao.com.br

Nenhuma parte desta publicação poderá ser reproduzida por qualquer meio ou forma sem a prévia autorização da Saraiva Educação. A violação dos direitos autorais é crime estabelecido na Lei n. 9.610/98 e punido pelo art. 184 do Código Penal.

| CÓD. OBRA | 5766 | CL | 608685 | CAE | 847200 |

ÍNDICE

TÍTULO I – Teoria geral do processo **1**

Capítulo I – Introdução **1**
1. Direito processual 1
2. Conceitos básicos 2

Capítulo II – Princípios e garantias constitucionais do processo civil **4**
3. Garantias constitucionais do processo civil 4
    3.1. Devido processo legal (CF, art. 5º, LIV) 4
    3.2. Imparcialidade 5
    3.3. Contraditório (CF, art. 5º, LV) 5
    3.4. Ampla defesa (CF, art. 5º, LV) 6
    3.5. Fundamentação (CF, art. 93, IX) 6
    3.6. Publicidade (CF, art. 5º, LX) 7
    3.7. Da celeridade processual (CF, art. 5º, LXXVIII) 7
4. O duplo grau de jurisdição 8
5. Princípios gerais internos do processo civil 8
    5.1 Ação e disponibilidade 9
    5.2. Verdade formal 9
    5.3. Lealdade processual 9
    5.4. Economia processual 10

Capítulo III – A lei processual **12**
6. Lei processual no espaço 12
7. Lei processual no tempo 12
8. Da aplicação subsidiária da lei processual civil 13

Capítulo IV – Jurisdição **14**
9. Formas de composição de litígios 14
    9.1 Autotutela 14
    9.2. Autocomposição 14
    9.3. Tutela jurisdicional (CPC, art. 487, I e II) 15
10. A tutela jurisdicional estatal 15
    10.1. Conceito 15
    10.2. Finalidades 15
    10.3. Características 15
11. Princípios da jurisdição 16
12. Jurisdição contenciosa e voluntária 17

Capítulo V – Ação **20**
13. Conceito e autonomia 20
14. Condições da ação 22
    14.1. Legitimidade 22

SINOPSES JURÍDICAS

14.2. Interesse de agir	22
15. Classificação das tutelas	23
15.1. De conhecimento	23
15.2. De execução	24
15.3. Cautelar	24
16. Elementos da ação	25
16.1. Partes	25
16.2. Causa de pedir	25
16.3. Pedido	26

Capítulo VI – Competência **28**

17. Conceito e critérios de determinação	28
17.1. Limites da jurisdição internacional	28
17.2. Cooperação internacional	29
17.3. Competência interna	30
17.3.1. Competência das justiças internas civis	30
17.4. Critérios de competência	31
17.4.1. Territorial ou de foro (*ratione loci*)	31
17.4.2. Matéria (*ratione materiae*)	31
17.4.3. Pessoa (*ratione personae*)	32
17.4.4. Valor da causa	32
18. Competência absoluta e relativa	33
18.1. Competência absoluta	33
18.2. Competência relativa	33
19. Prorrogação de competência	34
20. Perpetuação da jurisdição (*perpetuatio jurisdictionis* – CPC, art. 43)	34
21. Conexão e continência	35
21.1. Conexão (CPC, art. 54)	35
21.1.1. Questões prejudiciais externas	36
21.2. Continência (CPC, art. 56)	36
22. Prevenção	36
23. Conflito de competência (CPC, arts. 66 e 951 a 959)	37
24. Da cooperação nacional	37

Capítulo VII – Das partes e seus procuradores **39**

25. Relação jurídica processual	39
26. Conceito de parte	39
27. Faculdades, deveres e ônus processuais	39
27.1. Faculdades processuais	39
27.2. Deveres processuais	40
27.2.1. Ato atentatório à dignidade da justiça	40
27.2.2. Da litigância de má-fé	40
27.3. Ônus processuais	40
28. Substituição processual e substituição de parte	41
29. Capacidade de estar em juízo e capacidade processual	42

Processo civil – Teoria geral do processo e processo de conhecimento

30. Do advogado	42
30.1. Capacidade postulatória	42
30.2. O mandato judicial	43
30.3. Direitos do advogado	43
30.4. Substituição do advogado	43
Capítulo VIII – O Ministério Público no processo civil	**45**
31. Vantagens processuais do Ministério Público	45
Capítulo IX – O juiz	**46**
32. Deveres do juiz no processo civil	46
33. A imparcialidade	46
Capítulo X – Dos auxiliares da justiça	**48**
Capítulo XI – Advocacia e Defensoria Públicas (arts. 182 a 187)	**50**
Capítulo XII – Os atos processuais	**51**
34. Generalidades	51
34.1. Do processo eletrônico	51
35. O ato processual no tempo	53
36. O ato processual no espaço	53
37. Atos das partes	54
38. Pronunciamentos do juiz	55
38.1. Despachos	55
38.2. Decisão interlocutória	55
38.3. Sentença	55
39. Prazos processuais	56
39.1. Prazos próprio e impróprio	56
39.2. Prazos dilatório e peremptório	56
39.3. Preclusão	57
Capítulo XIII – Pressupostos e nulidades processuais	**59**
40. Pressupostos processuais	59
41. Forma de controle externo das nulidades	59
41.1. Da nulidade absoluta insanável, por ausência dos pressupostos de existência	60
41.2. Nulidade absoluta, por ausência de pressuposto de desenvolvimento válido do processo, sujeita a ação rescisória	62
42. Controle incidental das nulidades processuais	63
Capítulo XIV – Litisconsórcio	**65**
43. Conceito e classificações	65
44. Espécies de litisconsórcio	65
44.1. Facultativo	65
44.2. Necessário	65
44.3. Simples	67
44.4. Unitário	67

SINOPSES JURÍDICAS

Capítulo XV – Intervenção de terceiros	**68**
45. Conceito	68
46. Assistência	68
46.1. Modalidades de assistência	68
46.2. Procedimento	69
47. Denunciação da lide	69
47.1. Hipóteses legais	70
47.2. Procedimento	70
47.2.1. Para o autor (CPC, art. 127)	70
47.2.2. Para o réu (CPC, art. 128)	71
48. Chamamento ao processo	71
49. Do incidente de desconsideração da personalidade jurídica	73
50. Amicus curiae	73
51. Oposição (CPC, arts. 682 a 686)	74
51.1. Procedimento	74
Capítulo XVI – Formação, suspensão e extinção do processo	**75**
52. Formação do processo	75
53. Suspensão do processo	76
53.1. Causas de suspensão do processo	76
53.1.1. Morte ou perda da capacidade processual da parte, do seu representante legal ou do advogado (CPC, art. 313, I)	76
53.1.2. Convenção das partes (CPC, art. 313, II)	77
53.1.3. Arguição de impedimento ou suspeição (CPC, art. 313, III)	77
53.1.4. Existência de questões prejudiciais externas (CPC, art. 313, IV e V)	77
53.1.5. Força maior (CPC, art. 313, VI)	78
53.1.6. Pelo nascimento ou adoção de filho (CPC, art. 313, IX e X)	78
54. Extinção do processo	78
54.1. Extinção sem resolução de mérito	78
54.1.1. Indeferimento da inicial (CPC, art. 485, I)	78
54.1.2. Abandono do processo (CPC, art. 485, II e III)	79
54.1.3. Ausência dos pressupostos processuais (CPC, art. 485, IV)	80
54.1.4. Perempção (CPC, art. 485, V)	80
54.1.5. Litispendência e coisa julgada (CPC, art. 485, V)	80
54.1.6. Ausência de condições da ação (CPC, art. 485, VI)	80
54.1.7. Pela convenção de arbitragem ou quando o juiz arbitral reconhecer sua competência (CPC, art. 485, VII)	81
54.1.8. Desistência da ação (CPC, art. 485, VIII)	81
54.1.9. Intransmissibilidade da ação (CPC, art. 485, IX)	81
54.2. Extinção com resolução de mérito	81
54.2.1. Acolhimento ou rejeição do pedido mediato da ação ou reconvenção (CPC, art. 487, I)	82
54.2.2. Homologar o reconhecimento jurídico do pedido (CPC, art. 487, III, a)	82
54.2.3. Homologar a transação (CPC, art. 487, III, b)	82

Processo civil – Teoria geral do processo e processo de conhecimento

54.2.4. Homologar a renúncia (CPC, art. 487, III, c) 82

54.2.5. Decadência e prescrição (CPC, art. 487, II) 83

Capítulo XVII – Procedimento.......................... **84**

55. Conceito 84

56. Procedimento comum 84

57. Procedimentos especiais 84

TÍTULO II – Processo de conhecimento **85**

Capítulo XVIII – Petição inicial.......................... **85**

58. Conceito 85

59. Requisitos 85

60. Emenda e indeferimento da inicial 88

61. Improcedência liminar do pedido 88

Capítulo XIX – Tutela provisória.......................... **90**

62. Conceito 90

63. Tutela de urgência 91

63.1. Da concessão da tutela antecipada em caráter antecedente 92

63.2. Da concessão da tutela cautelar em caráter antecedente 93

64. Tutela de evidência 93

Capítulo XX – Da citação.......................... **95**

65. Conceito e generalidades 95

66. Modalidades 95

66.1. Das citações reais 95

66.1.1. Pelo correio (CPC, art. 247) 95

66.1.2. Por oficial de justiça (CPC, arts. 249 e 251) 96

66.1.3. Por meio eletrônico 96

66.2. Citações fictas ou presumidas 96

66.2.1. Por edital (CPC, arts. 256 a 259) 97

66.2.2. Por hora certa (CPC, arts. 252 a 254) 97

67. Efeitos (CPC, art. 240) 98

67.1. Efeitos processuais 98

67.2. Efeito material 98

67.3. Prescrição 98

68. Intimação e notificação 98

Capítulo XXI – Da audiência de conciliação ou de mediação **100**

Capítulo XXII – Da resposta do réu.......................... **101**

69. Generalidades e espécies 101

70. Contestação 101

70.1. Contestação processual (defesa formal ou preliminar de mérito).......... 101

70.2. Defesa de mérito 103

71. Exceção 104

SINOPSES JURÍDICAS

71.1. Exceção de impedimento ou suspeição 104
72. Reconvenção (CPC, art. 343) 106

Capítulo XXIII – Da revelia **108**

Capítulo XXIV – Das providências preliminares e do saneamento **109**
73. Da não incidência dos efeitos da revelia (CPC, arts. 348 e 349) 109
74. Do fato impeditivo, modificativo ou extintivo do direito do autor (CPC, art. 350) 109
75. Das alegações do réu 109

Capítulo XXV – Do julgamento conforme o estado do processo **110**
76. Conceito 110
77. Da extinção do processo 110
78. Do julgamento antecipado do mérito 110
79. Do julgamento antecipado parcial do mérito 111
80. Saneamento do processo 111

Capítulo XXVI – Audiência de instrução e julgamento **112**
81. Conceito 112
82. Procedimento 112
   82.1. Atos preparatórios 112
   82.2. Conciliação 112
   82.3. Instrução e julgamento 113

Capítulo XXVII – Teoria geral das provas **114**
83. Conceito 114
84. Objeto da prova 114
   84.1. Prova sobre direito 114
85. Finalidade e destinatário da prova 115
86. Ônus da prova 115
87. Deveres das partes e terceiros com relação à prova 115
88. Momentos da prova 115
89. Da produção antecipada da prova (CPC, art. 381) 116

Capítulo XXVIII – Depoimento pessoal **117**
90. Conceito e procedimento 117
91. Confissão (CPC, arts. 389 a 395) 117

Capítulo XXIX – Da exibição da coisa ou documento **118**

Capítulo XXX – Prova documental **119**
92. Conceito 119
93. Documento público 119
94. Documento particular 119
95. Falsidade de documento 119
96. Produção da prova documental 120

Capítulo XXXI – Prova testemunhal **122**
97. Conceito 122

Processo civil – Teoria geral do processo e processo de conhecimento

98. A testemunha 122
99. Produção da prova testemunhal 122

Capítulo XXXII – Prova pericial e inspeção judicial **125**
100. Conceito e modalidades 125
101. Procedimento 125
102. Inspeção judicial 126
  102.1. Conceito e procedimento 126

Capítulo XXXIII – Sentença e coisa julgada **128**
103. Conceito 128
104. Elementos essenciais da sentença 129
  104.1. Relatório 129
  104.2. Fundamentação 129
  104.3. Dispositivo 129
105. Vícios da sentença 130
106. Classificação das sentenças pela natureza do provimento jurisdicional 131
107. Efeitos da sentença 132
108. Conceito de coisa julgada 132
109. Limites objetivos e subjetivos da coisa julgada 133
  109.1. Limites objetivos 133
  109.2. Limites subjetivos 134
110. Eficácia preclusiva da coisa julgada 135

TÍTULO III – Dos processos nos tribunais e dos meios de impugnação das decisões judiciais **137**

Capítulo XXXIV – Da ordem dos processos e dos processos de competência originária dos tribunais **137**
111. Da ordem dos processos nos tribunais 137
112. Do incidente de assunção de competência (CPC, art. 947) 139
113. Do incidente de arguição de inconstitucionalidade (CPC, arts. 948 e 949).. 139
114. Do conflito de competência (CPC, arts. 951 a 959) 139
115. Da homologação de decisão estrangeira e da concessão do *exequatur* à carta rogatória (CPC, arts. 960 e 963) 140
116. Ação rescisória (CPC, arts. 966 a 975) 141
117. Incidente de resolução de demandas repetitivas (CPC, arts. 976 a 987) 143
118. Reclamação (CPC, arts. 988 a 993) 144

Capítulo XXXV – Teoria geral dos recursos **146**
119. Conceito 146
120. Pressupostos subjetivos 146
  120.1. Legitimidade 146
  120.2. Interesse 146
121. Pressupostos objetivos 147
  121.1. Tempestividade 147
  121.2. Cabimento 147

SINOPSES JURÍDICAS

121.3. Preparo 148
121.4. Generalidades 148
122. Recurso adesivo 148

Capítulo XXXVI – Dos recursos em espécie **150**
123. Apelação (CPC, arts. 1.009 a 1.014) 150
    123.1. Procedimento 150
    123.2. Efeitos da apelação 150
        123.2.1. Suspensivo 150
        123.2.2. Devolutivo 151
124. Agravo de instrumento (CPC, arts. 1.015 a 1.020) 151
125. Agravo interno (CPC, art. 1.021) 152
126. Embargos de declaração (CPC, arts. 1.022 a 1.026) 153
127. Dos recursos para o Supremo Tribunal Federal e o Superior Tribunal de Justiça ... 154
    127.1. Recurso ordinário (CPC, arts. 1.027 e 1.028) 154
    127.2. Do recurso extraordinário e do recurso especial 155
        127.2.1. Disposições gerais (CPC, arts. 1.029 a 1.035) 155
        127.2.2. Dos julgamentos dos recursos extraordinário e especial repetitivos (CPC, arts. 1.036 a 1.041) 156
        127.2.3. Do agravo em recurso especial e em recurso extraordinário (CPC, art. 1.042) 158
        127.2.4. Dos embargos de divergência (CPC, art. 1.043) 158

Título I
TEORIA GERAL DO PROCESSO

Capítulo I
INTRODUÇÃO

1. DIREITO PROCESSUAL

No início das relações sociais entre os homens, durante o período em que não existia Estado constituído da forma como hoje conhecemos, os conflitos de interesses entre as pessoas eram resolvidos pela "lei do mais forte", com cada qual visando fazer prevalecer sua vontade, mediante a submissão da outra. Hoje, essa forma de composição de litígios remanesce em nossa legislação apenas para as hipóteses em que é necessário repelir uma agressão injusta, atual e iminente (como na legítima defesa).

Com o surgimento do Estado organizado, este chamou para si o dever e o poder de julgar as pretensões apresentadas pelo membro da sociedade que se diz violado num direito. É a chamada função estatal jurisdicional (jurisdição).

No exercício dessa pacificação social, passou a ser uma exigência que a jurisdição fizesse uso de um instrumento com regras previamente definidas em lei, capaz de regular com clareza todos os aspectos decorrentes da relação jurídica a surgir entre o Estado-juiz e aqueles que o procuram para dirimir seus conflitos (partes).

É o direito processual, portanto, o conjunto de normas e princípios que estuda essa atividade substitutiva do Estado (jurisdição) e a relação jurídica que irá desenvolver-se entre as partes litigantes e o agente político (juiz).

Os quatro institutos fundamentais, a partir dos quais o estudo do direito processual é desenvolvido, são a **jurisdição**, a **ação**, a **exceção** ou **defesa** e o **processo**.

Da jurisdição decorre o estudo da competência, dos poderes do juiz no processo, da exigência de fundamentação das decisões e do duplo grau de jurisdição.

O conceito de ação desdobra-se no estudo dos seus elementos identificadores e condições de exercício, nos fenômenos da conexão, litisconsórcio, prevenção, coisa julgada, litispendência e formas de extinção do processo.

A exceção (ou defesa) tem sua importância no estabelecimento de prazos e nos fenômenos processuais da revelia e do julgamento antecipado da lide.

Por fim, o processo é instituto informativo de todas as regras sobre o procedimento, o qual é a sua expressão visível.

A teoria geral do processo estuda os elementos comuns a todos os ramos da ciência do processo. Já o processo civil é o ramo do direito processual que estuda o exercício da jurisdição civil, compreendidos os direitos materiais civil, comercial, administrativo e tributário,

SINOPSES JURÍDICAS

além de qualquer outro que não tenha regras processuais específicas previstas em lei (característica residual).

Dica

> Importante associar o conceito de direito processual aos quatro institutos fundamentais, observando de que maneira cada um deles está ligado ao juiz (jurisdição), autor (ação), réu (exceção) e procedimento (processo).

2. CONCEITOS BÁSICOS

São os conceitos utilizados durante todo o estudo do processo civil:

Lide: é o conflito de interesses, qualificado pela existência de uma pretensão resistida. Se uma pessoa pretende o bem da vida (material ou imaterial) e encontra resistência relevante em outra pessoa, somente o Poder Judiciário, a princípio, pode, pela atuação do processo, solucionar a questão.

Entretanto, nem toda lide é de interesse do Judiciário, mas somente aquelas em que não foi possível a solução amistosa. Na convivência social não raramente nos deparamos com o surgimento de conflitos entre os cidadãos, os quais quase sempre são resolvidos pelo consenso das partes. Só quando inviável se mostra a solução amistosa e havendo risco de dano efetivo a uma das partes em litígio é que surge a necessidade de intervenção da jurisdição estatal. Daí o uso da expressão "qualificado pela pretensão resistida" no conceito referido.

Modernamente, diante da dificuldade real de o Poder Judiciário resolver todas as demandas a ele apresentadas, *dentro de um prazo razoável*, há nítido estímulo legislativo e doutrinário para a busca de formas alternativas de composição de litígios, como a conciliação, a mediação e a arbitragem.

Processo: é o instrumento colocado à disposição dos cidadãos para solução de seus conflitos de interesses e pelo qual o Estado exerce a jurisdição. Tal solução e exercício são desenvolvidos com base em regras legais previamente fixadas e buscam, mediante a aplicação do direito material ao caso concreto, a entrega do bem da vida, a pacificação social e a realização da Justiça.

Os elementos integrantes desse instrumento de exercício do poder estatal (jurisdição) são o procedimento (materialização do processo) e a relação jurídica processual contraditória (desenvolvida entre o juiz e as partes).

Procedimento: é a forma como o processo se exterioriza e materializa no mundo jurídico. É por meio do procedimento que o processo age. Basicamente consiste numa sequência de atos que deve culminar com a declaração do Judiciário sobre quem tem o direito material (bem da vida) na lide submetida à sua apreciação. Essa sequência deve observar, obrigatoriamente, a dialética processual, consistente em facultar e *garantir às partes a efetiva participação* durante seu desenvolvimento (tese do autor e antítese do réu), além da utilização de todos os recursos legais inerentes à defesa dos interesses de cada litigante, tudo para que possam influir de forma efetiva na formação do convencimento do julgador (síntese).

Nosso ordenamento jurídico prevê uma fórmula geral de solução de conflitos, nominada procedimento comum, a ser adotado sempre que o direito material em litígio não demandar regras específicas para sua solução. Mas, ante a diversidade das relações jurídicas substanciais surgidas entre as partes, torna-se inviável a adoção absoluta dessa regra única. A busca de melhor efetividade do processo fez surgir a especialização de alguns procedimentos, assumindo estes modos diversos de agir cada vez que o direito material a ser amparado seja diferenciado (procedimentos especiais).

Processo civil – Teoria geral do processo e processo de conhecimento

Pretensão: é a exigência, o pedido ou a postulação que a parte deduz perante o juiz. Vencida a fase da justiça com as próprias mãos, é obrigação do titular de um direito violado provocar o exercício da jurisdição estatal. Por meio do processo poderá ele buscar uma sentença que reconheça o direito alegado e sujeite o réu ao seu cumprimento.

No processo se desenvolvem duas pretensões distintas do autor:

a) A primeira é a deduzida contra a parte adversa, correspondendo à exigência de subordinação ao seu interesse, com a consequente entrega do bem da vida que se alega violado. Essa pretensão encontra embasamento nas regras gerais de conduta do direito material.

b) Aquele que se diz violado num direito material passou a ter um direito subjetivo contra o Estado-juiz, consistente em obter uma tutela jurídica que afaste a violação por ele suportada. Logo, o autor da demanda judicial também formula uma pretensão contra o agente que exerce a jurisdição, a qual consiste justamente em obter um provimento jurisdicional que obrigue o réu à entrega do direito material violado.

Quadro sinótico – Introdução

1) Direito processual	É o conjunto de normas e princípios que regulamentam o exercício da atividade jurisdicional e a relação jurídica que se desenvolve entre as partes litigantes e o agente político (juiz).
2) Institutos fundamentais	a) Jurisdição – Poder estatal de dizer o direito e de cujo estudo decorrem a competência, os poderes do juiz, os requisitos de validade da sentença e o duplo grau de jurisdição. b) Ação – Direito de postular do Estado-juiz uma sentença de mérito e do qual se desdobra o estudo dos elementos identificadores e condições de exercício, dos fenômenos da conexão, litispendência, prevenção, coisa julgada, litisconsórcio e formas de extinção do processo. c) Exceção (defesa) – Direito que demonstra a importância do estabelecimento de prazos e dos fenômenos da revelia e do julgamento antecipado da lide. d) Processo – Instituto informativo de todas as regras sobre o procedimento (expressão visível).
3) Conceitos básicos	a) Lide – Conflito de interesses, qualificado pela existência de uma pretensão resistida. b) Processo – Instrumento à disposição do cidadão para a solução de seus conflitos de interesses pela intervenção substitutiva do Estado-juiz. c) Procedimento – A forma como o processo se exterioriza, o modo pelo qual ele age. Sequência de atos que deve assegurar às partes efetiva participação, com garantia de uso de todos os recursos legais previstos para a defesa dos interesses de cada litigante. d) Pretensão – Exigência, pedido ou postulação deduzida pela parte perante o juiz. Subdivide-se na pretensão de direito material, consistente na vontade de subordinar o adversário ao seu interesse jurídico e na pretensão de direito processual, voltada contra o Estado-juiz, visando à obtenção da tutela jurídica estatal que afaste a violação de seu direito material violado.

Capítulo II
PRINCÍPIOS E GARANTIAS CONSTITUCIONAIS DO PROCESSO CIVIL

Princípios podem ser definidos como a verdade básica imutável de uma ciência, funcionando como pilares fundamentais da construção de todo o estudo doutrinário.

A Constituição Federal, adotando a tendência de constitucionalização do processo, houve por bem incluir em seu bojo uma série de princípios basilares da ciência processual. Dessa forma, esses princípios passam a ser considerados como garantias individuais do cidadão, em face do poder jurisdicional do Estado.

O art. 1º do Código de Processo Civil deixa expressa essa vinculação, ao impor que sua aplicação e interpretação devem observar os valores e as normas fundamentais da Constituição Federal.

A divisão do capítulo visa facilitar a visualização de que nem todos os princípios de processo são garantias constitucionais. Tais garantias, muitas delas inseridas no art. 5º da Constituição Federal e elevadas ao nível de cláusulas pétreas, não podem ser objeto de limitação pela legislação infraconstitucional.

Já os demais princípios internos do processo civil comportam regulagem em legislação específica, servindo mais como forma de distinção do processo civil dos demais ramos da ciência processual.

3. GARANTIAS CONSTITUCIONAIS DO PROCESSO CIVIL

3.1. DEVIDO PROCESSO LEGAL (CF, ART. 5º, LIV)

Para cada tipo de litígio deve a lei apresentar expressamente uma forma de composição jurisdicional pertinente, já que nenhuma ameaça ou lesão de direito deixará de ser apreciada pelo Poder Judiciário (art. 3º do CPC).

A mais moderna e conceituada doutrina brasileira vem, com base nos estudos de direito comparado, estendendo os limites da cláusula do *due process of law* para fora do processo, entendendo-o muito mais como uma espécie de postulado gênero, do qual derivam todos os outros princípios. Tal inspiração teve origem na Constituição Federal norte-americana, a qual, fundada no histórico conceito do *land of law*, acobertou o caráter não só processual mas também substantivo do devido processo legal, por meio de suas Emendas 5ª e 14ª. E essa característica substantiva do devido processo vem sendo ressaltada na doutrina pátria por diversos juristas, de modo que tal garantia possa ser constatada, por exemplo, no princípio da legalidade do direito administrativo, na liberdade de contratar e no direito adquirido (direito civil), nas licitações, nas garantias constitucionais fundamentais e até mesmo em procedimentos extrajudiciais da vida privada (expulsão do sócio de um clube recreativo).

Para o processo civil é o devido processo legal **princípio informativo** que abrange e incorpora todos os demais princípios a serem estudados, funcionando, juntamente com contraditório, ampla defesa e imparcialidade, como o sistema de garantias processuais básicas de uma sociedade justa e democrática. Ninguém pode ser privado de sua liberdade ou de seus bens sem que tenha sido submetido a um julgamento prolatado com base no pertinente instrumento estatal previsto em lei para a solução daquele conflito específico de interesses.

Entretanto, nos dias atuais está provado que o processo jurisdicional estatal nem sempre é o melhor instrumento de pacificação social, por ser ele moroso e dispendioso para as partes.

Processo civil – Teoria geral do processo e processo de conhecimento

Por essa razão, os §§ 1º a 3º do art. 3º do Código de Processo Civil impõem às partes e ao Estado o dever de buscar, mesmo no curso do processo judicial, a solução consensual dos conflitos (conciliação, mediação etc.), por ser ela mais rápida e barata para todos os envolvidos.

3.2. IMPARCIALIDADE

É a garantia de um julgamento proferido por juiz equidistante das partes. A isenção daquele que profere a decisão é uma das maiores preocupações da ciência processual e é assegurada por um conjunto de outros princípios e garantias.

O primeiro elemento integrante do conjunto principiológico são as garantias constitucionais dos magistrados, consistentes na **irredutibilidade de subsídios**, **inamovibilidade** e **vitaliciedade** (CF, art. 95, I, II e III).

Também ligadas à imparcialidade estão a garantia do juiz natural e a vedação expressa aos **tribunais de exceção** (CF, art. 5º, XXXVII).

O juiz natural é aquele investido regularmente na jurisdição (investidura) e com competência constitucional para julgamento do conflito de interesses a ele submetido. Exemplo prático da aplicação da garantia da investidura é a declaração de inconstitucionalidade da aplicação a menor de medida socioeducativa pelo Ministério Público, por ser essa atribuição exclusiva da autoridade judiciária e gerar, por consequência, violação ao princípio do juiz natural.

Já para que não haja violação à vedação aos tribunais de exceção, mister se faz que o órgão jurisdicional tenha sido criado previamente aos fatos que geraram a lide submetida ao seu crivo e com competência prevista de modo expresso na Constituição Federal. Típico exemplo de tribunal de exceção em nosso ordenamento seria o de Nuremberg, criado após o fim da Segunda Grande Guerra, para julgar os crimes de genocídio acontecidos anteriormente à sua instituição.

O próprio Código de Processo Civil, em seus arts. 144 e 145, prevê hipóteses de natureza objetiva e subjetiva de parcialidade do juiz (*vide* Capítulo XXII, item 70.2).

O desaforamento dos casos de competência do Tribunal do Júri visa justamente o deslocamento do julgamento para outra comarca, em virtude da suspeita de parcialidade dos jurados, por exemplo, quando o réu tem influência política, social e econômica em pequena cidade do interior.

3.3. CONTRADITÓRIO (CF, ART. 5º, LV)

O contraditório é hoje considerado a garantia mais relevante do ordenamento processual e consiste na outorga de efetiva oportunidade de participação efetiva das partes na formação do convencimento do juiz que prolatará a sentença.

Essa efetividade decorre da paridade de tratamento das partes em relação ao exercício de direitos e faculdades processuais, aos meios de defesa, aos ônus, aos deveres e à aplicação de sanções processuais (CPC, art. 7º).

Essa dialética processual, consistente na atuação do juiz e na atividade contraditória das partes, é forma de concessão de legitimação ao processo, gerando maior força de pacificação social e justiça nas decisões. Não se pode negar que a parte vencida terá um conformismo maior quanto mais ampla tiver sido a sua participação no feito.

Muito embora não admita exceções, o contraditório pode desenvolver-se de duas maneiras distintas:

SINOPSES JURÍDICAS

I) **De forma antecipada**. É a forma comum de aplicação (CPC, art. 9º, *caput*). Nela, as partes acompanham o desenrolar do processo desde o seu início, sem suportar efeitos de decisões interlocutórias das quais ainda não tenham conhecimento e com o proferimento da sentença final somente após cognição exauriente desenvolvida pelo juiz (ex.: processo comum de conhecimento). Proíbe-se a chamada "decisão surpresa".

II) **De forma diferida ou postergada no tempo**. São hipóteses de exceção (art. 9º, I a III). São elas cabíveis: **a)** quando presente a urgência decorrente do perigo de dano ao direito material invocado pela parte ou risco ao resultado útil do processo (CPC, art. 300); **b)** quando for evidente o direito do autor da demanda (CPC, art. 311); e **c)** nos casos de ação monitória (CPC, art. 701).

Nas tutelas de urgência, é necessário, como regra geral, que o provimento concedido tenha característica de reversibilidade real, consistente no retorno das partes à exata situação fática/jurídica existente antes da concessão da medida. Caso não seja ela possível, ao menos deve-se assegurar que a parte que suportou os efeitos da medida seja indenizada por perdas e danos (CPC, arts. 300, §§ 1º e 3º, e 302).

Nas tutelas de evidência, o direito do autor está de tal forma demonstrado que nem sequer existe a necessidade de demonstração do perigo de dano. O que se busca é inverter o ônus da demora do processo imposto ao autor. Nesses casos, entrega-se desde logo o bem da vida ao autor, para que este usufrua dele enquanto não solucionado o litígio de m definitiva (art. 311, I a IV).

Na monitória, a prova pré-constituída e apresentada pelo autor na inicial autoriza a imediata expedição de ordem de pagamento (não deixa de ser ela espécie da tutela de evidência).

3.4. AMPLA DEFESA (CF, ART. 5º, LV)

Consiste na possibilidade de utilização pelas partes de todos os meios e recursos legais previstos para a defesa de seus interesses e direitos postos em juízo.

O processo atua mediante uma sequência de atos processuais formais, todos eles previstos em lei justamente para garantir a igualdade das partes durante o transcorrer do "jogo" que se instaura perante o Judiciário e para possibilitar meios de efetiva defesa dos seus interesses em litígio. Não se concebe um processo justo sem que tenham as partes acesso a todos os meios legais, processuais e materiais, criados para a demonstração das suas razões em juízo, servindo a ampla defesa também como forma de legitimação do processo. A violação desse princípio está ligada ao conceito de **cerceamento de defesa**, consistente na prolação de uma decisão prematura, sem que tenha sido facultada à parte a utilização de todos os recursos previstos em lei para a defesa de seu direito.

3.5. FUNDAMENTAÇÃO (CF, ART. 93, IX)

A Constituição exige dos órgãos da jurisdição a motivação explícita de todos os seus atos decisórios, garantia esta replicada no Código de Processo Civil, art. 11. Tal garantia assegura às partes o conhecimento das razões do convencimento do juiz e o porquê da conclusão exarada em sua decisão, outorgando ao seu ato maior força de pacificação social e possibilitando a interposição de recursos pela parte vencida.

O art. 10 do Código de Processo Civil veda ao juiz proferir decisão com base em fundamento sobre o qual as partes não tiveram oportunidade de se manifestar.

Como em nosso sistema legal (*civil law*) os agentes políticos da jurisdição não são eleitos pelo voto popular, a demonstração do raciocínio lógico-jurídico a eles imposto é forma

Processo civil – Teoria geral do processo e processo de conhecimento

de legitimação da sua função, essencial ao Estado de Direito e ao conceito de devido processo legal.

Nosso ordenamento abre uma única exceção ao princípio da motivação: nos julgamentos de competência do Tribunal do Júri Popular, órgão constitucional da jurisdição e soberano em seus veredictos, pelo qual o acusado é julgado por seus semelhantes, mediante simples respostas positivas ou negativas a quesitos formulados pelo juiz togado, sem qualquer demonstração do raciocínio lógico dos jurados quanto ao juízo condenatório ou absolutório.

3.6. PUBLICIDADE (CF, ART. 5º, LX)

Todos os atos praticados em juízo são dotados de publicidade, como forma de controle da atividade jurisdicional pelas partes e garantia de lisura do procedimento (CPC, art. 11). O controle do andamento do processo pelas partes, seus procuradores e qualquer do povo é hoje requisito essencial para a validade do ordenamento processual, afastando a suspeita decorrente de julgamentos secretos. Entretanto, tal princípio não é absoluto, podendo ser restringido quando presentes o interesse público ou o social, em processos que versem sobre direito de família, que contenham dados protegidos pelo direito constitucional à intimidade e que versem sobre arbitragem que contenha cláusula de sigilo (CPC, art. 189).

Nos casos de segredo de justiça, pode ser limitada às partes e seus advogados, aos defensores públicos ou ao Ministério Público (CPC, art. 11, parágrafo único).

3.7. DA CELERIDADE PROCESSUAL (CF, ART. 5º, LXXVIII)

A celeridade processual é caracterizada por dois aspectos distintos, quais sejam, a razoabilidade na duração do processo e a celeridade em sua tramitação.

Esse direito da parte abrange não só o direito a obter uma sentença de mérito em prazo razoável, como também a tutela satisfativa da execução (CPC, art. 4º). Ademais, é dever de todos os envolvidos no processo cooperar para que se obtenha decisão de mérito, justa e efetiva, dentro de um prazo razoável (CPC, art. 6º).

A extensão e a eficácia dessa garantia vêm definidas no art. 12 do Código de Processo Civil.

Na busca da celeridade, os juízes e os Tribunais atenderão preferencialmente à ordem cronológica de conclusão para sentença ou acórdão. A finalidade é garantir que o primeiro processo a ficar pronto para julgamento seja o primeiro a ser decidido. A lista dos processos aptos a julgamento deve estar disponibilizada fisicamente no cartório e virtualmente no *site* dos Tribunais, para conferência pelos interessados. A ordem estabelecida não se modifica quando apresentado requerimento da parte, a não ser que haja reabertura da instrução ou conversão do julgamento em diligência.

As exceções estão elencadas nos incisos I a IX do § 2º do referido artigo. São elas ligadas às hipóteses de sentenças proferidas em audiência, julgamentos repetitivos e preferências ou metas estabelecidas pelo Conselho Nacional de Justiça, entre outras.

Nos casos em que a sentença ou o acórdão tiver sido anulado, e não houver necessidade de diligência ou reabertura da instrução, assumirá o processo o primeiro lugar da lista.

Dica

Qualquer processo judicial civil deve se desenvolver com a presença obrigatória dessas garantias constitucionais. Sem elas, sequer de "processo" pode o procedimento ser chamado, posto que atingido pelas causa mais graves de nulidade/invalidade.

SINOPSES JURÍDICAS

Quadro sinótico – Garantias constitucionais do processo civil

Garantias constitucionais do processo civil	a) Devido processo legal (CF, art. 5º, LIV) – Para cada espécie de litígio deve a lei apresentar uma forma expressa de composição via jurisdição, diante da regra de que nenhuma lesão deixará de ser apreciada pelo Judiciário. É a garantia gênero, princípio informativo que traz consigo incorporados todos os demais. Sua expressiva relevância extrapola os limites do direito processual, assumindo caráter substantivo e aplicabilidade nos ramos do direito administrativo e do direito civil.
	b) Imparcialidade – Garantia de um julgamento proferido por um juiz equidistante das partes e do objeto da lide. A imparcialidade é integrada pelas garantias constitucionais da magistratura (irredutibilidade de subsídios, inamovibilidade e vitaliciedade – CF, art. 95, I, II e III), além da vedação aos tribunais de exceção (CF, art. 5º, XXXVII) e da previsão da garantia do juiz natural.
	c) Contraditório (CF, art. 5º, LV) – Consiste na efetiva participação das partes na formação do convencimento do juiz. Pela garantia, a cada fato novo surgido no processo deve surgir a oportunidade de manifestação, para que da tese do autor e da antítese do réu possa o juiz deduzir a síntese.
	d) Ampla defesa (CF, art. 5º, LV) – É a possibilidade de utilização de todos os meios e recursos legais previstos para a defesa dos interesses e direitos postos em juízo.
	e) Fundamentação (CF, art. 93, IX) – A exigência constitucional de fundamentação tem por finalidade levar ao conhecimento das partes as razões da convicção do julgador, possibilitando a interposição de recursos e outorgando maior força de pacificação social.
	f) Publicidade (CF, art. 5º, LX) – A publicidade é forma de garantir a lisura do procedimento e de proporcionar o controle da atividade jurisdicional pelas partes. Tal garantia não é absoluta e pode ser restringida quando o interesse social ou a defesa da intimidade exigirem.
	g) Celeridade processual (CF, art. 5º, LXXVIII) – Garantia que visa assegurar a razoabilidade na duração do processo e a celeridade em sua tramitação.
	h) Duplo grau de jurisdição – Como regra geral, toda sentença está sujeita a um reexame por instância superior, provocado por recurso da parte prejudicada pelo ato judicial. Tem por finalidade evitar decisões injustas e diminuir o erro judiciário

4. O DUPLO GRAU DE JURISDIÇÃO

Toda decisão ou sentença judicial está sujeita, como regra, a um reexame por instância superior, provocado por recurso da parte possivelmente prejudicada com o ato judicial.

Tal previsão visa prevenir o ordenamento de decisões injustas, por meio da sua reanálise por juízes mais experientes, geralmente de maneira colegiada, diminuindo-se assim a possibilidade de erro judiciário.

Ponto polêmico desperta a sua colocação como uma das garantias constitucionais, integrante do devido processo legal, ou como mero princípio geral de processo civil, podendo, por consequência, sofrer limitações em legislação infraconstitucional.

A discussão é mais forte no processo penal, diante da previsão do Pacto de San José, do qual o Brasil é signatário, de que "toda pessoa acusada de um delito" teria o direito de recorrer contra sua condenação.

A questão principal está em analisar a constitucionalidade de algumas demandas serem julgadas em grau único por um órgão colegiado, como no exemplo das ações penais originárias do STF.

5. PRINCÍPIOS GERAIS INTERNOS DO PROCESSO CIVIL

São os princípios internos desse ramo da ciência, indicativos de sua diferenciação em relação aos demais ramos do direito processual.

5.1. AÇÃO E DISPONIBILIDADE

A jurisdição é inerte, vedado o seu exercício de ofício, devendo ser sempre provocada pelas partes, salvo as exceções legais (CPC, art. 2º).

No âmbito do processo civil, destinado, normalmente, à composição de interesses disponíveis e bens privados, temos que o ajuizamento e o prosseguimento da ação passam pelo crivo discricionário do autor (disponibilidade da ação civil).

Tal princípio acaba por possibilitar, no curso do processo civil, a autocomposição das partes (renúncia, reconhecimento jurídico do pedido e transação), a aplicação dos efeitos da revelia e a admissão da confissão como elemento de convencimento do juiz.

O princípio da disponibilidade não se aplica às ações civis públicas, ajuizadas na defesa dos interesses difusos ou coletivos (interesse público primário), de natureza indisponível. É a chamada coletivização da justiça, cada vez mais se afastando da inviável defesa individual do direito e se aproximando da defesa coletiva, menos onerosa e mais célere, única condizente com as necessidades de uma sociedade regida por relações jurídicas de massa.

Portanto, pode-se concluir que o processo civil assume maior disponibilidade quanto mais privado for o direito material discutido em juízo. Já quanto mais indisponível for o direito material versado nos autos (direitos difusos, coletivos ou de incapazes), mais o processo civil se aproxima de uma chamada indisponibilidade, inerente ao interesse público incidente na espécie.

5.2. VERDADE FORMAL

No processo civil, considerando o interesse privado e disponível posto em jogo, é obrigação das partes a comprovação dos fatos por elas alegados. Ao autor é imposto fazer prova dos fatos constitutivos de seu direito, enquanto ao réu se impõe a prova dos fatos extintivos, modificativos ou impeditivos do direito do autor.

A passividade do juiz no processo civil vem sendo objeto de críticas dos doutrinadores, ante a necessidade de a jurisdição, como meio de pacificação social, buscar a decisão verdadeiramente justa e não aquela que se contente apenas com a verdade formal constante dos autos. Tal necessidade exigiria do magistrado uma posição mais ativa no processo, principalmente no que se refere à atividade probatória, suprindo eventual insuficiência da atuação da parte. Para alguns, esse ativismo do juiz no processo civil esbarraria na sua necessária imparcialidade (equidistância das partes).

Eventual resistência à iniciativa probatória judicial será sempre menor quanto maior for a natureza indisponível ou pública do direito objeto da demanda (interesses difusos ou coletivos, matérias de ordem pública ou direito de incapazes). Mas, em direitos plenamente disponíveis, com partes maiores e capazes, recomendável que o juiz, para garantia de sua isenção, atue apenas de maneira supletiva à atividade probatória incompleta desenvolvida pelas partes, por exemplo, determinando segunda perícia ou a oitiva de testemunha referida em outro depoimento.

5.3. LEALDADE PROCESSUAL

É o princípio pelo qual todo aquele que participa de qualquer forma do processo deve atuar de acordo com a boa-fé (CPC, art. 5º).

O uso de expressões ofensivas é vedado aos sujeitos do processo, sob pena de cassação da palavra (se proferidas oralmente em audiência) ou de serem riscadas nos autos, com expedi-

SINOPSES JURÍDICAS

ção de certidão com inteiro teor das expressões ofensivas, em favor da parte ofendida (CPC, art. 78).

Já a violação da boa-fé (CPC, art. 5º) por uma das partes possibilita a aplicação da pena de litigância de má-fé (CPC, arts. 79 a 81).

São condutas que caracterizam a má-fé: **a)** deduzir pretensão ou defesa contra texto expresso de lei ou fato incontroverso; **b)** alterar a verdade dos fatos; **c)** usar o processo para obter objetivo ilegal; **d)** opor resistência injustificada ao processo; **e)** proceder de modo temerário; **f)** provocar incidente manifestamente infundado; e **g)** interpor recurso com intuito meramente protelatório.

A parte que assim agir será condenada ao pagamento de multa (valor entre 1% e 10% do valor da causa), a indenizar a parte contrária pelos prejuízos sofridos e arcará com honorários advocatícios e despesas processuais.

Embora o art. 79 limite a imposição da sanção ao autor, réu ou interveniente, decisões judiciais recentes vêm condenando o advogado, solidariamente com seu patrocinado, pelo dano processual causado (art. 80).

5.4. ECONOMIA PROCESSUAL

É o princípio que informa a realização dos atos processuais. Estes devem ser sempre praticados da forma menos onerosa possível às partes, dentre aquelas previstas na legislação processual. A necessidade atual de um processo de resultados faz com que a análise das formalidades processuais seja realizada visando à finalidade pretendida em lei e não à forma em si mesma.

Desse princípio decorre a regra do aproveitamento dos atos processuais, pela qual os já realizados, desde que não tenham ligação direta com eventual nulidade anterior, permanecem íntegros e válidos. Incide ele, também, na formação de todo e qualquer procedimento, que deve chegar à sentença com o mínimo possível de atividade processual. Decorre dele, ainda, a possibilidade de indeferimento da inicial, a possibilidade de julgamento antecipado do mérito, os institutos da conexão, cumulação de pedidos e ações, entre outros. Ademais, é a economia processual aplicada na interpretação dos institutos do litisconsórcio e da intervenção de terceiros.

Entretanto, não pode esse princípio ser invocado para afastar normas procedimentais expressamente previstas em lei, sob pena de violação ao devido processo legal.

Dica

Como princípios informativos e sujeitos à regulação por lei, o seu alcance/limite será maior ou menor conforme os interesses tutelados no processo específico. Como exemplo, a ampliação da legitimidade ativa (ação) nas ações civis públicas ou a limitação de recursos nos juizados especiais.

Quadro sinótico – Princípios do processo civil

Princípios gerais internos	a) Ação e disponibilidade – A jurisdição, por ser inerte, demanda provocação pelas partes, mediante o exercício do direito de ação. No processo civil vige o princípio da disponibilidade, pelo qual é discricionário ao autor propor ou não a demanda. Esse princípio não se aplica às demandas que versem sobre direitos difusos ou coletivos, ou ainda sobre bens indisponíveis e de incapazes.

Processo civil – Teoria geral do processo e processo de conhecimento

b) Verdade formal – O processo civil, como regra, impõe às partes a comprovação dos fatos por elas alegados (autor – fatos constitutivos; réu – fatos modificativos, impeditivos ou extintivos), permanecendo o juiz numa posição mais inerte que no processo penal. Mais uma vez a regra se mitiga quando a demanda versa sobre direitos indisponíveis ou interesses públicos coletivos.

c) Lealdade processual – É o princípio que impõe às partes tratamento urbano e de boa-fé. De sua violação decorrem as penas de litigância de má-fé e dos atos atentatórios à dignidade da Justiça.

d) Economia processual – Os atos processuais devem ser realizados da maneira menos onerosa possível, com a busca da finalidade prevista em lei e não da forma com um valor em si mesmo.

Capítulo III
A LEI PROCESSUAL

A fonte maior do direito processual é a lei. Nosso ordenamento positivado optou pela edição de um Código de Processo Civil, nele concentrando a maior parte das disposições legais. Sem prejuízo, diversas leis esparsas contêm normas processuais específicas, como a Lei de Falências, a Lei do Inquilinato, o Código de Defesa do Consumidor, a Lei do Mandado de Segurança etc.

A Constituição Federal estipula a competência privativa da União para legislar sobre direito processual (art. 22, I), muito embora faculte aos Estados e ao Distrito Federal competência concorrente para legislar sobre procedimento.

6. LEI PROCESSUAL NO ESPAÇO

Vige o princípio da territorialidade (CPC, art. 13).

O direito processual faz parte do direito público, regulador que é das relações dos cidadãos com o Estado-juiz. Portanto, por ser o processo constituído de uma parcela da soberania (poder estatal), não permite o Estado brasileiro a aplicação de normas processuais estrangeiras no território nacional, salvo previsão em tratados, convenções ou acordos internacionais de que o Brasil seja parte.

7. LEI PROCESSUAL NO TEMPO

A lei processual tem aplicação imediata, a partir do momento de sua entrada em vigor (observado o prazo de eventual *vacatio legis*), inclusive aos processos em curso. Por outro lado, é ela irretroativa, não atingindo atos processuais já praticados e findos (*tempus regit actum*) (CPC, art. 14).

Os atos processuais podem ser classificados em já praticados, de realização prolongada ou futuros.

Os atos já praticados são aqueles que geram situações jurídicas processuais já consolidadas, por exemplo, o oferecimento de contestação ou interposição de recurso. Para tais atos, praticados na égide da lei processual anterior, é irrelevante o advento da nova lei.

Já os atos de realização prolongada são aqueles cujo exaurimento só ocorrerá no futuro, muito embora sua prática tenha sido iniciada sob a égide da lei antiga. É o exemplo clássico da audiência, que não perde seu caráter de unicidade, muito embora possa estender-se por meses até findar. Tais atos não são atingidos pela lei nova que entra em vigor na pendência de sua prática, surgindo a hiperatividade da lei processual antiga, que terá sua eficácia prolongada até o exaurimento do ato.

O ato processual futuro é aquele ainda não praticado ou iniciado, sujeitando-se sua prática às disposições da nova lei. Exemplo dessa hipótese seria uma eventual alteração das regras recursais. A lei nova terá sempre aplicabilidade aos recursos ainda não interpostos, mesmo que já iniciado o prazo para sua interposição.

Dica

Como regra, questões de concurso se limitam a indagar o conhecimento da regra básica "A norma processual não retroagirá e será aplicável imediatamente aos processos em curso, respeitadas as situações jurídicas já consolidadas".

Processo civil – Teoria geral do processo e processo de conhecimento

8. DA APLICAÇÃO SUBSIDIÁRIA DA LEI PROCESSUAL CIVIL

O Código de Processo Civil tem aplicação supletiva e subsidiária em relação aos processos eleitorais, trabalhistas e administrativos toda vez que ausente norma específica que os regulamente (CPC, art. 15).

Quadro sinótico – Lei processual

Lei processual no espaço e no tempo	a) Princípio da territorialidade – Por ser de direito público, o processo representa parcela de soberania estatal, motivo pelo qual não se admite, como regra, a aplicação de normas processuais estrangeiras no território nacional. b) Aplicabilidade imediata – A lei processual tem aplicação no momento de sua entrada em vigor, inclusive nos processos em curso, mas não atinge os atos processuais já praticados e findos (irretroatividade), por terem eles gerado situações jurídicas já consolidadas. c) O CPC tem aplicação supletiva e subsidiária aos processos eleitorais, trabalhistas e administrativos.

Capítulo IV
JURISDIÇÃO

9. FORMAS DE COMPOSIÇÃO DE LITÍGIOS

Muito embora atualmente a tutela jurisdicional seja o meio primordial de solução de lides, comporta o processo civil outras formas de desaparecimento do conflito, ligadas ao consenso das partes, surgidas de maneira evolutiva no curso da história. São elas:

9.1. AUTOTUTELA

A primeira forma de composição de conflitos de interesses, surgida quando da ausência de um Estado organizado, com poder insuficiente para coibir os homens de buscar a solução de suas lides por meio da lei do mais forte e da submissão forçada do mais fraco.

Muito embora seja uma espécie primária de composição de litígios, ainda hoje os ordenamentos jurídicos preveem a possibilidade de o ofendido agir imediatamente para repelir a injusta agressão, ante uma situação de urgência. São os exemplos do desforço imediato nas possessórias e do penhor legal (CC, arts. 1.210 e 1.467 a 1.471), além da legítima defesa no direito penal (CP, art. 23). Fora dessas escassas hipóteses legais permissivas ou cessada a imediatidade da agressão, deve o agredido procurar o Poder Judiciário para a solução da lide, sob pena de cometer o crime de exercício arbitrário das próprias razões (CP, art. 345).

Dica

O poder de autotutela é que justifica a Administração Pública anular/revogar seus atos sem precisar recorrer ao Judiciário.

9.2. AUTOCOMPOSIÇÃO

A diferença entre a autocomposição e a autotutela reside justamente na ausência de sujeição forçada de um dos litigantes. Ainda hoje em nosso ordenamento, são previstas as três formas conhecidas dessa modalidade de composição de litígios:

a) Renúncia (CPC, art. 487, III, c). Nesses casos o que se diz titular de um direito material violado abre mão, definitiva e voluntariamente, de sua pretensão, pondo fim ao litígio de forma unilateral, por não mais desejar a obtenção do bem da vida.

b) Reconhecimento jurídico do pedido (CPC, art. 487, III, a). É o inverso da renúncia, já que nessa hipótese o réu, livremente e sem qualquer sujeição forçada, submete-se à pretensão material do adversário, pondo fim ao conflito por meio da entrega espontânea do bem da vida pertencente ao autor.

c) Transação (CPC, art. 487, III, b). Por essa forma de composição, o autor renuncia parcialmente à sua pretensão material, enquanto o réu reconhece a procedência da parte não renunciada, entregando espontaneamente parte do bem da vida e chegando ambos a um denominador comum.

Tais formas de autocomposição são estimuladas pelos instrumentos processuais de conciliação e mediação (CPC, art. 3º, §§ 2º e 3º), ao final da qual, se obtidas, receberão a devida homologação judicial.

Processo civil – Teoria geral do processo e processo de conhecimento

Dica

Lembre-se de que a Lei n. 13.140/2015 autoriza e regulamenta a autocomposição entre particulares e a administração pública.

9.3. TUTELA JURISDICIONAL (CPC, ART. 487, I E II)

Como já visto, quando o Estado se organiza e adquire poder para decidir e sujeitar os cidadãos ao cumprimento dessas decisões, surge a tutela jurisdicional. É ela, portanto, a composição obtida pela intervenção dos órgãos jurisdicionais, substituindo a vontade das partes na decisão do litígio, por meio de uma sentença de mérito que aplique o direito material previsto na norma genérica de conduta ao caso concreto ou, ainda, reconheça a decadência ou a prescrição.

10. A TUTELA JURISDICIONAL ESTATAL

10.1. CONCEITO

A análise etimológica da expressão "jurisdição" indica a presença de duas palavras unidas: *juris* (direito) e *dictio* (dizer).

E esse "dizer o direito", a partir do instante em que o Estado chama para si a responsabilidade de solucionar as lides, transforma essa função em nítido **poder** estatal, poder este exercido não só pela obrigatoriedade da jurisdição estatal, mas também pela sujeição imposta à parte perdedora na demanda judicial de observar o julgado, sob pena de cumprimento coercitivo. Decorre daí o princípio da **inevitabilidade da jurisdição**.

De outro lado, o reverso da moeda é o surgimento de um dever do Estado de solucionar todo e qualquer tipo de lide submetida a seu crivo, posto que inexistente para os cidadãos outra forma de solução forçada do conflito. É o dever constitucional de que nenhuma lesão de direito deixará de ser apreciada pelo Poder Judiciário.

E, por fim, sob o aspecto do agente que exerce a jurisdição, esta é a **função** ou **atividade** desenvolvida pelos juízes de direito, investidos pelo Estado no poder de julgar.

Portanto, a jurisdição é definida como sendo o **poder-dever** do Estado de aplicar o direito ao caso concreto submetido pelas partes, por meio da **atividade** exercida pelos seus órgãos investidos (juízes).

10.2. FINALIDADES

Essa atividade do Estado tem por objetivo:

a) a composição de litígios, por meio da aplicação e especialização das normas gerais de conduta (direito) ao caso concreto (escopo jurídico);

b) a pacificação social (escopo social);

c) a realização da justiça (escopo político).

10.3. CARACTERÍSTICAS

A jurisdição tem por características a aplicação do direito material, após provocação das partes, as quais não obtiveram êxito em resolver seus conflitos amigavelmente (**escopo de atuação do direito**), e a **substitutividade**, consistente em atuar no lugar das partes e de maneira obrigatória.

Para alguns autores, como Cândido Rangel Dinamarco, a arbitragem também atua em substituição às partes, embora desprovida de coatividade, já que não pode determinar atos constritivos sobre bens ou pessoas.

Quadro sinótico – Jurisdição: formas de composição de litígio

Formas de composição de litígio	a) Autotutela – É a solução do conflito pela lei do mais forte, pela submissão forçada do mais fraco. Só é autorizada quando expressamente prevista em lei, como forma de repulsa imediata a uma injusta agressão. Exemplos: desforço imediato nas possessórias e penhor legal. b) Autocomposição – É a solução do conflito pelo acordo de vontades, não ocorrendo a submissão forçada. São três as hipóteses previstas no CPC: – Renúncia – ato unilateral daquele que se diz titular de um direito material violado, abrindo mão de sua pretensão. – Reconhecimento jurídico do pedido – Inverso da renúncia, com a entrega espontânea do bem da vida pelo réu. – Transação – O autor renuncia parcialmente à sua pretensão, enquanto o réu reconhece parcialmente a procedência do pedido. Essas três hipóteses estão previstas como forma de extinção do processo com resolução de mérito. c) Tutela jurisdicional – É a composição de litígios obtida pela intervenção do Estado-juiz, substituindo a vontade das partes e impondo a sua por força de uma sentença de mérito. É o poder do Estado de ditar o direito no caso concreto, submetendo as partes à sua decisão. É também um dever do Estado solucionar o conflito apresentado, posto sua característica indeclinável. É, ainda, a função/atividade desenvolvida pelos juízes de direito, investidos do poder de julgar. Tem por finalidades a composição de litígios (escopo jurídico), a pacificação social (escopo social) e a realização da justiça (escopo político).

11. PRINCÍPIOS DA JURISDIÇÃO

Inevitabilidade: uma vez ativada pelas partes, a jurisdição é forma de exercício do poder estatal, e o cumprimento de suas decisões não pode ser evitado pelas partes, sob pena de cumprimento coercitivo (tutela executiva).

Indeclinabilidade: é preceito constitucional que nenhuma lesão de direito deixará de ser apreciada pelo Poder Judiciário. Se o Estado exige dos seus cidadãos a observância da obrigatoriedade da jurisdição, tem ele o dever de solucionar os conflitos de interesse quando provocado.

Investidura: o Estado atua por meio de seus órgãos. Assim, somente os agentes políticos investidos do poder estatal de aplicar o direito ao caso concreto (julgar) é que podem exercer a jurisdição (CPC, art. 16). Tal investidura é realizada de duas formas: mediante aprovação em concursos públicos de provas e títulos, exigindo-se do bacharel em Direito, no mínimo, três anos de atividade jurídica, e pela nomeação direta, por ato do chefe do Poder Executivo, de pessoas com prévia experiência e notável saber jurídico, como nos casos de ingresso na magistratura pelo quinto constitucional ou de nomeação de ministros dos tribunais superiores.

Indelegabilidade: como a jurisdição é investida após o preenchimento de rigorosos critérios técnicos, tem-se que não pode ser objeto de delegação pelo agente que a exerce com exclusividade.

Processo civil – Teoria geral do processo e processo de conhecimento

Inércia: por decorrência do princípio da ação, a jurisdição não pode ser exercida de ofício pelos agentes detentores da investidura, dependendo ela, como regra geral, da provocação das partes. Exceções legais à inércia da jurisdição estão previstas nos arts. 738 e 744, quais sejam, a arrecadação de bens de herança jacente e do ausente.

Mas, uma vez provocada, o processo será levado até o fim pelo juiz (impulso oficial, CPC, art. 2º). Em matérias de interesse público, o feito deverá ser analisado em seu mérito, mesmo diante da desídia/abandono da parte. Já no litígio que envolva direitos disponíveis, o processo deverá ser extinto sem julgamento de mérito (art. 485, III).

Aderência: o exercício da jurisdição, por força do princípio da territorialidade da lei processual, deve estar sempre vinculado a uma prévia delimitação territorial.

Unicidade: muito embora se fale em jurisdição civil e penal, Justiça Federal e Estadual, na realidade esse poder-dever é uno e indivisível. As divisões decorrentes de sua repartição administrativa entre os diversos órgãos só têm relevância para o aspecto de funcionalidade da justiça, não retirando da jurisdição sua natureza una.

Dica ——

Fundamental entender que o representante do Estado (juiz) impõe sua vontade (decisão) às partes, como forma de pacificação social. Essa coerção só é possível e justificável quando o juiz atua acobertado pelos princípios da jurisdição, que funcionam como garantia à sociedade contra abuso de poder.

Quadro sinótico – Princípios da jurisdição

Princípios da jurisdição	a) Inevitabilidade – Por ser forma de exercício do poder estatal, a jurisdição não pode ser evitada pelas partes, as quais se sujeitam ao cumprimento coercitivo das decisões. b) Indeclinabilidade – Decorrência da garantia constitucional de que nenhuma lesão deixará de ser apreciada pelo Poder Judiciário. c) Investidura – Somente os agentes políticos investidos do poder estatal é que podem aplicar o direito ao caso concreto. Dois são os modos de investidura: – concurso de provas e títulos; – nomeação direta, por ato do chefe do Poder Executivo, de pessoas com conduta ilibada e notável saber jurídico. d) Indelegabilidade – O agente investido exerce a jurisdição com exclusividade, não estando ela sujeita à delegação.

12. JURISDIÇÃO CONTENCIOSA E VOLUNTÁRIA

Nenhum poder estatal exerce com exclusividade suas funções inerentes. Pelo contrário, existem zonas de interseção nas quais podemos vislumbrar o exercício de atividades típicas de um dos poderes da República por outro, por exemplo, no julgamento pelo Congresso Nacional dos crimes de responsabilidade do presidente da República (*impeachment*) ou na atividade legiferante do chefe do Poder Executivo nas leis delegadas e medidas provisórias.

Da mesma forma, o Judiciário exerce funções distintas daquela que lhe é inerente, ora assumindo função legislativa (regimentos internos dos tribunais, provimentos etc.), ora praticando atos de pura administração.

A jurisdição contenciosa é a atividade inerente ao Poder Judiciário, com o Estado-juiz atuando substitutivamente às partes na solução dos conflitos, mediante o proferimento de sentença de mérito que aplique o direito ao caso concreto.

SINOPSES JURÍDICAS

Já a jurisdição voluntária não é, na realidade, jurisdição na específica acepção jurídica do termo, correspondendo mais a uma **administração pública de interesses privados**. Não raramente determinados negócios jurídicos demandam, como requisito formal, a participação de autoridades públicas para atingirem a validade. É o que ocorre com o casamento, que deve ser realizado e contraído perante o oficial do cartório de registro de pessoas civis.

E o legislador, por vezes, em lugar de exigir a participação de uma autoridade administrativa civil, opta por demandar a participação do juiz de direito como requisito formal essencial de validade do negócio jurídico. São as hipóteses previstas no art. 725 do Código de Processo Civil.

Podemos concluir, então, que na jurisdição voluntária o juiz não atua a jurisdição propriamente dita, mas sim a simples atribuição administrativa conferida em lei, a qual pode ser inclusive objeto de alteração em legislação infraconstitucional, sem que haja ferimento aos princípios constitucionais da exclusividade dos órgãos da jurisdição.

É o que ocorre em separações ou divórcios consensuais nos quais não exista interesse de menores. Têm as partes a opção de procurar o Judiciário ou, então, praticar o ato perante um Tabelionato de Notas, cuja escritura produzirá idênticos efeitos ao da homologação judicial.

Na chamada jurisdição voluntária, portanto, não existem partes litigantes, mas simples interessados na produção dos efeitos do negócio jurídico formal; não existe também sentença de mérito, com aplicação do direito ao caso concreto, mas mera homologação formal do acordo de vontades, após constatada pelo juiz a presença dos requisitos legais e formais atinentes à espécie.

Quadro comparativo

JURISDIÇÃO CONTENCIOSA	JURISDIÇÃO VOLUNTÁRIA
Lide	Acordo de vontades
Partes	Interessados
Sentença de mérito	Homologação
Função jurisdicional	Atribuição administrativa

Sendo a jurisdição voluntária verdadeiro negócio jurídico consensual, é incabível falar em ação rescisória de suas decisões homologatórias, competindo ao interessado postular a sua ineficácia mediante ação declaratória de nulidade ou anulatória, nas quais se deverá demonstrar, respectivamente, a ausência de alguns de seus requisitos formais de validade ou, então, a existência de algum vício de consentimento na formação de sua vontade.

Por fim, todo procedimento de jurisdição voluntária pode tornar-se contencioso a partir do instante em que desaparece o acordo de vontades nele exigido e surge resistência de uma das partes envolvidas no agora litígio. Por outro lado, todo procedimento de jurisdição contenciosa pode transformar-se em procedimento de jurisdição voluntária. Para tanto basta observarmos que a lide pode ser solucionada pela autocomposição. Se as partes entabulam uma transação em juízo, deixa-se de lado o conflito de interesses para substituí-lo por um acordo de vontades, no qual ambas as partes são interessadas, e ao juiz compete apenas a sua homologação.

Processo civil – Teoria geral do processo e processo de conhecimento

Quadro sinótico – Jurisdição contenciosa e voluntária

Jurisdição contenciosa e voluntária	A jurisdição contenciosa, destinada à solução de conflitos pela atividade substitutiva do Estado-juiz, é a função inerente ao Poder Judiciário. Tem como elementos caracterizadores a presença de lide, partes, sentença de mérito e função jurisdicional. A jurisdição voluntária é, por sua vez, função de cunho administrativo, exercida pelo Poder Judiciário por força de atribuição legal (função atípica). Daí ser definida como administração pública de interesses privados. Pode ela ser atribuída a outros órgãos ou agentes da administração, sem violação à indelegabilidade da jurisdição. Tem como elementos: o acordo de vontades, os interessados, a homologação e a atribuição administrativa.

Capítulo V
AÇÃO

13. CONCEITO E AUTONOMIA

Uma vez instituído o monopólio estatal da jurisdição, o poder do Estado fez surgir o dever de solucionar as lides. E todo dever tem como reflexo o surgimento de um direito subjetivo em favor daqueles que podem exigir a sua observância. Esse direito de exigir do Estado a solução dos conflitos de interesses pode ser definido como um direito ao exercício e à obtenção da tutela jurisdicional, que vem a ser justamente a ação.

A ação é usualmente definida como sendo o direito público subjetivo abstrato, exercido contra o Estado-juiz, visando à prestação da tutela jurisdicional.

É ela um direito, pois se contrapõe ao dever do Estado de resolver os litígios. Direito esse subjetivo, porque envolve exigência deduzida contra o Poder Público, visando ao cumprimento da norma geral de conduta tida como violada (direito objetivo). Por fim, abstrato, pois independe da existência do direito material concreto alegado pelo autor.

A análise do que vem a ser a prestação da tutela jurisdicional nos indica a forma como o Judiciário resolve os conflitos de interesses, ou seja, aplicando o direito ao caso concreto, por meio do proferimento de uma sentença de mérito (tutela cognitiva); coagindo o devedor ao cumprimento de suas decisões (tutela executiva); ou concedendo uma garantia processual da eficácia dos futuros processos de conhecimento ou de execução (tutela cautelar).

Portanto, de forma reduzida e sintética, podemos definir ação como sendo o direito a uma sentença de mérito (processo de conhecimento), à satisfação coercitiva do direito objetivo (processo de execução) e à garantia de eficácia do processo principal (processo cautelar).

Quando uma pessoa vai a juízo solicitar que o Judiciário intervenha no conflito surgido, exerce ela direito de ação contra o Estado, exigindo deste o proferimento de uma sentença de mérito que reconheça sua pretensão material, compelindo o réu ao cumprimento da decisão.

A relação instaurada entre o titular da pretensão resistida (autor da demanda) e o Estado-juiz, a ser completada com a vinda daquele que resiste à pretensão (réu), é objeto do estudo do direito processual.

Para os defensores da teoria abstrata da ação, essa relação jurídica processual é autônoma e independente daquela de direito material que une o autor ao réu, preexistente ao processo e possuidora de princípios e regras próprias.

Tal autonomia torna-se mais clara quando constatamos ter o autor da demanda direito de ação mesmo que sua pretensão de direito material não seja acolhida (sentença de improcedência). Nesse caso, a resposta a seu direito de ação contra o Estado-juiz será completa, apesar do reconhecimento da ausência do direito material alegado contra o réu. Logo, todo processo regula dupla relação, uma de direito processual e outra de direito material. A primeira é representada pela ação e diz respeito às partes e ao Estado-juiz (relação jurídica processual); já a segunda é representada pelo bem da vida em discussão no processo e diz respeito exclusivamente ao autor e ao réu (relação jurídica material).

Para ser reconhecido o direito do autor à tutela jurisdicional (sentença de mérito), mister se faz a análise do preenchimento dos requisitos estabelecidos em lei, nominados como condições da ação.

Processo civil – Teoria geral do processo e processo de conhecimento

Ao receber um processo compete ao juiz analisar, em primeiro lugar, a pretensão processual do autor, ou seja, se ele faz jus ao proferimento de uma sentença de mérito, mediante a aplicação das regras estabelecidas no Código de Processo Civil. Vencida essa etapa e constatada a presença do direito de ação, a análise recai sobre a pretensão material do autor, ou seja, a procedência ou não de impor ao réu a sujeição ao pedido de entrega do bem da vida formulado nos autos, conforme as normas gerais de conduta descritas na lei material (CC, CCom, CTN etc.).

É essa justamente a diferença entre carência da ação e improcedência da demanda.

Na primeira hipótese o Judiciário nega ao autor o direito de ação, ou seja, põe fim ao processo sem qualquer análise da pretensão jurídica de direito material trazida aos autos, por não ter o postulante direito ao recebimento de uma sentença sobre o mérito da lide.

Já na segunda, embora tenha sido reconhecido o direito de ação do autor, tanto que proferida uma sentença de mérito, sua pretensão de direito material é descabida, ou seja, não há procedência em pretender sujeitar o réu à entrega do bem da vida.

Não raramente se fala na existência de um direito de ação incondicionado, como se todos tivessem direito ao recebimento de uma sentença de mérito. Nada mais incorreto, pelo que vimos.

O direito de demandar deriva do princípio do livre acesso ao Judiciário e implica aceitação do amplo direito do cidadão de solicitar um pronunciamento judicial, mesmo que este seja a declaração de não ter o demandante direito a uma sentença de mérito (carência de ação).

Ademais, extinto o processo sem resolução do mérito, nada impede o autor de renovar a demanda após a correção do vício processual e pagar as despesas e os honorários da demanda antecedente, quando então receberá uma solução definitiva sobre a alegada lesão a seu direito (CPC, art. 486, § 1º).

Por fim, o processo deve, sempre que possível, terminar com a resolução do mérito, pois somente ela tem força de pacificação social e natureza definitiva. A carência de ação é, portanto, forma anômala de extinção do processo, porque a lide permanece sem solução e pode dar azo a uma nova demanda.

> **Dica**
>
> O direito de ação é algo a ser exercido contra o Estado (Juiz), independentemente da existência do direito material alegado e cujo objetivo é a obtenção de uma sentença de mérito que solucione o conflito definitivamente.

Quadro sinótico – Ação: conceito e autonomia

Conceito e autonomia	Direito público subjetivo abstrato, exercido contra o Estado-juiz, visando à prestação da tutela jurisdicional. Direito porque se contrapõe ao dever do Estado de compor litígios. Subjetivo porque envolve exigência contra o Poder Público, visando ao cumprimento de uma norma geral de conduta (direito objetivo). Abstrato porque é desvinculado da existência do direito material concreto alegado. Diante das modalidades de tutela jurisdicionais existentes, a ação pode ser definida como direito a uma sentença de mérito (processo de conhecimento), à satisfação coercitiva do direito objetivo (processo de execução) e à garantia da eficácia do processo principal (processo cautelar). A carência de ação é o reconhecimento estatal de que, no caso apresentado, o postulante nem sequer faz jus a uma sentença de mérito, por não preencher os requisitos legais que autorizariam o conhecimento de sua pretensão de direito material.

14. CONDIÇÕES DA AÇÃO

Para que o Judiciário possa enfrentar a lide, proferindo uma decisão definitiva e de pacificação social, é necessário que o interessado preencha requisitos de admissibilidade do mérito, consistentes nos pressupostos processuais, objeto de estudo oportuno, e nas condições da ação.

Nossa lei processual enumera duas condições da ação: a legitimidade e o interesse (CPC, art. 17).

14.1. LEGITIMIDADE

Legítimos para figurar em uma demanda judicial são os titulares dos interesses em conflito. O autor deve ser o titular da pretensão deduzida em juízo e o réu, aquele que resiste a essa pretensão ou que deverá sujeitar-se à eventual sentença de procedência. Tal regra é conhecida como legitimação ordinária.

Entretanto, pode a lei expressamente autorizar terceiros a virem a juízo, em nome próprio, litigar na defesa de direito alheio. São os casos de legitimação extraordinária (CPC, art. 18). Exemplos clássicos são o do marido atuando na defesa dos bens dotais de propriedade de sua mulher e o do gestor de negócios. Esses terceiros são chamados de substitutos processuais. Nas hipóteses de substituição, o substituído poderá intervir como assistente litisconsorcial (CPC, art. 18, parágrafo único).

O sistema processual civil vem, cada vez mais, possibilitando a defesa de uma classe ou grupo de pessoas por uma só instituição ou associação. Tal necessidade fez-se premente por força da atual sociedade de massa, em que a defesa individual do direito de cada cidadão não se mostrou compatível com a demanda pela celeridade e efetividade do processo. A tendência pode ser notada no Código de Defesa do Consumidor, que, fugindo à aplicação da legitimação ordinária, possibilita a defesa dos consumidores representados por associações criadas para tal fim (legitimação extraordinária), por intermédio de ações coletivas.

14.2. INTERESSE DE AGIR

O interesse de agir depreende-se da análise do binômio necessidade-adequação.

Como necessidade, compete ao autor demonstrar que sem a interferência do Judiciário sua pretensão corre o risco de não ser satisfeita espontaneamente pelo réu. Implica a existência de dano ou perigo de dano jurídico, em decorrência de uma lide. Como adequação, compete ao autor a formulação de pretensão apta a pôr fim à lide trazida a juízo, sem a qual abriríamos a possibilidade de utilização do Judiciário como simples órgão de consulta.

Não se deve perquirir ou exigir a demonstração do requisito da utilidade prática da tutela requerida pelo autor. É da natureza do interesse de agir a facultatividade, correspondente à possibilidade de escolha pelo autor da modalidade de tutela que melhor lhe aprouver no caso concreto. Daí por que se aceita a opção do autor por uma ação meramente declaratória, mesmo quando já existente a concreta violação do direito (CPC, arts. 19, I e II, e 20).

Faltando qualquer das condições, ocorre a extinção do processo sem resolução do mérito, por carência de ação, podendo ela ser reconhecida logo quando da análise da petição inicial (CPC, art. 330, II e III) ou no curso da demanda, após citado o réu e formada integralmente a relação jurídica processual (CPC, art. 485, VI). Estão elas entre as matérias cujo conhecimento se dará de ofício pelo juiz (CPC, art. 337, XI, § 5º).

Processo civil – Teoria geral do processo e processo de conhecimento

Dica

O preenchimento das condições da ação é feito num juízo abstrato, sem vínculo com o direito material alegado pelo autor. O direito a uma sentença de mérito não guarda vínculo com a procedência ou improcedência do pedido material do autor.

Quadro sinótico – Condições da ação

Condições da ação	a) Legitimidade – Refere-se aos titulares dos interesses em conflito (legitimação ordinária) e à hipótese em que, nos casos expressos por lei, terceiro postula em juízo direito alheio, na qualidade de substituto processual (legitimação extraordinária). b) Interesse de agir – Refere-se ao binômio necessidade (de intervenção do Judiciário para a solução do litígio) e adequação (formulação de pedido adequado e capaz de solucionar o litígio).

15. CLASSIFICAÇÃO DAS TUTELAS

O direito contra o Estado-juiz pode ser classificado conforme o provimento jurisdicional solicitado pelo autor no processo.

15.1. DE CONHECIMENTO

Visa levar ao conhecimento do Judiciário os fatos constitutivos do direito alegado pelo autor e obter uma declaração sobre qual das partes tem razão, mediante a aplicação e especialização da norma material ao caso concreto. Conforme a natureza jurídica da sentença de mérito solicitada (pedido imediato), subdivide-se a ação de conhecimento em:

a) **Meramente declaratória**. A pretensão do autor limita-se à declaração da existência ou inexistência de relação jurídica ou da autenticidade ou falsidade de documento (CPC, art. 19, I e II), sem que se pretenda compelir o réu à prática de qualquer ato subsequente à prolação da sentença de mérito. O autor satisfaz sua pretensão com a mera declaração judicial, não sobrevindo necessidade de execução da decisão. Ex.: investigação de paternidade, nulidade de casamento e usucapião. Tais provimentos, como visam ao reconhecimento de uma situação fática, com efeitos jurídicos, têm seus efeitos retroativos para a data do fato cuja declaração de existência ou inexistência se pretende (*ex tunc*). Com exceção da falsidade documental, a ação meramente declaratória deve estar sempre ligada à pretensão de reconhecimento da existência ou inexistência de uma relação jurídica. E tem ela cabimento mesmo quando já possível a formulação de um pedido condenatório ou constitutivo (art. 20).

b) **Constitutiva ou desconstitutiva**. O autor busca não só a declaração de seu direito violado, mas também uma consequente modificação ou extinção de uma relação jurídica material preexistente ou, ainda, a criação de uma nova. Ex.: anulação de ato jurídico e rescisão de um contrato. Por visarem à alteração da situação jurídica preestabelecida, seja criando uma nova, seja modificando ou extinguindo a antiga, seus efeitos serão gerados sempre para o futuro (*ex nunc*). Da mesma forma que as ações meramente declaratórias, como regra, não demandam as sentenças constitutivas, positivas ou negativas, execução ou fase procedimental própria para gerar a satisfação daquele que tem sua pretensão acolhida pela tutela jurisdicional estatal. As situações jurídicas são criadas, modificadas ou extintas pela própria sentença de mérito.

c) Condenatória. A pretensão do autor consiste não só na declaração de que possui o direito material, mas também na fixação sequente de uma obrigação de dar, fazer, não fazer ou pagar quantia em dinheiro a ser imposta ao réu, a qual, se não cumprida, gera ao autor o direito de exigir do Estado-juiz que faça valer coativamente sua decisão (execução). Ex.: cobrança, nunciação de obra nova e petição de herança. As ações condenatórias têm efeito retroativo (*ex tunc*) à data da constituição em mora do devedor. Esta pode decorrer do simples vencimento da obrigação (mora *ex res*) ou demandar constituição pela notificação, interpelação ou citação válida (mora *ex personae*). É importante frisar que esta fase de satisfação do credor, garantida pelo Estado-juiz ao vitorioso, não mais demanda um processo autônomo de execução. Já não existe a necessidade da instauração de nova relação jurídica processual, com nova citação do executado, embargos à execução etc. A satisfação do credor passa a ser considerada mera fase de cumprimento da sentença condenatória proferida.

Dica

É sempre possível a cumulação de pedidos de mais de uma tutela no mesmo processo de conhecimento, contanto que tenham elas nexo lógico. Ex.: um pedido de rescisão contratual (desconstitutiva), cumulado com a condenação em perdas e danos (condenatória).

15.2. DE EXECUÇÃO

É a tutela jurisdicional eminentemente satisfativa do direito do credor, decorrente da inevitabilidade da jurisdição.

Visa, mediante atos coativos incidentes sobre o patrimônio ou, por vezes, sobre a própria pessoa do devedor, a um resultado equivalente ao do adimplemento da obrigação que se deveria ter realizado. Tem cabimento sempre que o credor esteja munido de um título executivo, judicial (CPC, art. 515) ou extrajudicial (CPC, art. 784). Ressalte-se que somente a parte munida de título executivo pode apresentar-se em juízo como credora da outra e fazer uso da execução.

Pela terminologia do Código de Processo Civil, os títulos executivos judiciais dão azo à fase de cumprimento de sentença, enquanto a expressão execução é reservada para a ação autônoma e direta iniciada com base num título executivo extrajudicial

É interessante notar que alguns títulos executivos judiciais têm origem em processos outros que não os originários da competência civil. São os casos das sentenças penais condenatórias, sentenças estrangeiras e arbitrais, as quais não têm antecedente processo civil de conhecimento. Logo, demandam um processo autônomo de execução, seja para o pagamento, seja para a liquidação (CPC, art. 515, § 1º).

Dica

As sentenças condenatórias exigirão, como regra, uma fase posterior de cumprimento de sentença, se o comando judicial não for cumprido voluntariamente pelo condenado. Já as de natureza constitutiva e declaratória têm, também como regra, a capacidade de produzir seus efeitos com o simples trânsito em julgado, independentemente de qualquer medida coercitiva posterior que vise compelir o réu ao seu cumprimento.

15.3. CAUTELAR

Visa à concessão de uma garantia processual que assegure a eficácia da tutela de conhecimento ou de execução. Não se destina à composição dos litígios, mas sim a garantir que as

Processo civil – Teoria geral do processo e processo de conhecimento

demais modalidades de ação sejam eficazes em sua finalidade (sentença de mérito e satisfação do credor), mediante a concessão de uma medida de cautela que afaste o perigo decorrente da demora no desenvolvimento dos processos principais.

A tutela cautelar pode ser solicitada de forma conjunta com a de conhecimento ou em caráter antecedente, quando, no prazo de trinta dias, o autor formulará nos mesmos autos seu pedido principal (CPC, arts. 305 a 310).

Quadro sinótico – Ação: classificação das tutelas

Classificação das tutelas	**Classificação conforme a tutela requerida** **a)** De conhecimento – Visam a uma declaração sobre qual das partes tem razão, mediante aplicação e especialização da norma material ao caso concreto. **a1)** Meramente declaratória – Limita-se à declaração da existência ou inexistência de relação jurídica ou da autenticidade ou falsidade de documento (CPC, art. 19, I e II). **a2)** Constitutiva ou desconstitutiva – Visa à modificação ou à extinção de uma relação jurídica material preexistente ou, ainda, à criação de uma nova. **a3)** Condenatória – Fixação de uma obrigação de dar, fazer, não fazer ou de pagar quantia em dinheiro a ser imposta ao réu. **b)** De execução – Satisfação do direito do credor. **c)** Cautelar – Visa à concessão de uma garantia processual que assegure a eficácia da tutela de conhecimento ou de execução.

16. ELEMENTOS DA AÇÃO

É pressuposto lógico de uma sociedade estabilizada que um conflito de interesses, uma vez solucionado de forma definitiva pela sentença de mérito, não possa ser objeto de nova demanda, sob pena de proferimento de decisões contraditórias e do surgimento da incerteza jurídica. Para tanto, relevante o estudo dos elementos da ação, identificadores de eventual igualdade entre as causas propostas simultaneamente em juízo (**litispendência**) ou já julgadas pelo mérito (**coisa julgada**) e fundamentais para o estudo dos fenômenos da conexão, continência e prevenção.

O controle impeditivo da análise judicial de demandas iguais só é possível se idênticos os três elementos da ação:

16.1. PARTES

São aqueles que participam da relação jurídica processual contraditória, desenvolvida perante o juiz. O autor é aquele que deduz a pretensão em juízo e o réu é o que resiste à sua pretensão.

16.2. CAUSA DE PEDIR

São os **fatos** e **fundamentos jurídicos** que levam o autor a procurar o juiz. É a descrição do conflito de interesses e sua repercussão jurídica na esfera patrimonial ou pessoal do autor. É ela dividida em remota ou fática e próxima ou jurídica:

a) **Causa de pedir remota ou fática**. É a descrição fática do conflito de interesses, consistente na indicação de como a lesão ao direito do autor ocorreu. Tais fatos que geram o direito são chamados de **constitutivos do direito do autor**. O Poder Judiciário só atua diante de fatos concretos, posto que todo direito dele nasce. O ajuizamento de ação que não se baseie em conflito de interesses real e concreto significa tentativa de utilização

SINOPSES JURÍDICAS

do Judiciário como mero órgão de consulta, carecendo a parte de interesse de agir (falta de necessidade de intervenção da jurisdição).

b) **Causa de pedir próxima ou jurídica**. É a descrição da consequência jurídica gerada pela lesão ao direito do autor. Não se confunde ela com a enunciação do fundamento legal que embasa a pretensão do autor, posto ser esse elemento dispensável, ante o brocardo de que o juiz é aquele que conhece o direito. Entretanto, para o surgimento da lide de interesse do Judiciário, necessário se faz que os fatos gerem violação na órbita jurídica do titular da pretensão. São essas consequências jurídicas que consubstanciam a causa de pedir próxima.

Ao conjunto dos fatos constitutivos do direito do autor e suas consequências jurídicas dá-se o nome de **fato jurídico**.

Nosso sistema processual optou pela adoção da teoria da substanciação da causa de pedir, na qual se releva a descrição fática para a análise da identidade de ações, ao contrário do direito italiano, em que se adota a teoria da individuação (relevância da causa de pedir jurídica ou próxima). Por essa adoção, possibilita-se ao juiz dar uma qualificação jurídica aos fatos constitutivos do autor diversa daquela narrada na petição inicial ("narra-me os fatos que te darei o direito").

Como exemplo podemos mencionar um acidente de trânsito, no qual o autor entende ter o requerido agido com imperícia. O juiz não se vincula a essa qualificação jurídica dos fatos constitutivos do direito do autor, podendo acolher a demanda por meio de outra fundamentação legal, ou seja, mediante o reconhecimento de que os fatos narrados na inicial não caracterizam a imperícia do réu, mas sim a imprudência.

Situação idêntica ocorre quando o interessado postula a anulação de ato jurídico descrevendo fatos que, no seu entender, caracterizam dolo da outra parte contratante. Constatada nos autos a veracidade dos fatos constitutivos deduzidos na inicial, pode o juiz anular o ato jurídico pela ocorrência de erro, por entender ser essa a correta qualificação jurídica dos fatos descritos na inicial.

Entretanto, essa nova roupagem jurídica deve ser objeto de oportunidade de prévia manifestação das partes, a fim de assegurar a aplicação do contraditório efetivo e de evitar surpresas às partes.

Daí a relevância da correta descrição fática dos motivos que levam o interessado a provocar a jurisdição, pois são esses os dados que limitarão o conhecimento do juiz quando do proferimento da sentença de mérito.

16.3. PEDIDO

Toda inicial traz consigo dois pedidos distintos.

O primeiro, chamado de imediato, é a exigência formulada contra o juiz, visando à obtenção da tutela jurisdicional, a qual pode ser de cognição (condenatória, constitutiva ou meramente declaratória), executiva (satisfatividade do direito) ou cautelar (medida de garantia de eficácia do processo principal).

O segundo, nominado de mediato, é a exigência formulada contra o réu para que este se submeta à pretensão de direito material que o autor diz não ter sido respeitada.

A alteração de qualquer das duas espécies de pedido implica a geração de uma nova demanda, afastando a incidência dos fenômenos da coisa julgada e da litispendência.

Dica

Os elementos da ação fixam o âmbito da litígio submetido ao Estado-juiz e com isso limitam o conhecimento do juízo. A não observância desses limites gera invalidade da sentença proferida (extra, citra e ultra petita).

Processo civil – Teoria geral do processo e processo de conhecimento

Quadro sinótico – Elementos da ação

Elementos da ação	**Elementos identificadores**
	a) Partes.
	b) Causa de pedir – São os fatos e os fundamentos jurídicos que levam o autor a procurar o juiz.
	c) Pedido.
	  c1) Mediato – É a exigência formulada contra o réu para que este se submeta à pretensão de direito material que o autor diz não ter sido respeitada.
	  c2) Imediato – É a exigência formulada contra o juiz, visando à obtenção da tutela jurisdicional.

Capítulo VI
COMPETÊNCIA

17. CONCEITO E CRITÉRIOS DE DETERMINAÇÃO

Competência é a medida ou quantidade de jurisdição atribuída aos seus órgãos de exercício. A jurisdição, muito embora una, necessita ser distribuída entre os agentes nela investidos, tudo visando à melhor administração da justiça. É a competência, portanto, a divisão do poder estatal entre seus agentes políticos.

Dica

Regras de competência servem como garantia de imparcialidade do julgamento, estando ligadas essencialmente ao princípio do juiz natural.

17.1. LIMITES DA JURISDIÇÃO INTERNACIONAL

Antes da análise das regras de competência interna dos seus órgãos, estabelece o Código de Processo Civil, em seus arts. 21 a 25, as hipóteses nas quais entende ser cabível o exercício da jurisdição nacional.

I) **Do exercício concorrente da jurisdição (CPC, arts. 21 e 22).** São hipóteses para as quais o país coloca sua jurisdição à disposição do interessado, embora aceite ser o litígio solucionado por autoridade estrangeira. A autoridade judiciária brasileira é competente para julgar, sem prejuízo da competência de demais jurisdições estrangeiras, toda vez que: **a)** o réu, de qualquer nacionalidade, for domiciliado no Brasil; **b)** em nosso país a obrigação tiver de ser cumprida; **c)** o fundamento seja de fato ou ato praticado no Brasil; **d)** na ação de alimentos, o credor for domiciliado no Brasil ou o réu mantiver no país posse ou propriedade de bens, recebimento de renda ou outro benefício econômico; **e)** nas relações de consumo, o consumidor tiver domicílio ou residência no Brasil; ou **f)** as partes, expressa ou tacitamente, se submeterem à jurisdição nacional.

O art. 25 do Código de Processo Civil autoriza a eleição de foro estrangeiro em contrato internacional, nas hipóteses de exercício concorrente de jurisdição, cuja arguição deverá ser feita pelo réu em contestação.

II) **Do exercício exclusivo da jurisdição nacional (CPC, art. 23).** São as hipóteses nas quais a autoridade judiciária brasileira se diz a única com soberania para resolver o conflito, negando nosso ordenamento processual qualquer validade a eventual decisão proferida por país estrangeiro em: **a)** ações relativas a imóveis situados no Brasil; e **b)** inventário e partilha de bens situados no Brasil, em matéria de sucessão hereditária, divórcio, separação ou dissolução de união estável, ainda que o autor da herança seja estrangeiro ou tenha residido fora do território nacional.

O art. 24 impede o reconhecimento de litispendência ou conexão entre demandas ajuizadas no Brasil e perante tribunal estrangeiro. A extinção do processo brasileiro ou sua reunião para julgamento conjunto, perante a autoridade estrangeira, implicaria violação à soberania nacional, mesmo nos casos de jurisdição concorrente.

De outro lado, apenas nas hipóteses de exercício concorrente de jurisdições a sentença estrangeira pode ser objeto de homologação, quando exigida para produzir efeitos no Brasil (art. 24, parágrafo único). A partir desse instante, essa sentença deixa de ser ato soberano

Processo civil – Teoria geral do processo e processo de conhecimento

estrangeiro, passando a existir como título executivo emanado de nossa autoridade judiciária nacional e possibilitando a arguição de coisa julgada.

Dica

Ao negar eficácia a decisões estrangeiras sobre bens (imóveis) situados no Brasil, visa a lei defender o conceito de territorialidade, base da soberania nacional.

17.2. COOPERAÇÃO INTERNACIONAL

A cooperação internacional tem por objeto todos os atos requeridos por Estado estrangeiro, de cunho judicial ou extrajudicial e não proibidos pela lei brasileira, cuja prática deve ser aqui realizada.

A cooperação internacional ativa é aquela solicitada pelo Estado brasileiro a outras nações. A cooperação internacional passiva tem por objeto todos os atos requeridos por Estado estrangeiro, de cunho judicial ou extrajudicial, e não proibidos pela lei brasileira, cuja prática deva ser aqui realizada.

Tem ela como base principal a existência de tratado de colaboração ratificado pelo Brasil. Na ausência de tratado, a cooperação internacional só ocorrerá se existente a reciprocidade entre os países, à exceção da homologação estrangeira.

Os princípios básicos da cooperação estão previstos no art. 26: **a)** o respeito às garantias do devido processo legal no Estado requerente; **b)** a igualdade de tratamento entre nacionais e estrangeiros; **c)** a publicidade processual, exceto os casos de segredo de justiça; **d)** a existência de um órgão da administração pública, designado pelo Estado para receber e transmitir os pedidos; e **e)** a espontaneidade na transmissão de informações.

Os pedidos serão encaminhados ao Ministério Público, salvo designação específica, como nos casos de pedidos realizados entre Ministérios Públicos.

O art. 27 do Código de Processo Civil exemplifica como atos (judiciais e extrajudiciais) passíveis de cooperação internacional: atos de comunicação (citação, intimação e notificações); colheita de provas e obtenção de informações; homologação e cumprimento de decisão; concessão de medida judicial de urgência; assistência jurídica internacional.

Será ela regida por tratado de que o Brasil faz parte e pelos princípios fixados no art. 26 do Código de Processo Civil. Como regra geral, será exigida reciprocidade com o Estado estrangeiro, manifestada por via diplomática, menos nos casos de homologação de sentença estrangeira.

É cabível o auxílio direto (sem intervenção do Poder Judiciário nacional) em toda medida que não decorra diretamente de autoridade jurisdicional estrangeira e que não demande um juízo de mérito-delibação (um juízo superficial sobre a legalidade do ato, sem, contudo, adentrar no mérito da questão) sobre a questão no Brasil (CPC, art. 28). Estão fora do auxílio direto as cartas rogatórias que exijam o *exequatur* e as questões submetidas ao procedimento de homologação perante o STJ.

É de responsabilidade do órgão estrangeiro a garantia de autenticidade e clareza do pedido (art. 29). Nos casos de auxílio direto (CPC, arts. 30 a 32), compete à autoridade central brasileira comunicar-se diretamente e cumprir o requerido pelo estado estrangeiro.

Se necessária a manifestação jurisdicional brasileira (auxílio direto passivo), deverá a autoridade central encaminhar o pedido à AGU para requerer, perante o juízo federal do lugar em que deva ela ser executada, a medida solicitada (CPC, arts. 33 e 34).

A carta rogatória é procedimento de jurisdição contenciosa, com incidência de todas as garantias do devido processo legal. A defesa deve limitar-se ao atendimento dos requisitos para que o pronunciamento judicial estrangeiro produza efeitos no Brasil (mediante o *exequatur*), sendo vedada a reapreciação do mérito pela autoridade judiciária brasileira (CPC, art. 36).

Os pedidos de cooperação oriundos de autoridade brasileira serão remetidos pela autoridade central, com tradução para a língua oficial do Estado destinatário (CPC, arts. 37 e 38).

Quadro sinótico – Competência

1) Conceito	É a quantidade de jurisdição atribuída administrativamente aos órgãos jurisdicionais.
2) Limites da jurisdição internacional	É a definição de qual país ostenta soberania para decidir se determinado litígio é verdadeiro conflito de jurisdição. Ela pode ser concorrente ou exclusiva. I) Concorrente – É cabível o exercício da jurisdição brasileira, sem prejuízo das demais, quando: a) o réu, de qualquer nacionalidade, for domiciliado no Brasil; b) em nosso país a obrigação tiver de ser cumprida; c) o fundamento seja de fato ou ato praticado no Brasil; d) na ação de alimentos, o credor for domiciliado no Brasil ou o réu mantiver no país posse ou propriedade de bens, recebimento de renda ou outro benefício econômico; e) nas relações de consumo, o consumidor tiver domicílio ou residência no Brasil; ou f) as partes, expressa ou tacitamente, se submeterem à jurisdição nacional. II) Exclusiva – Nas ações relativas a imóveis situados no Brasil, inventário e partilha de bens situados no Brasil, em matéria de sucessão hereditária, divórcio, separação ou dissolução de união estável, ainda que o autor da herança seja estrangeiro ou tenha residido fora do território nacional, a legislação somente admite o exercício na jurisdição brasileira, com exclusão de qualquer outra. Não cabe homologação de sentença estrangeira nestes casos.
3) Cooperação internacional	Tem por objeto todos os atos requeridos por Estado estrangeiro, de cunho judicial ou extrajudicial e não proibidos pela lei brasileira, cuja prática deva ser aqui realizada.

17.3. COMPETÊNCIA INTERNA

Estabelecidas as hipóteses de soberania da jurisdição pátria, são as regras de competência interna aquelas que indicarão quais são os órgãos locais responsáveis pelo julgamento de cada caso concreto apresentado em juízo.

17.3.1. COMPETÊNCIA DAS JUSTIÇAS INTERNAS CIVIS

A primeira divisão administrativa da jurisdição é aquela que determina a atribuição dos órgãos jurisdicionais da Justiça Federal e da Justiça Estadual.

A Justiça Federal tem sua competência fixada por dois critérios distintos previstos no art. 109 da Constituição.

O primeiro é estabelecido com relação à pessoa envolvida no litígio ou que nele tem interesse. Assim, compete aos juízes federais: **a)** as causas em que a União, entidade autárquica ou empresa pública federal forem interessadas na condição de autoras, rés, assistentes ou oponentes, exceto as de recuperação judicial, falência, insolvência civil, as de acidentes de trabalho e as sujeitas à Justiça Eleitoral e à Justiça do Trabalho (CPC, art. 45); **b)** as causas entre Estado estrangeiro ou organismo internacional e Município ou pessoa domiciliada ou residente no País; e **c)** os mandados de segurança e os *habeas data* contra ato de autoridade federal, excetuados os casos de competência dos tribunais federais.

O segundo leva em consideração a matéria objeto de análise pelo juízo, como: **a)** as causas fundadas em tratado ou contrato da União com Estado estrangeiro ou organismo internacional; **b)** a disputa sobre direitos indígenas; **c)** as causas relativas à nacionalidade e

Processo civil – Teoria geral do processo e processo de conhecimento

naturalização; e **d)** a execução de sentenças estrangeiras homologadas pelo Superior Tribunal de Justiça.

Já a Justiça Estadual, também conhecida como residual, é a competente para apreciação de todas as causas que não sejam de competência de qualquer outra justiça especializada (Justiça Federal, Militar, do Trabalho e Eleitoral).

17.4. CRITÉRIOS DE COMPETÊNCIA

Mesmo dentro das justiças civis referidas existem critérios que determinam qual, dentre os vários órgãos existentes, será o competente para a apreciação da demanda. Tais critérios, por vezes, devem ser aplicados cumulativa ou sucessivamente, para a determinação do juízo competente.

17.4.1. TERRITORIAL OU DE FORO (*RATIONE LOCI*)

É o critério indicativo do local onde deverá ser ajuizada a ação. Todo exercício da jurisdição deve aderir a um território (princípio da aderência da jurisdição). Foro é a delimitação territorial onde o juiz exerce sua atividade, sendo esse local chamado de comarca (Justiça Estadual) ou seção judiciária (Justiça Federal). Portanto, a competência territorial é aquela que indica em qual comarca ou seção judiciária deverá a demanda ser proposta.

O foro comum é o do domicílio do réu, para as ações fundadas em direito pessoal ou em direito real sobre bens móveis (CPC, art. 46).

A lei processual estabelece foros especiais, conforme (CPC, arts. 47 a 53): **a)** a natureza do direito versado nos autos; **b)** a qualidade especial da parte (o último domicílio do ausente, para a ação em que ele for réu, e o domicílio do representante legal do incapaz, arts. 48 e 49); **c)** a situação da coisa (competência do foro da situação da coisa, para as ações fundadas em direitos reais sobre bens imóveis, art. 47); e **d)** o local de cumprimento da obrigação ou da prática do ato ilícito.

Tais regras, de modo geral, são estabelecidas em favor das partes (interesse privado) e não em benefício do exercício da jurisdição (nas ações possessórias o foro da situação da coisa é critério de competência absoluta). É de natureza relativa o critério territorial, o qual comporta alteração pelo consenso das partes em contrato (foro de eleição, art. 63 do CPC) ou pela renúncia tácita do beneficiado pela norma legal, nos casos de não oferecimento de exceção de incompetência do juízo em preliminar de contestação (CPC, art. 65) (declinatória de foro), vedado o reconhecimento de sua incorreção de ofício pelo juiz da causa. Há, porém, uma exceção prevista no parágrafo único do art. 64. Quando se tratar de contrato de adesão e for constatada a nulidade da cláusula de eleição de foro, o juiz poderá declará-la de ofício, caso em que declinará de competência para o juízo de domicílio do réu.

Em sendo abusiva a cláusula de eleição de foro, pode ela ser declarada ineficaz pelo juízo, com remessa dos autos ao juízo do foro do domicílio do réu (CPC, art. 63, § 3º).

17.4.2. MATÉRIA (*RATIONE MATERIAE*)

A especialização da jurisdição, com a determinação de competência de juízos com relação à matéria discutida no processo, é medida que visa à melhor prestação da justiça. Em sendo o campo da ciência do direito vastíssimo, a criação de órgãos especializados, cuja função seja exercida por juízes com conhecimento específico e profundo da matéria, é forma de outorgar à sociedade uma melhor e mais célere composição dos litígios e pacificação social. Pela evidência do interesse público, este critério é considerado de natureza absoluta, não comportando alteração pela vontade das partes e podendo sua violação ser reconhecida de ofício pelo juiz, a qualquer tempo e grau de jurisdição.

É por esse critério que surgem varas especializadas (de família, de acidentes do trabalho, varas cíveis e criminais, varas dos registros públicos etc.) e até mesmo algumas das "justiças" especializadas (Justiça do Trabalho, Justiça Eleitoral etc.).

É a competência por matéria que atribui à Justiça Federal o poder para julgamento das causas relativas a direitos humanos, quando suscitado pelo Procurador-Geral da República o deslocamento da competência original, com a finalidade de assegurar o cumprimento de obrigações decorrentes de tratados internacionais de direitos humanos dos quais o Brasil seja parte.

17.4.3. PESSOA (*RATIONE PERSONAE*)

Determinadas pessoas gozam do privilégio de serem submetidas a julgamento por juízes especializados. Tal privilégio não é instituído pela circunstância pessoal que ostentam, mas sim pelo interesse público secundário que representam, tais como as pessoas jurídicas de direito público interno, entidades autárquicas, empresas públicas etc. À semelhança do critério *ratione materiae*, são as regras de competência relativas às pessoas de natureza absoluta, pois o interesse público secundário não comporta alteração pelo consenso das partes, bem como sua inobservância não pode deixar de ser conhecida de ofício pelo juiz.

Foi esse o critério primordial que informou a criação da Justiça Federal, como já visto, e levou à criação das varas da Fazenda Pública da Justiça Estadual, competente para julgamento das causas de interesse do Estado ou do Município.

17.4.4. VALOR DA CAUSA

Toda causa deve ter um valor atribuído na inicial, elemento que pode servir como fator de fixação de competência.

Pelo que se depreende do art. 63 do Código de Processo Civil, é esse um critério de competência relativa, cabendo modificação ou renúncia pelas partes.

Entretanto, a utilização eventual do valor da causa como critério de competência pelas leis de organização judiciária de um Estado o transforma em critério funcional, estabelecido em favor da boa administração interna da justiça respectiva (interesse público). Por essa justificativa é que o Tribunal de Justiça do Estado de São Paulo fixou ser absoluta a competência dos foros regionais (causas com valores máximos de 500 salários mínimos).

Dica

A fonte para fixação da competência é sempre a lei. Mesmo diante do foro de eleição (forma de derrogação), é a própria lei que faculta às partes afastar a incidência da regra relativa estabelecida.

Quadro sinótico – Competência interna

Competência interna e seus critérios	São as regras de estabelecimento de qual dos diversos órgãos da jurisdição é competente para apreciação da demanda.
	I) Das justiças internas civis – É dividida em Justiça Federal e Estadual. A primeira tem sua competência fixada no art. 109 da Constituição, enquanto a segunda, também co-

Processo civil – Teoria geral do processo e processo de conhecimento

> nhecida como residual, é a competente para análise de todas as causas que não sejam atribuídas a outra justiça especializada.
> Critérios de competência:
> II) Matéria (*ratione materiae*) – É critério absoluto que leva em consideração a necessidade de especialização da jurisdição em relação à matéria submetida a julgamento.
> III) Pessoa (*ratione personae*) – É o critério absoluto pelo qual determinadas pessoas, por força do interesse público secundário que representam, são submetidas a julgamento por juízes especializados.
> IV) Valor da causa – O valor atribuído à inicial também serve como forma de fixação de competência.

18. COMPETÊNCIA ABSOLUTA E RELATIVA

18.1. COMPETÊNCIA ABSOLUTA

Conforme já analisado, são absolutos os critérios de fixação pela matéria, pela pessoa e o funcional (CPC, art. 62). A competência absoluta é aquela estabelecida em favor do interesse público, não sendo passível de modificação pela vontade das partes, em foro de eleição, nem pelos fenômenos da conexão e continência. Eventuais possíveis sentenças conflitantes, entre ações conexas, mas propostas em juízos com competência absoluta distinta, são resolvidas pelo fenômeno das questões prejudiciais externas (suspensão do processo).

A não observância da regra legal incidente gera a nulidade absoluta do processo, autorizando a revogação dos efeitos da coisa julgada pela ação rescisória (CPC, art. 966, II). Portanto, é dever do juiz reconhecer de ofício a sua violação, determinando a remessa dos autos àquele que obrigatoriamente deverá julgar a demanda.

As decisões proferidas pelo juízo antes do reconhecimento de sua incompetência absoluta conservar-se-ão válidas até que outra seja proferida pelo juízo competente, se for o caso (CPC, art. 64, § 4º).

18.2. COMPETÊNCIA RELATIVA

A competência relativa é estabelecida em favor do interesse privado, na busca de uma facilitação da defesa, podendo ser derrogada pelo consenso das partes (foro de eleição) ou renunciada pela parte beneficiada pela regra legal, mediante a não arguição da incompetência relativa do juízo no momento oportuno, que é o da resposta do réu, em preliminar de contestação (modificação voluntária). Ademais, ela pode ser modificada pela conexão ou continência (art. 54 – modificação legal).

Não pode o juiz, salvo no caso de evidente abusividade da cláusula de foro de eleição, reconhecer a incompetência relativa de ofício, sob pena de impedir a ocorrência do fenômeno da prorrogação, consistente justamente na possibilidade de o juiz, a princípio incompetente para o conhecimento da demanda, transformar-se em competente para o julgamento, caso não seja o vício alegado pelo réu (Súmula 33 do STJ).

O art. 63 é expresso ao facultar às partes a alteração da competência relativa (em relação ao valor e ao território), pela eleição em contrato de um foro distinto daquele previsto em lei. O foro de eleição tem sua validade subordinada à ausência de ofensa às regras de competência absoluta (matéria, pessoa e funcional) e aplicabilidade apenas sobre direitos patrimoniais disponíveis. Ademais, deve ele restringir-se à indicação do foro competente (natureza objetiva) e não do juiz ou da vara (natureza subjetiva).

Contratos de adesão não são gerados pelo consenso das partes contratantes, mas sim pela imposição unilateral de cláusulas prontas ao hipossuficiente na relação. Essa qualidade de mais fraco é presumida em favor do consumidor (vulnerabilidade), o qual não pode ter sua defesa judicial dificultada, por força do art. 51, XV, do Código de Defesa do Consumidor. Portanto, escapa tal discussão ao campo da competência relativa (ordem privada), para adentrar na esfera da ordem pública (violação à lei e ao interesse social), tornando inaplicável a Súmula 33 do Superior Tribunal de Justiça e possibilitando ao juiz declarar sua abusividade de ofício (competência absoluta pelo critério da matéria – relação de consumo).

19. PRORROGAÇÃO DE COMPETÊNCIA

É o fenômeno processual pelo qual o juiz, a princípio incompetente relativamente, torna-se competente para apreciar o feito, por ausência de oposição do réu em preliminar de contestação (CPC, art. 65).

A competência territorial é instituída em favor do interesse privado do réu, e nada impede a sua aceitação daquele escolhido pelo autor, mediante a renúncia tácita decorrente do não oferecimento da defesa processual que declina do foro. A não observância das suas regras gera mera nulidade relativa, sanável pela sua não arguição no momento oportuno pelo pretensamente prejudicado.

Dica

Entender qual interesse jurídico cada critério específico tutela é mais importante do que decorar todas as regras legais de competência e possibilita concluir sobre a possibilidade ou não de prorrogação em casos concretos

Quadro comparativo

COMPETÊNCIA ABSOLUTA	COMPETÊNCIA RELATIVA
Interesse público	Interesse privado
Nulidade absoluta	Nulidade relativa (sanável)
Reconhecível de ofício	Depende de arguição da parte
A qualquer tempo e grau de jurisdição	Alegável no prazo da resposta do réu, sob pena de prorrogação
Alegação não tem forma prescrita em lei	Forma prescrita em lei (preliminar de contestação)

20. PERPETUAÇÃO DA JURISDIÇÃO (*PERPETUATIO JURISDICTIONIS* – CPC, ART. 43)

A competência é fixada pela propositura da demanda em juízo (registro ou distribuição da petição inicial), sendo irrelevantes quaisquer alterações posteriores em suas regras. Portanto, o juiz que primeiro receber o processo perpetua nele sua jurisdição, independentemente de modificação ulterior de competência.

Exceções a esse fenômeno são as modificações posteriores respeitantes aos critérios de competência absoluta.

Processo civil – Teoria geral do processo e processo de conhecimento

A *perpetuatio jurisdictionis* difere da prorrogação de competência, pois nesta o juiz adquire sua competência no curso do processo, por ausência de arguição pelo réu no momento processual oportuno, enquanto na primeira o juiz não perde sua competência original por força da alteração superveniente das regras de fixação de competência, salvo se alterarem normas de natureza absoluta.

Dica

As regras sobre a perpetuação da jurisdição têm aplicação prática na solução de conflitos de competência causados pelo advento de nova lei.

Quadro Sinótico – Competência: perpetuação da jurisdição

Perpetuação da jurisdição	A competência é fixada pelo registro ou distribuição da demanda, sendo irrelevantes quaisquer alterações posteriores em suas regras, salvo se a modificação versar sobre competência absoluta.

21. CONEXÃO E CONTINÊNCIA

21.1. CONEXÃO (CPC, ART. 54)

É o fenômeno processual determinante da reunião de duas ou mais ações, para julgamento em conjunto, a fim de evitar a existência de **sentenças conflitantes**.

Evitar sentenças colidentes é uma das maiores preocupações do legislador processual, pois inconcebível que o meio estatal de composição de litígios acabe por servir justamente como agravamento da lide, gerado pela incerteza decorrente de duas ou mais decisões antagônicas. Esse antagonismo é controlado por meio do conceito de coisa julgada material, o qual impede que a parte obtenha duas manifestações do Judiciário sobre demandas idênticas. Mesmo diante de ações distintas, por vezes a reunião é medida obrigatória, pois, se não analisadas e julgadas pelo mesmo magistrado, poderá surgir conflito real de sentenças, vício controlável pelos fenômenos da conexão e continência e das questões prejudiciais.

Tal reunião, na conexão, decorre, conforme previsão legal, da identidade do pedido ou da causa de pedir, demonstrativa da existência de ponto comum a ser decidido nas duas ações e indicativo de que a permanência delas em juízos distintos possibilitará sentenças que conflitem quando de suas execuções (CPC, art. 55). Essa possibilidade, desastrosa para a prestação da justiça, impõe a reunião dos processos para o proferimento de um só julgamento.

Por tais razões, são a conexão e a continência consideradas causas de modificação de competência.

A conexão finda ante o proferimento de sentença de primeiro grau em um dos efeitos conexos (CPC, art. 55), podendo ser levantada em eventual grau recursal, com a reunião dos processos para julgamento conjunto pelo tribunal competente para conhecimento das apelações.

O § 3º do art. 55 determina o julgamento conjunto de processos que possam gerar decisões conflitantes, mesmo que ausente conexão entre eles.

Pelos mesmos motivos, são conexas execuções fundadas no mesmo título executivo e ação de conhecimento relativa ao mesmo ato jurídico.

O juízo competente para processar e julgar ações conexas é aquele prevento pelo registro ou pela distribuição (CPC, arts. 58 e 59).

Por fim, ações conexas devem ser distribuídas por dependência, quando relacionadas a outra ajuizada anteriormente (CPC, art. 286, II).

21.1.1. QUESTÕES PREJUDICIAIS EXTERNAS

Podem surgir causas conexas em andamento perante juízos com competência absoluta diferente, fato impeditivo da reunião dos feitos para julgamento em conjunto. É o que ocorre quando uma ação penal visa à condenação do réu por lesão corporal dolosa e, com base nos mesmos fatos, uma demanda civil de indenização por perdas e danos é movida pela vítima no juízo cível. Muito embora presente a possibilidade de julgamentos contraditórios, é impedida a reunião dos feitos pela diferente competência absoluta dos distintos juízos. Nesses casos a solução reside: **a)** na atração da demanda comum pelo juiz especial, como nos casos de conexão entre um feito ajuizado perante a Justiça Federal – especial – e outro correndo perante a Justiça Estadual – comum; ou **b)** no surgimento de questão prejudicial externa, motivadora da suspensão de um dos processos enquanto o outro não for julgado (CPC, arts. 313, V, *a*, e 315), quando a suspensão não ultrapassar um ano).

Portanto, são as questões prejudiciais externas nítidos casos de conexão, nos quais a reunião dos processos é vedada pela diferente competência absoluta dos distintos juízos ou por estarem eles em fases processuais distintas, o que tornaria a reunião dos feitos algo contrário à economia processual. Dessa forma, um dos feitos aguardará o desfecho do outro que lhe é conexo, evitando-se assim o antagonismo das decisões.

21.2. CONTINÊNCIA (CPC, ART. 56)

É uma espécie de conexão, com requisitos legais mais específicos. Ocorre quando duas ou mais ações têm as mesmas partes (requisito ausente na conexão) e a mesma causa de pedir, mas o pedido de uma delas engloba o da outra. Muito embora as duas ações não sejam idênticas, já que os pedidos são diversos, uma delas tem conteúdo abrangendo por completo a outra demanda. Novamente surge a possibilidade de as demandas receberem julgamentos contraditórios, circunstância indicativa da necessidade de sua reunião. Ressalte-se que é totalmente desnecessária a estipulação legal da continência como fenômeno distinto da conexão, pois toda ação continente é conexa pela identidade da causa de pedir. Logo, a propositura de uma demanda continente com outra já ajuizada gera a necessidade da distribuição por dependência.

Exemplo típico de continência são duas ações ajuizadas pelo mesmo autor e contra o mesmo réu, em uma delas postulando a reintegração de posse e na outra não só a reintegração de posse, mas também indenização por perdas e danos, englobando por completo a primeira demanda.

A conexão pode gerar a extinção do processo contido, sem resolução de mérito, se este for proposto posteriormente. Se anterior ao processo contido, haverá reunião para julgamento em conjunto (CPC, art. 57).

22. PREVENÇÃO

Existindo conexão ou continência, mister se faz fixar quem será o juiz competente para julgar os dois feitos reunidos. Surge o fenômeno da prevenção, o qual indica, dentre os juízes possuidores de ações conexas ou continentes, qual irá proferir a sentença única. É, portanto, a prevenção critério de fixação da competência.

O registro ou a distribuição da petição inicial tornam o juízo prevento (CPC, art. 59).

Processo civil – Teoria geral do processo e processo de conhecimento

Dica

Conexão, continência, questões prejudiciais externas e prevenção são institutos que pertencem ao sistema processual de controle, que visa evitar a ocorrência de julgamentos conflitantes, proferidos por juízos distintos. A análise dos elementos da ação é que indica a possibilidade ou não desses conflitos.

Quadro Sinótico – Competência: conexão e continência; prevenção

1) Conexão e continência	I) Conexão – é o fenômeno processual que determina a reunião de dois ou mais processos, para julgamento em conjunto, a fim de evitar sentenças conflitantes. Ela ocorre quando, da identidade da causa de pedir ou do pedido, exista ponto comum a ser decidido nas duas ações, com possibilidade de decisões conflitantes. II) Questão prejudicial externa – Surge quando duas ou mais demandas conexas não podem ser reunidas para julgamento comum, diante da diferente competência absoluta dos juízos. Nesta hipótese, frustrada a reunião dos processos, a solução é a suspensão de um dos processos, pelo prazo máximo de um ano. III) Continência – Duas ou mais ações possuem as mesmas partes, a mesma causa de pedir, mas o pedido de uma engloba o pedido da outra. A solução legal pode ser a extinção de demanda contida ou a reunião para julgamento em conjunto.
2) Prevenção	É critério de fixação de competência do juiz que atrairá o julgamento comum das ações conexas ou continentes. O registro ou a distribuição da inicial tornam prevento o juízo.

23. CONFLITO DE COMPETÊNCIA (CPC, ARTS. 66 E 951 A 959)

É possível a ocorrência de divergência entre juízes quanto à sua competência para julgamento da demanda. Esse conflito surge quando dois ou mais juízes declaram sua competência para a apreciação da causa (conflito positivo) ou, então, quando ambos se consideram incompetentes (conflito negativo) ou, ainda, quando existem controvérsias acerca da reunião ou separação dos processos (CPC, art. 66).

O órgão competente para julgamento do conflito é o tribunal hierarquicamente superior ao dos juízes conflitantes ou o Superior Tribunal de Justiça, quando aquele surgir entre tribunal e juízes de grau inferior ou entre juízes de justiças distintas.

O levantamento do conflito pode ser suscitado pelo juiz, mediante ofício ao tribunal, pela parte ou pelo Ministério Público, estes por intermédio de petição, ambos instruídos com os documentos necessários para o julgamento (CPC, arts. 951 a 953).

O relator determinará a manifestação dos juízes, caso seja o conflito suscitado pelas partes ou pelo Ministério Público, ou apenas do juiz suscitado, caso seja levantado de ofício por um dos juízes.

O relator, de ofício ou a requerimento das partes, poderá determinar o sobrestamento do feito e indicar qual o juízo provisoriamente competente para solucionar as medidas urgentes (CPC, art. 955), bem como fixar, na decisão do conflito, a validade ou não dos atos do juízo incompetente.

24. DA COOPERAÇÃO NACIONAL

É dever de todos os órgãos do Judiciário a recíproca colaboração, por meio de seus magistrados e servidores.

Como regra, essa colaboração se dá por intermédio de carta precatória ou de ordem, mas a lei dispensa a observância de forma específica (CPC, art. 69).

Os atos de cooperação podem ser executados como auxílio direto, reunião ou apensamento de processos, prestação de informações e atos concertados entre juízes cooperantes. Os atos concertados consistirão em citação, intimação ou notificação de ato, produção de provas, efetivação da tutela provisória, efetivação de medidas para recuperação e preservação de empresas, facilitação da habilitação de créditos na falência ou recuperação judicial, centralização de processos repetitivos e execução de decisão jurisdicional, entre outros (CPC, art. 69, § 2º).

Quadro Sinótico – Conflito de competência e cooperação nacional

1) Conflito de competência	Havendo divergência entre juízes quanto à competência para julgamento da demanda, a solução se dá mediante levantamento do conflito de competência (positivo ou negativo), com suspensão do feito até julgamento final pelo órgão hierarquicamente superior (salvo atos urgentes, que serão praticados pelo juiz indicado pelo tribunal como por eles responsável durante o conflito).
2) Cooperação nacional	A cooperação nacional (atos de auxílio direto, reunião ou apensamento de processos, prestação de informações e atos concertados entre juízes cooperantes) é dever de todos os integrantes do Poder Judiciário e se dará por meio de carta de ordem ou precatória, embora a lei dispense forma específica.

Capítulo VII
DAS PARTES E SEUS PROCURADORES

25. RELAÇÃO JURÍDICA PROCESSUAL

Toda relação jurídica que se instaura tem por finalidade a modificação, extinção ou criação de algum efeito jurídico.

No processo se desenvolve a relação jurídica surgida entre os litigantes e o Estado-juiz. Essa relação é complexa porque é impulsionada pela prática de vários atos processuais ordenados das partes e do juiz (atos de criação e modificação), todos visando levar o procedimento até a obtenção de sua finalidade precípua, a tutela jurisdicional (ato extintivo). Tal fim é obtido mesmo que as partes não exerçam suas faculdades processuais e deixem de praticar os atos de movimentação do processo, pois, muito embora a jurisdição seja inerte, a relação jurídica processual se movimenta pelo princípio do **impulso oficial**, incumbindo ao juiz levar o processo até seu final, analisando ou não o mérito da causa.

A relação jurídica processual é de direito público, na medida em que regula o relacionamento entre as partes e um órgão estatal investido da jurisdição e de todo independente da relação jurídica de direito material existente entre os litigantes. Toda ela é desenvolvida sem vínculo direto entre as partes, pois os efeitos visados pelos atos processuais por elas praticados só serão gerados após a análise formal e o deferimento do juiz (relação angular).

JUIZ

A   B

São, então, sujeitos da relação jurídica processual e, por consequência, do processo, o juiz e as partes.

26. CONCEITO DE PARTE

Partes são aquelas que participam da relação processual existente com o Estado-juiz, exercem as faculdades que lhes são oferecidas, observam os deveres a elas impostos e sujeitam-se aos ônus processuais.

Conforme o procedimento escolhido ou a fase processual, a denominação da parte varia. Por exemplo, "autor" e "réu" são expressões utilizadas nos processos de conhecimento; "credor" e "devedor", na execução; "denunciante" e "denunciado", na denunciação da lide etc.

27. FACULDADES, DEVERES E ÔNUS PROCESSUAIS

27.1. FACULDADES PROCESSUAIS

As partes, na defesa de seus interesses e buscando formar o convencimento daquele que irá proferir a decisão sobre o litígio instaurado, adquirem, por força da relação jurídica processual, a faculdade de praticar os atos destinados ao exercício do direito de ação e de defesa, por exemplo, o direito de produzir provas, recorrer, comparecer aos atos processuais etc.

SINOPSES JURÍDICAS

27.2. DEVERES PROCESSUAIS

Surgem também deveres impostos às partes, participantes que são de um instrumento público, cujo descumprimento poderá acarretar sanções pecuniárias em favor do próprio judiciário (ato atentatório à dignidade da Justiça) ou em favor da parte adversária (litigância de má-fé).

27.2.1. ATO ATENTATÓRIO À DIGNIDADE DA JUSTIÇA

É dever da parte, dos seus procuradores e de todos os demais que participem do processo: **a)** expor os fatos conforme a verdade; **b)** não formular pretensão ou defesa destituída de fundamento; **c)** não produzir provas ou atos inúteis; **d)** cumprir e não criar embaraço ao cumprimento das decisões jurisdicionais; **e)** declinar e manter atualizado o endereço onde receberá as intimações; e **f)** não praticar inovação ilegal no estado de fato do bem ou direito litigioso (CPC, art. 77).

A violação dos deveres mencionados nas letras "d" e "f" caracteriza ato atentatório à dignidade da justiça, com aplicação ao responsável de multa de até 20% do valor da causa (ou até 10 salários mínimos), conforme a gravidade da conduta e sem prejuízo das sanções criminais, civis e processuais cabíveis. A multa é revertida em favor dos fundos de modernização do Judiciário da União ou do Estado (CPC, art. 97), autorizada a inscrição na respectiva dívida ativa caso não haja pagamento.

Aos advogados públicos ou privados e membros da Defensoria e do Ministério Público não se aplica essa multa, devendo o ato atentatório ser resolvido perante o respectivo órgão de classe ou corregedoria.

O atentado deverá ser resolvido nos próprios autos, com determinação judicial de recomposição do estado anterior da coisa ou direito pela parte que o cometeu.

27.2.2. DA LITIGÂNCIA DE MÁ-FÉ

Aquele que litigar de má-fé responde pelas perdas e danos causados ao adversário (CPC, art. 79).

Caracteriza litigância de má-fé: **a)** deduzir pretensão ou defesa contra texto expresso de lei ou fato incontroverso; **b)** alterar a verdade dos fatos; **c)** usar o processo para obter objetivo ilegal; **d)** opor resistência injustificada ao andamento do processo; **e)** proceder de modo temerário em juízo; **f)** provocar incidente manifestamente infundado; e **g)** interpor recurso manifestamente protelatório (CPC, art. 80).

Conforme se depreende acima, é obrigatória a presença do dolo, da intenção e a consciência da parte quanto à finalidade ou ao objetivo lesivo do ato.

A condenação pode ser feita a requerimento ou de ofício pelo juízo, com multa de 1 a 10% do valor corrigido da causa (ou até dez salários mínimos), revertida em favor da parte adversa, além de imposição de responsabilidade pelo pagamento das despesas e honorários advocatícios.

27.3. ÔNUS PROCESSUAIS

São faculdades processuais concedidas às partes, as quais, apesar de não obrigatórias, geram ao desidioso um prejuízo na relação jurídica processual, consistente em passar a ostentar situação desvantajosa perante aquele que irá decidir a lide. Exemplo típico é o da contestação. Muito embora ninguém seja a ela obrigado, a ausência de contestação gera uma desvalia processual ao réu, consistente no estabelecimento da presunção de veracida-

Processo civil – Teoria geral do processo e processo de conhecimento

de dos fatos alegados como constitutivos do direito do autor, possibilitando o julgamento antecipado do mérito.

Dica

> A relação processual da parte com o Estado-juiz é de direito público, regulada no CPC não só com base nos direitos/faculdades que ela possa ter, mas principalmente com fundamento no seu dever geral de lealdade, consistente na obrigatória colaboração para que o processo se desenvolva regularmente e atinja o seu objetivo de maneira justa.

Quadro Sinótico – Das partes

Conceitos	Relação jurídica processual – A relação jurídica entre as partes e o juiz visa à criação, à modificação ou à extinção do processo. Ela é criada pela iniciativa da parte, mas se desenvolve por impulso oficial, cabendo ao juiz levar o processo até seu final.
	Partes – São aquelas que participam da relação processual existente com o Estado-juiz, exercem as faculdades que lhes são oferecidas, observam os deveres a elas impostos e sujeitam-se aos ônus processuais.
	Faculdades processuais – A faculdade de praticar os atos destinados ao exercício do direito de ação e de defesa buscando formar o convencimento do juiz.
	Deveres processuais – Impostos às partes e cujo descumprimento poderá caracterizar ato atentatório à dignidade da Justiça ou litigância de má-fé.
	Ônus processuais – Faculdades processuais concedidas às partes, as quais, apesar de não obrigatórias, geram ao desidioso um prejuízo na relação jurídica processual, consistente em passar a ostentar situação desvantajosa perante aquele que irá decidir a lide.

28. SUBSTITUIÇÃO PROCESSUAL E SUBSTITUIÇÃO DE PARTE

Conforme já visto, o titular da ação é o titular do direito material violado (legitimação ordinária). Só quando a lei permite é admissível que terceiro venha a juízo tutelar direito alheio em nome próprio (legitimação extraordinária). A substituição processual é, portanto, sinônimo de legitimação extraordinária, agindo o substituto na defesa do interesse que não lhe pertence.

Esse instituto não pode ser confundido com a substituição de parte, a qual significa a alteração da pessoa que figura em um dos polos do processo.

Após estabilizada a demanda, nosso ordenamento só permite a substituição das partes originárias em caso de falecimento (CPC, art. 110), mediante a suspensão do feito até que se proceda à habilitação dos sucessores ou do espólio e contanto que o direito de ação não seja intransmissível, pois nesse caso deverá ser o processo extinto (CPC, art. 108).

Nem mesmo a eventual alienação do objeto litigioso implica alteração das partes. Pelo contrário, a transferência do direito material versado nos autos, após a citação válida, é irrelevante para o processo, uma vez que ele prosseguirá até seu final com as partes originárias, a não ser que haja concordância destas quanto à substituição em um dos polos (CPC, art. 109). Senão, ao adquirente do objeto ou direito litigioso resta, caso assim deseje, intervir na causa como assistente litisconsorcial do alienante, suportando os efeitos da sentença proferida.

Dica

> Substituição processual = legitimação extraordinária. Exceção à regra pela qual o autor é o titular direito material violado.

> Substituição de parte = alteração da parte no curso do processo em caso de falecimento. Sucessão pelos herdeiros nos casos de direito transmissível.

29. CAPACIDADE DE ESTAR EM JUÍZO E CAPACIDADE PROCESSUAL

Qualquer pessoa que tenha capacidade de ser sujeito de direitos e obrigações na vida civil tem capacidade de estar em juízo (CPC, art. 70). Equivale ela à personalidade civil. Determinadas ficções jurídicas processuais têm capacidade de estar em juízo, muito embora não tenham personalidade civil, tais como o nascituro e as pessoas meramente formais (massa falida, espólio e condomínio), as quais podem atuar como partes nos processos de seus interesses, desde que corretamente representadas (genitora, síndico e inventariante).

Já a capacidade processual (*legitimatio ad processum*), a princípio, segue as regras da capacidade de exercício do Código Civil. Como a relação jurídica processual implica atos de manifestação de vontade, exige a lei processual os mesmos requisitos integrativos da vontade daqueles que, seja por força da idade, seja por força de alguma debilidade mental, não tenham vontade plena.

Logo, muito embora o menor impúbere possa ser parte em uma demanda (capacidade de estar em juízo), para que exerça regularmente as faculdades ou se sujeite aos ônus processuais validamente, deve estar sempre acompanhado de seu representante legal (ausência de capacidade processual). Este não assume a posição de parte no lugar do menor, mas apenas comparece nos autos para representá-lo e suprir sua incapacidade (CPC, art. 71).

O direito processual civil impõe, ainda, algumas limitações especiais à capacidade processual, em virtude do interesse público inerente ao processo e pela necessidade de observância do princípio do contraditório e da ampla defesa. São os casos do réu preso, que demanda em seu favor a nomeação de um curador especial (art. 72), e as hipóteses do art. 73, que exigem a outorga uxória ou marital entre os cônjuges (direitos reais sobre bens imóveis, salvo quando casados no regime de separação absoluta de bens). Neste último caso é possível a obtenção do suprimento judicial, quando a recusa não for justificada (CPC, art. 74).

Não pode a capacidade processual ser confundida com a *legitimatio ad causam*, condição da ação. A primeira é pressuposto processual cuja ausência gera a nulidade do processo, por ausência de existência e validade da relação jurídica, enquanto a ausência da segunda gera a extinção do processo sem resolução de mérito, por carência de ação.

A irregularidade da representação das partes é matéria de ordem pública e comporta reconhecimento de ofício pelo juiz, o qual deverá determinar sua regularização em prazo razoável. Se o vício for apresentado pelo autor da demanda e este não o sanar no prazo assinalado, será o processo extinto. Se a desídia em regularizar for do réu, deverá o processo seguir à sua revelia (CPC, art. 76).

30. DO ADVOGADO

30.1. CAPACIDADE POSTULATÓRIA

Em sendo o processo instrumento objeto de direito positivado, com regras técnicas próprias de quem tenha o conhecimento das leis, somente aquele habilitado em curso superior jurídico tem capacidade de postular em juízo. O advogado é o técnico em Direito que repre-

Processo civil – Teoria geral do processo e processo de conhecimento

senta a parte em suas postulações no processo e no exercício das suas faculdades processuais. É sua exclusividade a capacidade postulatória, sendo absolutamente nulo o processo no qual a parte se faça representar por quem não detém habilitação legal para o exercício da advocacia (CPC, art. 103).

A lei excepciona essa regra geral, possibilitando a postulação diretamente pela parte:

a) quando advoga em causa própria (CPC, art. 103, parágrafo único);

b) nas causas de competência do juizado especial cível, quando seu valor não ultrapassar vinte salários mínimos.

30.2. O MANDATO JUDICIAL

Para que a representação da parte pelo advogado seja válida, é necessária a outorga de mandato, por instrumento público (obrigatório para os analfabetos) ou particular. Para a prática de atos no processo basta que a procuração faça referência à cláusula *ad judicia* (CPC, art. 105), com exceção dos atos processuais de desistência, confissão ou recebimento de citação, que demandam poderes específicos. Já os atos da vida civil, como a transação, renúncia ao direito, receber e dar quitação, reconhecer a procedência do pedido e firmar compromissos, não estão acobertados pela cláusula judicial referida, exigindo disposição expressa no mandato.

A procuração jamais pode ser dispensada. Entretanto, medidas de urgência (possibilidade de preclusão, decadência ou prescrição) podem ser praticadas sem mandato, desde que, no prazo máximo de quinze dias, prorrogáveis por mais quinze, seja ele exibido no processo (validação), sob pena de ineficácia do ato e responsabilização do advogado pelas despesas, perdas e danos gerados no processo (art. 104). Pode a procuração, ainda, ser assinada digitalmente, na forma da lei específica.

30.3. DIREITOS DO ADVOGADO

O art. 107 do Código de Processo Civil estipula, em favor do advogado que esteja no exercício da defesa de seu patrocinado, os direitos de: a) examinar, em cartório ou pelo meio eletrônico, os autos de qualquer processo, mesmo sem procuração e salvo aqueles sob a égide do segredo de justiça; b) requerer, como procurador, vista dos autos pelo prazo de cinco dias; c) retirar os autos pelo prazo legal, sempre que houver determinação judicial para manifestação. Caso o prazo seja comum às partes, só em conjunto ou mediante prévio ajuste por petição nos autos poderão os seus procuradores retirar os autos, ressalvada a hipótese de obtenção de cópias, com carga dos autos pelo prazo de duas a seis horas. O procurador que não devolver os autos nesse prazo perderá esse direito no processo.

30.4. SUBSTITUIÇÃO DO ADVOGADO

Pode dar-se pela vontade da parte manifestada nos autos (revogação do mandato). Nesse momento, o autor deverá constituir outro causídico, sob pena de extinção do processo e o réu sob pena de prosseguimento do feito à sua revelia.

Em se tratando de renúncia ao mandato pelo próprio advogado, somente terá eficácia no processo se houver prova escrita, física ou digital, da cientificação do patrocinado, prosseguindo o causídico na defesa, se necessário, pelo prazo de dez dias de sua juntada aos autos (CPC, art. 112).

Quadro Sinótico – Das partes: substituição e capacidade

1) Substituição de parte e processual	Processual – Sinônimo de legitimação extraordinária, agindo o substituto na defesa do interesse que não lhe pertence. Parte – Alteração da pessoa que figura em um dos polos do processo.
2) Capacidade de estar em juízo e capacidade de ser parte	Estar em juízo – Qualquer pessoa que tenha capacidade de ser sujeito de direitos e obrigações na vida civil. Equivale à personalidade civil. Ser parte (*legitimatio ad processum*) – A princípio, segue as regras da capacidade de exercício do Código Civil.
3) Capacidade postulatória	É a capacidade técnica de postular em juízo, reservada com exclusividade ao advogado.

Capítulo VIII
O MINISTÉRIO PÚBLICO NO PROCESSO CIVIL

O Ministério Público tem por função constitucional (CF, art. 129) a defesa, no âmbito civil, dos interesses públicos, sociais, difusos e coletivos. A regulamentação e a determinação das hipóteses dessas funções vêm expressas em diversas leis especiais, tais como a Lei do Mandado de Segurança, a Lei da Ação Civil Pública, o Código de Defesa do Consumidor etc.

Os arts. 176 e 177 do Código de Processo Civil repisam a função do Ministério Público na defesa da ordem jurídica, do regime democrático e dos interesses sociais e individuais indisponíveis, exercendo o direito de ação conforme suas atribuições constitucionais.

O Ministério Público intervirá nos processos que envolvam interesse público ou social, interesse de incapaz e litígios coletivos pela posse de terra rural ou urbana, além das hipóteses previstas em outras leis ou na Constituição Federal (CPC, art. 178). Sua participação se dará por meio de intimação para intervenção no feito, no prazo de trinta dias.

Pertence exclusivamente ao Ministério Público o poder de decidir quanto ao cabimento de sua intervenção. Caso haja recusa por parte de seu representante, resta ao juízo aplicar, por analogia, o art. 28 do Código de Processo Penal, com remessa dos autos ao Procurador-Geral de Justiça para decisão final.

31. **VANTAGENS PROCESSUAIS DO MINISTÉRIO PÚBLICO**

Considerando a natureza especial da função do Ministério Público, a lei processual estabelece em seu favor diversas vantagens processuais. Tais regras especiais não são benefícios estabelecidos em favor da instituição em si, mas sim para possibilitar uma melhor defesa dos interesses públicos em jogo. Na realidade, consistem na aplicação da verdadeira isonomia substancial (tratar igualmente os iguais e desigualmente os desiguais). Em síntese, são elas (art. 180):

a) necessidade de intimação pessoal do representante do Ministério Público de todos os atos do processo, ao contrário das partes, intimadas, via de regra, pelo *Diário Oficial* da União ou do Estado;

b) ter vista dos autos depois das partes;

c) prazo em dobro para se manifestar, contado de sua intimação, salvo nas hipóteses em que a lei estabelecer, de forma expressa, prazo próprio.

Por fim, a ausência de intervenção do Ministério Público em feito no qual sua presença era obrigatória gera a nulidade absoluta do processo, abrindo azo até mesmo para a ação rescisória (CPC, art. 967, III, *a*).

Quadro Sinótico – Ministério Público no processo civil

Ministério Público	Atua na defesa da ordem jurídica, do regime democrático e dos interesses sociais e individuais indisponíveis, exercendo o direito de ação conforme suas atribuições constitucionais. A lei processual estabelece em seu favor diversas vantagens processuais, para possibilitar melhor defesa dos interesses públicos em jogo, tais como necessidade de intimação pessoal, ter vista dos autos depois das partes e prazo em dobro para se manifestar.

Capítulo IX
O JUIZ

32. DEVERES DO JUIZ NO PROCESSO CIVIL

O art. 139 traça as diretrizes básicas que devem nortear as funções do juiz no processo civil:

a) Assegurar às partes igualdade de tratamento (inciso I). Essa garantia é requisito essencial da legitimação da atividade judicial. Entretanto, nunca se deve perder de vista que o conceito de isonomia ultrapassou a igualdade meramente formal, para atingir o que conhecemos como isonomia substancial. A verdadeira igualdade só pode ser atingida se for dispensado tratamento diferenciado a quem não se encontra em situação de igualdade, sob pena de reforço das diferenças. No processo isso se reflete na instituição legal de prazos especiais em favor de determinados sujeitos do processo, na possibilidade de concessão de justiça gratuita aos necessitados etc. Dentro desse objetivo, autorizado está o juiz a dilatar prazos e alterar a ordem de produção dos meios de prova, adequando-os às necessidades do conflito e conferindo maior efetividade à tutela do direito (inciso VI).

b) Embora iniciado por provocação das partes, compete ao juiz levar o processo ao seu final, pelo impulso oficial, da maneira mais célere e econômica possível (inciso II). Deve ele, também, buscar, a qualquer tempo, a autocomposição e reprimir qualquer ato atentatório à dignidade da justiça (incisos III e V). É dever do juiz zelar para que demandas individuais repetitivas sejam solucionadas, sempre que possível, por intermédio das ações coletivas, cabendo a ele oficiar aos legitimados para a sua propositura (inciso X).

c) Para o atingimento das finalidades públicas do processo, é dotado o juiz de poderes coercitivos e de polícia para garantir a aplicação da justiça no caso concreto (incisos IV e VII).

Ao juiz não é dado declinar da jurisdição alegando lacuna ou obscuridade do ordenamento jurídico (CPC, art. 140), em respeito ao princípio da inafastabilidade da jurisdição; só deve aplicar a equidade quando expressamente permitido por lei (art. 140, parágrafo único); deve restringir-se à análise do pedido nos limites formulados pelas partes, sob pena de exercer a jurisdição de ofício (CPC, art. 141); deve obstar que as partes usem do processo para obtenção de resultado ilegal (CPC, art. 142).

A responsabilidade civil do juiz se funda no dolo ou na fraude, ou ainda na omissão de providência que deva ordenar de ofício ou a requerimento da parte (CPC, art. 143).

33. A IMPARCIALIDADE

Toda jurisdição pauta-se na imparcialidade do julgador investido nessa função. E o sistema jurídico institui uma série de garantias constitucionais, visando à outorga ao julgador da necessária isenção para o desenvolvimento de suas funções.

São elas as garantias da vitaliciedade – proibição de perda do cargo senão por sentença judicial; da inamovibilidade – impossibilidade de remoção do cargo contra sua vontade, a não ser por motivo de interesse público, em pena aplicada em regular processo administrativo, e da irredutibilidade de subsídios.

Mas, a par desse sistema de garantias constitucionais, estabelece a lei uma série de hipóteses em que o juiz não deve atuar no processo.

Processo civil – Teoria geral do processo e processo de conhecimento

O primeiro grupo são as proibições de natureza objetiva, chamadas de **impedimentos** (**CPC, arts. 144 e 147**). Nessas hipóteses não há juízo íntimo ou discricionário do juiz, pois a lei veda expressamente sua atuação, gerando nulidade absoluta insanável e ensejando até mesmo ação rescisória se desrespeitadas (CPC, art. 966, II).

É vedado o exercício das funções no processo: **a)** em que interveio como mandatário da parte, oficiou como perito, funcionou como membro do Ministério Público ou prestou depoimento como testemunha; **b)** de que conheceu em outro grau de jurisdição, tendo proferido decisão; **c)** quando nele estiver postulando, como defensor público, advogado ou membro do Ministério Público, seu cônjuge ou companheiro, ou qualquer parente, consanguíneo ou afim, em linha reta ou na colateral, até o terceiro grau, inclusive; **d)** quando for parte no processo ele próprio, seu cônjuge ou companheiro, ou parente, consanguíneo ou afim, em linha reta ou na colateral, até o terceiro grau, inclusive; **e)** quando for sócio ou membro de direção ou de administração de pessoa jurídica parte no processo; **f)** quando for herdeiro presuntivo, donatário ou empregador de qualquer das partes; **g)** em que figure como parte instituição de ensino com a qual tenha relação de emprego ou decorrente de contrato de prestação de serviços; **h)** em que figure como parte cliente do escritório de advocacia de seu cônjuge, companheiro ou parente, consanguíneo ou afim, em linha reta ou na colateral, até o terceiro grau, inclusive, mesmo que patrocinado por advogado de outro escritório; e **i)** quando promover ação contra a parte ou seu advogado.

O segundo grupo são os casos de **suspeição**, vedações de natureza subjetiva e que dependem de comprovação nos autos (**CPC, art. 145**). Essas hipóteses estão ligadas mais ao juízo íntimo e discricionário do julgador, gerando nulidade relativa e não afetando a coisa julgada se não observadas ou arguidas pelas partes no momento oportuno.

É considerado suspeito o juiz: **a)** amigo íntimo ou inimigo de qualquer das partes ou de seus advogados; **b)** que receber presentes de pessoas que tiverem interesse na causa antes ou depois de iniciado o processo, que aconselhar alguma das partes acerca do objeto da causa ou que subministrar meios para atender às despesas do litígio; **c)** quando qualquer das partes for sua credora ou devedora, de seu cônjuge ou companheiro ou de parentes destes, em linha reta até o terceiro grau, inclusive; e **d)** interessado no julgamento do processo em favor de qualquer das partes.

Os motivos de impedimento e suspeição se aplicam ao membro do Ministério Público, aos auxiliares da justiça e demais sujeitos imparciais do processo.

Quadro Sinótico – O juiz

1) Deveres	Assegurar às partes igualdade de tratamento, levar o processo ao seu final, pelo impulso oficial, da maneira mais célere e econômica possível e aplicar seus poderes coercitivos e de polícia para garantir a aplicação da justiça no caso concreto.
2) Imparcialidade	Para assegurá-la, tem o juiz as garantias da vitaliciedade, inamovibilidade e irredutibilidade de vencimentos. De outro lado, a lei estabelece proibições objetivas e subjetivas à sua atuação, as chamadas hipóteses de impedimento e suspeição.

Capítulo X
DOS AUXILIARES DA JUSTIÇA

Escrivão ou chefe de secretaria é o auxiliar responsável pelo gerenciamento dos ofícios de justiça. Seus atos estão previstos no art. 152 do Código de Processo Civil, com principal destaque à prática, de ofício, dos atos meramente ordinatórios (inciso VI), mediante regulamentação formal em ato do juiz titular (§ 1º) e a observância da ordem cronológica de recebimento para publicação e efetivação das decisões judiciais, salvo as exceções de urgência.

O oficial de justiça (CPC, art. 154) é o auxiliar, dotado de fé pública, responsável pela prática externa e efetiva dos atos judiciais (penhora, diligências, citações, prisões etc.). São eles responsáveis civilmente quando praticarem ato nulo com dolo ou culpa, ou se recusarem a cumprir no prazo os atos, sem justo motivo (CPC, art. 155).

O perito é o auxiliar, legalmente habilitado, que assiste o juiz quando a prova depender de conhecimento técnico ou científico (CPC, art. 156). Os peritos deverão pertencer ao cadastro mantido pelo tribunal respectivo, formado após consulta pública e indicação das universidades, conselhos de classe, Ministério Público, OAB etc. O § 2º do art. 157 assegura distribuição equitativa entre os peritos cadastrados, observada a capacidade técnica e a área de conhecimento. A responsabilidade civil do perito depende de comprovação de dolo ou culpa, cumulada com inabilitação pelo prazo de dois a cinco anos (CPC, art. 158).

O depositário ou o administrador é responsável pela guarda e pela conservação de bens arrestados, penhorados, sequestrados ou arrecadados, mediante remuneração fixada pelo juiz (CPC, arts. 159 e 160). Sua responsabilidade depende de ato doloso ou culposo, sem prejuízo do ressarcimento dos gastos com o exercício do cargo.

O intérprete ou o tradutor será nomeado para traduzir documento em língua estrangeira, verter para português as declarações das partes ou realizar a interpretação simultânea dos depoimentos prestados por deficientes auditivos, por meio de sinais. Ele é obrigado a desempenhar seu ofício, aplicando-se o disposto nos arts. 157 e 158 para os peritos (CPC, art. 164). Os conciliadores e os mediadores judiciais exercerão suas funções nos centros judiciários de solução consensual de conflitos, cuja composição e organização serão definidas pelo respectivo tribunal, observadas as normas no Conselho Nacional de Justiça (CPC, art. 165). O conciliador deverá atuar em casos em que não haja vínculo anterior entre as partes, propondo solução para o litígio, vedado qualquer tipo de constrangimento ou intimidação. O mediador deverá atuar quando houver vínculo anterior entre as partes, auxiliando os interessados no restabelecimento da comunicação e na busca de soluções consensuais que gerem benefícios mútuos.

A conciliação e a mediação são realizadas de forma confidencial, sendo proibido que o conciliador e o mediador e suas respectivas equipes divulguem ou deponham acerca dos fatos dos quais tiveram conhecimento no exercício de suas funções (CPC, art. 166).

Os conciliadores, os mediadores e as câmaras privadas de conciliação e mediação serão inscritos em cadastros nacionais, federais e estaduais, cabendo ao interessado, após capacitado por curso credenciado, requerer sua inscrição. O registro, que poderá ser precedido de concurso público, faz com que o habilitado passe a constar da lista respectiva, com distribuição alternada e aleatória de serviço, salvo se escolhido for, de comum acordo, pelas partes. Os dados relevantes da atuação desses auxiliares serão classificados para avaliação e publicação das respectivas atuações (CPC, arts. 167 e 168).

Eles deverão ser remunerados por tabela fixada pelo tribunal, conforme parâmetros estabelecidos pelo Conselho Nacional de Justiça. O conciliador e o mediador cadastrados, se advogados, estarão impedidos de exercer a advocacia nos juízos em que desempenhem essa

Processo civil – Teoria geral do processo e processo de conhecimento

função. Em sentido assemelhado, ficam eles impedidos, pelo prazo de um ano, contado do término da última audiência em que atuaram, de assessorar, representar ou patrocinar qualquer das partes (CPC, arts. 169 a 172).

A União, os Estados, o Distrito Federal e os Municípios criarão câmaras de mediação e conciliação, visando à solução de conflitos envolvendo órgãos e entidades da administração pública, avaliar a admissibilidade dos pedidos de resolução de conflitos, por meio da conciliação, no âmbito da administração pública, e promover, quando couber, a celebração do termo de ajustamento de conduta (CPC, art. 174).

Quadro Sinótico – Dos auxiliares da justiça

Auxiliares	Escrivão ou chefe de secretaria – Auxiliar responsável pelo gerenciamento dos ofícios de justiça.
	Oficial de justiça – Auxiliar, dotado de fé pública, responsável pela prática externa e efetiva dos atos judiciais.
	Perito – Auxiliar, legalmente habilitado, que assiste o juiz, quando a prova depender de conhecimento técnico ou científico.
	Depositário ou administrador – Responsáveis pela guarda e pela conservação de bens arrestados, penhorados, sequestrados ou arrecadados.
	Intérprete ou tradutor – Nomeado para traduzir documento em língua estrangeira, verter para o português as declarações das partes ou realizar a interpretação simultânea dos depoimentos prestados por deficientes auditivos, por meio de sinais.
	Conciliadores e mediadores judiciais – Atuam nos centros judiciários de solução consensual de conflitos.

Capítulo XI
ADVOCACIA E DEFENSORIA PÚBLICAS (ARTS. 182 A 187)

Se, de um lado, à **Advocacia Pública** incumbe a defesa dos interesses públicos da União, dos Estados, do Distrito Federal e dos Municípios, por meio da representação judicial das pessoas jurídicas de direito público que integrem a administração direta e indireta, de outro, a **Defensoria Pública** exerce a orientação jurídica, a promoção dos direitos humanos e a defesa dos direitos individuais e coletivos dos necessitados, de forma integral e gratuita.

Ambas gozam do benefício do prazo em dobro, cuja contagem se iniciará após a intimação pessoal, a ser feita por carga, remessa ou meio eletrônico, salvo quando a lei estabelecer, de forma expressa, prazo próprio.

Os membros de ambas as instituições responderão por dolo ou fraude no exercício de suas funções.

A Defensoria Pública poderá requerer ao juiz a intimação pessoal da parte patrocinada quando o ato processual depender de providência ou informação que somente por ela possa ser realizada.

Quadro Sinótico – Advocacia e defensoria públicas

1) Advocacia pública	Defesa dos interesses públicos da União, dos Estados, do Distrito Federal e dos Municípios, por meio da representação judicial das pessoas jurídicas de direito público que integrem a administração direta e indireta.
2) Defensoria pública	Exerce a orientação jurídica, a promoção dos direitos humanos e a defesa dos direitos individuais e coletivos dos necessitados.

Capítulo XII
OS ATOS PROCESSUAIS

34. **GENERALIDADES**

Ato processual é todo aquele praticado pelos sujeitos do processo (partes e juiz) visando à criação, modificação ou extinção da relação jurídica processual. Os atos de criação são aqueles ligados à instauração da relação jurídica processual (petição inicial, citação e contestação), enquanto os de modificação movimentam o procedimento para o ato de extinção (sentença).

Os atos processuais independem de forma determinada. Portanto, salvo quando a lei expressamente inquinar de nulo o ato realizado sem a observância da forma para ele prescrita (CPC, art. 188), não tem ela um fim em si mesma, dependendo o reconhecimento de eventual nulidade do processo da perquirição quanto ao atingimento da finalidade essencial prevista para o ato processual.

Os atos processuais são públicos (art. 189). Entretanto, tramitam em segredo de justiça processos em que o interesse público ou social exijam o sigilo, que versem sobre direito de família em geral, que constem dados protegidos pela garantia constitucional à intimidade e que versem sobre arbitragem com cláusula de confidencialidade. Nesses casos, a publicidade se restringe às partes e a seus procuradores, ressalvado o direito de terceiro, demonstrando interesse jurídico, requerer certidão do dispositivo da sentença que verse sobre direito de família.

34.1. **DO PROCESSO ELETRÔNICO**

Os atos processuais podem ser produzidos, comunicados, armazenados e validados por meio eletrônico (CPC, art. 193).

É ele regido pelas regras da publicidade dos atos, do acesso e da participação das partes, além das garantias de disponibilidade, independência da plataforma computacional, acessibilidade e interoperabilidade do sistema, dados e informações coletadas (CPC, art. 194).

A regulamentação da prática e a comunicação dos atos eletrônicos é atribuição do Conselho Nacional de Justiça, com atuação supletiva dos tribunais (CPC, art. 196).

É dever do Judiciário disponibilizar aos interessados equipamentos necessários para a prática dos atos, consulta e acesso ao sistema (CPC, art. 198).

A Lei n. 11.419/2006, que dispõe sobre a informatização do processo judicial, estabeleceu o primeiro passo normativo para a adoção pelos tribunais do processo totalmente eletrônico, com a dispensa da utilização do meio físico do papel.

A finalidade clara da lei é não só proporcionar uma celeridade maior ao andamento dos feitos como também reduzir sensivelmente os custos da atividade jurisdicional, mediante a aplicação e utilização das mídias digitais no processo.

O Capítulo I da citada lei diz respeito à informatização do processo judicial.

Estabelece o § 1º do art. 1º a aplicabilidade da lei ao processo civil, penal, trabalhista e juizado especial. Como limitação a essa abrangência encontra-se a vedação do uso da citação por meio eletrônico no processo criminal e infracional (art. 6º).

O legislador conceitua os novos termos de informática utilizados pelo texto.

Meio eletrônico é toda forma de armazenamento ou tráfego de documentos e arquivos digitais. A transmissão eletrônica é qualquer forma de comunicação a distância com a utilização de redes de computadores, enquanto a assinatura eletrônica é aquela baseada em certificação digital expedida por autoridades credenciadas ou a cadastrada perante o Poder Judiciário.

Todo o processo se baseia no cadastramento do usuário e credenciamento deste perante o tribunal respectivo, após a sua identificação presencial.

Os atos processuais eletrônicos serão considerados como praticados no dia e hora do seu envio ao sistema, mediante o fornecimento de protocolo eletrônico.

Já o prazo processual fixado para sua prática estará atendido desde que transmitida a petição até as 24 horas do seu último dia, previsão acolhida expressamente pelo CPC, em seu art. 213.

O Capítulo II fixa as regras respeitantes à forma de comunicação dos atos processuais eletrônicos.

Ponto de relevância é a autorização dada aos tribunais para a criação de Diário eletrônico, que deverá ser disponibilizado em sítio criado para tal fim. Sua criação substituirá qualquer outro meio e publicação oficial, salvo os casos em que a lei exigir a intimação pessoal.

Todas as publicações deverão ser assinadas digitalmente, certificadas pela autoridade credenciada para tal fim. Será considerado como data da publicação o primeiro dia útil seguinte ao da disponibilização da informação, e os prazos processuais terão início no primeiro dia útil após a data considerada de sua publicação (CPC, art. 224, § 2º).

Todo aquele que estiver cadastrado como usuário do sistema será intimado por meio eletrônico, dispensada a publicação no órgão oficial, inclusive eletrônico. Essa intimação será efetivada no dia em que o intimado efetuar sua consulta eletrônica, certificando-se nos autos tal fato. Caso a consulta seja feita em dia não útil, a intimação será considerada realizada no primeiro dia útil seguinte. Esgotado o prazo de até dez dias corridos, contados do envio da intimação, sem que o usuário acesse a informação, será ela dada como feita no término desse prazo.

O Capítulo III aborda a forma do processo eletrônico.

Qualquer citação (com exceção do processo penal e infracional), intimação ou notificação será feita por meio eletrônico, inclusive as da Fazenda Pública. Para garantir o efeito de vista pessoal do interessado, é necessário que esses atos disponibilizem acesso à íntegra do processo.

A distribuição das petições iniciais e a juntada de contestações, recursos e petições em geral, em formato digital, dispensarão a intervenção do cartório ou secretaria judicial em suas distribuições ou juntadas, com autuação automática e fornecimento de recibo eletrônico de protocolo.

Em caso de indisponibilidade do sistema por motivo técnico, os prazos são prorrogados para o primeiro dia útil seguinte à solução do problema.

Para facilitação do acesso à Justiça, deverão os tribunais manter equipamentos de acesso ao sistema e digitalização de documentos à disposição do interessado na prática dos atos.

Qualquer documento digital que tenha garantia de origem e de seu signatário é considerado original para os efeitos legais, e sua arguição de falsidade será processada eletronicamente, na forma da lei processual. Mas os documentos digitalizados juntados ao processo eletrônico deverão ser preservados pelo seu detentor até o trânsito em julgado da sentença ou prazo final para a ação rescisória.

A lei limita o acesso aos autos eletrônicos às partes e ao Ministério Público, o que, em tese, viola o princípio da publicidade do processo. Se os autos físicos podem ser consultados e analisados por qualquer pessoa, salvo as hipóteses de segredo de justiça, desarrazoado estar o processo eletrônico limitado à consulta das partes envolvidas.

Processo civil – Teoria geral do processo e processo de conhecimento

Outro ponto de relevo é a autorização para que os autos em papel, em andamento ou já arquivados, possam ser digitalizados, mediante a prévia publicação de editais de intimação das partes e seus procuradores para que, no prazo de trinta dias, manifestem o desejo de manter pessoalmente a guarda dos documentos físicos originais.

O Código de Processo Civil estabelece inúmeras regras esparsas, respeitantes ao processo eletrônico, tais como:

a) A preferência pela comunicação eletrônica, nos casos de impedimento e impossibilidade temporária do conciliador ou mediador (arts. 170 e 171).

b) A permissão de intimação pessoal da Advocacia e da Defensoria Pública por meio eletrônico (art. 183, § 1º).

c) A utilização do *Diário da Justiça eletrônico* para a publicação dos pronunciamentos do juiz (art. 205, § 3º).

d) A dispensa de juntada de petições ou manifestações feitas em formato eletrônico (art. 228, § 2º).

e) A ausência de prazo em dobro para litisconsortes com procuradores diferentes, nos processos eletrônicos (art. 229, § 2º).

f) A permissão da citação por meio eletrônico, nos termos definidos em lei (art. 246, IV).

g) A obrigação de as empresas públicas e privadas manterem cadastro nos sistemas de processo eletrônico, para efeitos de recebimento de citação e intimação (art. 246, § 1º).

h) A necessidade de indicação, na inicial, do endereço eletrônico do advogado e da parte (arts. 287 e 319, II).

35. O ATO PROCESSUAL NO TEMPO

A primeira regra diz respeito ao horário hábil para as práticas dos atos processuais, prevista no art. 212, ou seja, nos dias úteis, entendidos os dias que não férias ou feriados, das 6 às 20 horas. Entretanto, tal horário pode ser regulamentado pelos respectivos tribunais, dentro dos limites territoriais de sua competência. Já o ato processual eletrônico pode ocorrer até as vinte e quatro horas do último dia do prazo (CPC, arts. 212 e 213).

O ato iniciado poderá ser concluído após as vinte horas se seu adiamento puder causar danos. Já as citações, as intimações e as penhoras podem ser realizadas no período de férias, feriados e fora do horário regulamentar, independentemente de autorização judicial, desde que respeitada a inviolabilidade constitucional do domicílio (CF, art. 5º, XI).

O art. 216 indica como feriados os sábados, os domingos e os dias em que não haja expediente forense, além dos declarados em lei. Nestes e nas férias forenses (período de 20 de dezembro a 20 de janeiro, inclusive) só poderão ser praticados os atos do art. 212, § 2º, e a tutela de urgência (art. 214).

36. O ATO PROCESSUAL NO ESPAÇO

Normalmente os atos processuais devem ser praticados na sede do juízo (nas dependências do fórum). As exceções ocorrem quando presentes prerrogativas pessoais pelo exercício da função (critério da deferência), como o presidente da República, governadores, deputados e membros do Poder Judiciário, quando o interesse da Justiça demandar, ou se existente obstáculo arguido pelo interessado e acolhido pelo juiz (p. ex.: pessoa enferma) (CPC, art. 213).

SINOPSES JURÍDICAS

> **Quadro Sinótico – Ato processual**

Conceito	Ato processual é todo aquele praticado pelos sujeitos do processo (partes e juiz) visando à criação, à modificação ou à extinção da relação jurídica processual.

37. ATOS DAS PARTES

Os atos das partes produzem, como regra, imediata constituição, modificação ou extinção de direitos processuais (CPC, art. 200).

Classificam-se os atos das partes em:

a) **Atos postulatórios**. Aqueles mediante os quais as partes trazem suas teses de direito e de fato a juízo. Exs.: petição inicial, contestação e recursos.

b) **Atos probatórios**. Aqueles destinados a trazer aos autos os elementos para convencimento do julgador, visando à demonstração da veracidade dos fatos alegados pelas partes.

c) **Atos de disposição**. Os que visam à facilitação da composição de litígios. Por esses atos as partes dispõem no feito não só de suas faculdades processuais, mas também dos direitos materiais que entendam possuir.

Renúncia: ato unilateral pelo qual a parte abre mão de uma faculdade processual (renúncia ao direito de recorrer) ou de um direito de natureza material. Nesse segundo caso estamos diante de uma forma de autocomposição, prevista no art. 487, III, c. Essa vontade material da parte gera seus efeitos independentemente de homologação judicial, não comportando retratação.

Reconhecimento da procedência do pedido: ato inverso ao da renúncia, significando a sujeição espontânea de uma parte à pretensão de direito material da outra. Também produz efeitos imediatos, sendo a homologação mero ato formal necessário à extinção do processo e de outorga de força de título executivo judicial à vontade exarada (CPC, art. 487, III, a).

Transação: ato de disposição bilateral pelo qual o autor abre mão de parte de sua pretensão e o réu de parte de sua resistência. Também produz efeitos independentemente da homologação do juiz, ato este de mera extinção do processo e de outorga de força de título executivo judicial ao acordo firmado. Nunca é demais lembrar que um acordo entre as partes, por gerar efeitos imediatos após a manifestação de vontade, pode ter força de título executivo extrajudicial, se assinado por duas testemunhas, o que aponta para a ausência de exigências da participação do juiz para lhe outorgar validade (CPC, art. 487, III, b).

Desistência: ato de disposição do direito de ação, de cunho estritamente processual. Por ser o direito de ação de natureza pública, exercido contra o juiz, mister se faz sua aceitação, sem a qual o ato não produz qualquer efeito (CPC, art. 200, parágrafo único). Logo, pode a desistência sofrer retratação enquanto não homologada pela autoridade judiciária competente.

Os três primeiros casos são atos de disposição de direito material que visam pôr fim ao processo pela autocomposição das partes, equivalentes a verdadeiros negócios jurídicos. Portanto, não existe a aplicação do direito ao caso concreto pelo agente da jurisdição, e eventual insurgimento contra sua validade deve passar pela arguição de vício de vontade ou social, via ação anulatória de ato jurídico, e não por meio de rescisória (CPC, art. 966, § 4º).

Dica

A parte deduz em juízo duas pretensões, uma direcionado ao juiz e outra ao adversário. Logo, os atos que pratica no processo podem ser de direito processual ou material.

Atos relacionados ao processo: petição inicial, contestação, atos de prova (depoimentos pessoais, confissão etc.) e desistência da ação.

Processo civil – Teoria geral do processo e processo de conhecimento

Atos relacionados ao direito material, que geram a extinção do processo: transação, renúncia e reconhecimento jurídico do pedido.

Quadro Sinótico – Atos das partes

Atos das partes	a) Atos postulatórios – São aqueles pelos quais as partes deduzem suas teses de fato e de direito perante o juízo. Ex.: petição inicial, contestação e recursos. b) Atos probatórios – São aqueles destinados a trazer aos autos elementos de convencimento do julgador, visando à demonstração dos fatos alegados e, quando a lei exigir, do direito municipal, estadual ou estrangeiro. c) Atos de disposição – Visam à composição de litígios. Ex.: renúncia, reconhecimento jurídico do pedido, transação e desistência.

38. PRONUNCIAMENTOS DO JUIZ

38.1. DESPACHOS

São atos sem qualquer conteúdo decisório e têm por finalidade apenas impor a marcha normal do procedimento, ante o que reza o princípio do impulso oficial. Sua definição é feita por exclusão, correspondendo a todo ato que não seja uma sentença ou uma decisão interlocutória (CPC, art. 203, § 3º). Por não ser uma decisão, o despacho não comporta interposição de recurso (CPC, art. 1.001).

Pelo § 4º do art. 203, "os atos meramente ordinatórios, como a juntada e a vista obrigatória, independem de despacho, devendo ser praticados de ofício pelo servidor e revistos pelo juiz quando necessário".

38.2. DECISÃO INTERLOCUTÓRIA

São os atos pelos quais o juiz decide alguma questão incidente no processo, sem, contudo, dar-lhe fim, ou seja, sem que se ponha fim à fase de conhecimento do processo. São decisões impugnáveis via recurso de agravo de instrumento (CPC, art. 1.015).

Importante salientar que toda decisão a respeito da demanda que não ponha fim ao processo de conhecimento é decisão interlocutória, da qual cabe agravo (CPC, art. 1.015, II). Por exemplo, a decisão que exclui um dos réus por ilegitimidade exclui um dos litisconsortes ou indefere liminarmente a reconvenção.

38.3. SENTENÇA

É o pronunciamento pelo qual o juiz, com fundamento nos arts. 485 e 487, põe fim à fase cognitiva do procedimento comum, bem como extingue a execução.

Podem ser as sentenças:

a) Meramente terminativas. É forma anômala de extinção do processo, sem resolução do mérito, por ocorrência de alguma das hipóteses do art. 485 do Código de Processo Civil. Fazem coisa julgada meramente formal, possibilitando à parte a repropositura da demanda.

b) Definitivas. Ocasionam a extinção do processo com resolução do mérito, ou seja, com abordagem definitiva da questão de direito material discutida nos autos, acolhendo ou não a pretensão do autor (CPC, art. 487, I). Após esgotados os prazos para interposição de recurso, fazem coisa julgada formal e material, impossibilitando à parte o recebimento de um novo julgamento.

As sentenças são impugnáveis mediante o recurso de apelação (CPC, art. 1.009).

Dica

O processo se desenvolve pelo impulso oficial, cabendo ao juízo leva-lo ao término. Portanto, pelos despachos e decisões de mero expediente, o processo caminha para o fim, para uma decisão definitiva (mérito) ou uma decisão terminativa (extinção do processo sem resolução do mérito).

39. PRAZOS PROCESSUAIS

Em contraposição à inércia da jurisdição existe o princípio do impulso oficial, segundo o qual o processo deve seguir sua marcha até o proferimento da sentença, da maneira mais célere e econômica possível. Portanto, é imposto aos sujeitos do processo o estabelecimento de prazos para o cumprimento dos atos processuais, cuja inobservância acarretará à parte a perda da faculdade processual concedida (preclusão) e ao juiz, às vezes, a possibilidade de receber sanções administrativas.

Em caso de omissão da lei quanto ao prazo para o cumprimento do ato, compete ao juiz fixá-lo (CPC, art. 218, § 1º). No silêncio da lei ou do juiz, o prazo será o de cinco dias (CPC, art. 218, § 3º).

Somente os dias úteis são computados na contagem de prazo (CPC, art. 219), com exclusão do dia do começo e inclusão do dia do vencimento (CPC, art. 224). Os dias de início e vencimento serão protraídos para o primeiro dia útil seguinte sempre que o expediente forense tiver se iniciado ou encerrado antes da hora normal.

Quadro Sinótico – Atos do juiz

Atos do juiz	a) Despachos – Não têm qualquer conteúdo decisório e visam apenas impor a marcha normal do procedimento (impulso oficial). Não comportam recurso. b) Decisões interlocutórias – São atos do juiz que decidem questões incidentes do processo, sem, contudo, dar-lhe fim, ou seja, sem que se ponha fim à fase de conhecimento do processo. c) Sentenças – É ato pelo qual o juiz extingue o processo, esgotando sua atividade no feito. O recurso cabível das sentenças é a apelação.

39.1. PRAZOS PRÓPRIO E IMPRÓPRIO

Prazo próprio é aquele imposto às partes, pois acarreta a preclusão pelo vencimento de seu termo final (*dies ad quem*), impossibilitada a sua prática posterior e prosseguindo o procedimento para seu estágio subsequente. O impróprio é estabelecido para o juiz e seus auxiliares, posto não gerar qualquer consequência processual se não observado, possibilitando, entretanto, a aplicação de sanções de natureza administrativa (CPC, art. 235).

39.2. PRAZOS DILATÓRIO E PEREMPTÓRIO

Dilatório é o prazo legal que comporta ampliação ou redução pela vontade das partes. Prazos peremptórios são aqueles, a princípio, inalteráveis pelo juiz e pelas partes. Exceções são as hipóteses de redução desses prazos pelo juiz, com a anuência das partes, nas comarcas de difícil transporte (prorrogados por até dois meses) ou em caso de calamidade pública (até a cessação do motivo) (CPC, art. 222).

Processo civil – Teoria geral do processo e processo de conhecimento

A lei não distingue a natureza peremptória ou dilatória do prazo processual, competindo ao juiz estabelecê-la. O melhor critério é aquele que afirma ser peremptório todo prazo que, se não observado, altera a relação jurídica processual, gerando uma posição de desvalia ao omisso e vantagens processuais à parte contrária (prazo da resposta do réu, prazos recursais, prazo para arrolar testemunhas etc.).

Se, entretanto, a ausência de observância do prazo e a consequente preclusão não geram vantagens ou desvantagens às partes, estamos no campo dos prazos dilatórios. O prazo para a réplica tem natureza meramente dilatória, já que o seu não oferecimento não gera nenhuma desvalia processual, como ocorre com a ausência de contestação (efeitos da revelia) ou de interposição de recurso (trânsito em julgado da sentença).

39.3. PRECLUSÃO

É o fenômeno da perda pela parte da faculdade processual de praticar um ato. Nem toda preclusão gera em desfavor do omisso uma desvalia processual, podendo implicar apenas o prosseguimento do feito para um estágio seguinte. Classificam-se as espécies de preclusão em:

a) **Temporal (CPC, art. 223)**. É a perda da faculdade de praticar um ato processual em virtude da não observância de um prazo estabelecido em lei ou pelo juiz. Assegura-se à parte o direito de provar que o ato não foi praticado por evento alheio à sua vontade e que a impediu de praticar o ato por si ou por mandatário (justa causa).

b) **Lógica**. É a perda da faculdade pela prática de um ato anterior incompatível com o ato **posterior** que se pretende realizar.

Suponha-se uma sustação de protesto na qual o juiz condiciona o deferimento da liminar a um depósito em dinheiro. A parte, ante essa determinação, postula a concessão de prazo para cumprimento, obtendo deferimento e sustação liminar. Ser-lhe-ia facultado recorrer posteriormente da decisão que exigiu o depósito, quando se limitou a pedir prazo para seu cumprimento? A resposta é negativa, pela ocorrência de preclusão lógica na espécie. A nenhuma parte é dada a faculdade de recorrer contra decisão com a qual concordou, limitando-se a pedir prazo para seu cumprimento (incompatibilidade entre o pedido anterior de prazo e o recurso posterior). É o mesmo caso de um despejo por denúncia vazia no qual o locatário devolve as chaves após o proferimento da sentença de procedência. Poderia ele depois interpor recurso contra a decisão que cumpriu, mediante a entrega das chaves? Não, pela incidência da preclusão lógica.

c) **Consumativa**. É a perda da faculdade de praticar o ato de maneira diversa, se já praticado anteriormente por uma das formas facultadas em lei. Como exemplo podemos citar o oferecimento de contestação sem reconvenção pelo réu (CPC, art. 343), mesmo que ainda existente parte do prazo de quinze dias previsto no art. 335 do Código de Processo Civil.

Dica

Prazos e preclusão são lados da mesma moeda, fenômenos que garantem ao processo ter seu fim, independentemente do exercício da faculdades estabelecidas em favor das partes. Caso não sejam elas exercidas pelo interessado no prazo fixado, o processo passa a seu estágio procedimental seguinte, com a estabilização do passado pelo fenômeno da preclusão.

Quadro Sinótico – Prazos processuais

Prazos processuais	a) Prazos próprio e impróprio – Prazo próprio é o imposto às partes, gerando a preclusão no seu termo final, com o prosseguimento do procedimento ao estágio subsequente. O impróprio é estabelecido para o juiz e seus auxiliares, e não gera a

preclusão, mesmo porque a sua prática é obrigatória para o normal prosseguimento do procedimento. Pode gerar sanções de natureza administrativa.

b) Prazos dilatórios e peremptórios – Dilatório é o prazo que comporta ampliação ou redução pela vontade das partes. Ao juiz só é permitida a ampliação dos prazos dilatórios. Peremptórios são prazos que não comportam alteração pelo juiz ou pelas partes, salvo as hipóteses do art. 222.

c) Preclusão – É a perda da faculdade processual de praticar um ato pelo transcurso do prazo (temporal), pela incompatibilidade do ato novo com o anteriormente praticado (lógica) e pela consumação decorrente da escolha de uma das formas previstas em lei para o ato (consumativa).

Capítulo XIII
PRESSUPOSTOS E NULIDADES PROCESSUAIS

40. **PRESSUPOSTOS PROCESSUAIS**

Se as condições da ação podem ser conceituadas como requisitos prévios necessários para que a parte possa exercer seu direito à tutela jurisdicional (sentença de mérito, tutela executiva ou cautelar), os pressupostos processuais são os requisitos prévios necessários para que o processo (instrumento estatal de composição de litígios) seja considerado existente e desenvolvido de forma válida e regular.

Em sendo o processo instrumento público, permeado de regras rígidas e formais, constituindo hoje verdadeira garantia fundamental de todo cidadão, deve ser realizado mediante a aplicação de todos os princípios e normas a ele pertinentes, de modo que a tutela jurisdicional final seja obtida sem qualquer violação ao conceito de devido processo legal.

Muito mais importante que o estudo das inúmeras classificações dos pressupostos processuais é a constatação de estarem tais requisitos ligados à validade (***lato sensu***) da relação jurídica processual e do procedimento, se presentes, e às suas nulidades, se ausentes.

Portanto, para a estrita finalidade deste estudo, podem os pressupostos processuais ser classificados em:

a) **De existência (constituição)**. Requisitos essenciais para que a relação jurídica processual se estabeleça, ligados à nulidade absoluta insanável, imprescritível e reconhecível a qualquer tempo, seja no processo, seja após o trânsito em julgado da sentença. A ausência dos pressupostos de existência/constituição transforma todo o processo em mero simulacro de realidade, em algo incapaz por completo de produzir qualquer efeito concreto no mundo jurídico.

b) **De desenvolvimento válido**. Requisitos necessários para o procedimento, após formada a relação jurídica, desenvolver-se e atingir validamente o seu final (sentença ou satisfação do direito), ligados à nulidade absoluta insanável, reconhecível a qualquer tempo no processo, mas sujeitos ao prazo decadencial de dois anos da ação rescisória.

c) **De regularidade**. Requisitos de regularidade do procedimento, ligados à nulidade relativa, sanável no curso do próprio processo.

Dica

Se existem três níveis de invalidades processuais, existem também três formas de controle dessas nulidades. A invalidade mais grave não se sujeita sequer ao prazo da ação rescisória. A invalidade grave pode ser alegada mesmo após o trânsito em julgado da decisão, mas se sujeita ao prazo de dois anos da ação rescisória. Já a invalidade menos gravosa deve ser arguida no curso do procedimento, sob pena de preclusão.

Quadro Sinótico – Pressuposto processual

Conceito	São os requisitos prévios necessários para que o processo seja considerado existente e desenvolvido de forma válida e regular.

41. **FORMA DE CONTROLE EXTERNO DAS NULIDADES**

O sistema brasileiro de controle de nulidades processuais comporta dois momentos distintos.

SINOPSES JURÍDICAS

O primeiro, referente ao controle incidental, é feito no curso do próprio processo, a requerimento das partes ou de ofício pelo juiz, dependendo do grau da nulidade. Esta será objeto do tópico 42 deste capítulo.

O segundo é feito após o trânsito em julgado, de modo excepcional e quando da ocorrência de nulidades absolutas no processo já findo, servindo como meio de afastamento do ordenamento jurídico de decisões obtidas em procedimentos eivados de irregularidades insanáveis. As ações possíveis, visando ao reconhecimento dessas nulidades insanáveis, são a *querela nullitatis insanable* e a ação rescisória, cabíveis conforme o grau de nulidade absoluta no processo originário.

41.1. DA NULIDADE ABSOLUTA INSANÁVEL, POR AUSÊNCIA DOS PRESSUPOSTOS DE EXISTÊNCIA

Os pressupostos de existência, conforme já visto, são aqueles essenciais à formação da relação jurídica processual e sem os quais ela, e por consequência todo o processo, jamais chega a existir juridicamente. Sua existência é meramente fática, posto que é total sua incapacidade de produzir efeitos.

Tais vícios gravíssimos podem ser reconhecidos mesmo após o trânsito em julgado da sentença, mediante simples ação declaratória de inexistência de ato jurídico (o processo), não sujeita a qualquer prazo prescricional ou decadencial e fora das hipóteses taxativas do art. 966 (ação rescisória). A *querela nullitatis* é de competência do juízo de primeiro grau, pois não estamos diante de revogação dos efeitos da coisa julgada, como na rescisória, mas sim visando ao reconhecimento de que a relação jurídica processual, o processo e a sentença nele proferida jamais existiram.

As nulidades absolutas decorrentes da ausência dos pressupostos de existência nem sempre estão expressamente previstas no Código de Processo Civil, decorrendo, por vezes, da análise dos requisitos de existência de uma relação jurídica, somada à ausência como hipótese de cabimento de ação rescisória.

São pressupostos de existência da relação jurídica:

a) Juiz regularmente investido. O princípio do juiz natural envolve diversos conceitos já estudados, como imparcialidade, competência e investidura. Percebe-se que o legislador optou por graduar de maneira diversa o vício processual decorrente da sua inobservância no processo. A imparcialidade, quando ausente, pode tanto gerar nulidade meramente relativa (juiz suspeito – pressuposto de regularidade), sanável no curso do processo, ou absoluta (juiz impedido – pressuposto de desenvolvimento válido), hipótese de ação rescisória. No mesmo sentido, a incompetência relativa (nulidade relativa, sanável pela prorrogação) e a absoluta (nulidade absoluta, sujeita à ação rescisória).

Silencia o Código de Processo Civil, entretanto, quanto aos casos em que a relação jurídica processual tenha se estabelecido perante juiz não investido da jurisdição. Tal vício, ante sua gravidade e ausência de forma de controle legalmente prevista, leva-nos à sua caracterização como pressuposto de existência da relação jurídica e do processo, cuja arguição pode ser feita a qualquer momento pela parte prejudicada, mediante ação declaratória buscando o reconhecimento da inexistência do processo referido. Afinal, processo desenvolvido e sentenciado por quem não é juiz é apenas faticamente um processo.

b) Citação válida. A relação jurídica processual só existe para o réu a partir da sua citação válida. Imagine-se um processo que tenha ocorrido à revelia do réu, por nulidade de sua citação, com proferimento de sentença condenatória. Esse processo jamais chegou a existir realmente como instrumento de composição de litígios, na medida em que não pode sua sentença ser imposta a quem dele não teve chance de participar e interferir,

Processo civil – Teoria geral do processo e processo de conhecimento

pelo contraditório, para a formação do convencimento de quem a proferiu. A declaração de inexistência jurídica do processo deve ser feita via *querela nullitatis*. Esse pressuposto de existência e a correspondente nulidade absoluta estão expressamente previstos em nosso ordenamento no art. 525, § 1º, I, que estabelece as hipóteses taxativas de oposição de impugnação na fase de cumprimento definitivo de sentença. Ressalte-se que a impugnação oferecida com base nessa hipótese consubstancia verdadeira ação declaratória de nulidade do processo de conhecimento, sempre lembrando que o comparecimento espontâneo do réu, mesmo em processo em que sua citação foi nula, possibilita o reconhecimento incidental do vício, com o retorno do processo à fase de oferecimento de resposta do réu.

c) **Capacidade processual das partes.** Conforme o objeto de análise, mister se faz que a parte litigante em juízo preencha o requisito da capacidade processual, mediante representação por um dos genitores, na menoridade, ou por seu curador, no caso dos incapazes (loucura). É, portanto, tal requisito verdadeiro pressuposto de existência da relação jurídica, a qual não pode ser considerada apta a produzir efeitos se uma das partes nela envolvida não se apresentava capaz de exercer regularmente suas faculdades e deveres processuais ou de suportar os ônus do processo.

d) **Capacidade postulatória.** Da mesma forma que a capacidade processual, a relação processual só existe como meio de produção de efeitos jurídicos se presente a devida representação da parte por advogado, elemento essencial para a garantia do processo justo. Portanto, eventual processo patrocinado por quem falsamente se apresenta como advogado habilitado não pode ser objeto de validação, nem mesmo após o prazo da rescisória, caracterizando tal requisito pressuposto de existência do processo.

Saliente-se que a ausência de qualquer desses pressupostos, se percebida no curso do processo, implicará imediato reconhecimento da nulidade absoluta e regularização da demanda.

Mas nem mesmo a chamada preclusão máxima, decorrente da coisa julgada, pode afastar as invalidades acima descritas.

Dica

Os pressupostos de existência estão ligados aos requisitos mínimos exigidos para um processo existir juridicamente. Importante ligá-los aos elementos da ação: investidura-jurisdição, capacidade processual e postulatória-ação/exceção e citação válida-processo.

Quadro Sinótico – Pressupostos de existência

Pressupostos de existência	Os pressupostos de existência são aqueles essenciais para que a relação jurídica processual se estabeleça de maneira que exista juridicamente, e sua ausência gera a nulidade absoluta insanável, imprescritível e reconhecível a qualquer tempo, mesmo após o prazo de cabimento da ação rescisória da sentença transitada em julgado. a) Juiz regularmente investido – A ausência de investidura do juiz é vício da mais alta gravidade, pois transforma a relação jurídica processual estabelecida em mero simulacro fático do exigido em lei. b) Citação válida – A relação jurídica processual só existe, de forma completa, quando o réu é citado validamente. Sem a citação válida essa relação não chega a existir como forma jurídica capaz de produzir seus efeitos. c) Capacidade processual das partes – Para que o processo possa existir no mundo jurídico é essencial que as partes da relação processual ostentem capacidade postulatória, sob pena de sua invalidação absoluta. d) Capacidade postulatória – Da mesma forma, é exigência essencial da lei que as partes se façam representar por quem detenha o conhecimento técnico-jurídico do processo, sob pena de invalidação absoluta.

41.2. NULIDADE ABSOLUTA, POR AUSÊNCIA DE PRESSUPOSTO DE DESENVOLVIMENTO VÁLIDO DO PROCESSO, SUJEITA A AÇÃO RESCISÓRIA

Por opção do legislador, algumas nulidades absolutas, reconhecíveis de ofício no curso do processo, após o trânsito em julgado sujeitam-se ao prazo de dois anos da ação rescisória, por força da necessária estabilidade jurídica. Portanto, muito embora os efeitos da coisa julgada possam ser desconstituídos pela rescisória, vencido o prazo decadencial de dois anos, essa nulidade não pode mais ser objeto de arguição, prevalecendo sobre ela a imutabilidade dos efeitos da sentença de mérito proferida.

Surge, portanto, a segunda modalidade de pressupostos processuais, referente ao desenvolvimento válido do processo, previstos no art. 966 do Código de Processo Civil:

a) **Imparcialidade do juiz**. Ausente estará tal pressuposto quando a parcialidade decorrer de prevaricação, concussão, corrupção ou impedimento do juiz (incisos I e II). Ressalte-se que o impedimento são previsões da natureza objetiva, decorrentes do texto da lei, hipóteses estas que vedam a participação do juiz, mesmo que este se considere isento para julgar. Já a suspeição, por ser de ordem subjetiva, depende do juízo íntimo do juiz, sendo vício sanável pelo trânsito em julgado da sentença.

b) **Competência absoluta**. O julgamento proferido mediante a violação de qualquer um dos critérios absolutos de determinação da competência possibilita a revogação dos efeitos da sentença pela ação rescisória (inciso II).

c) **Ausência de dolo ou conluio entre as partes**. O processo é instrumento do Estado, parcela de sua soberania, que não comporta a utilização de ardil ou simulação pelas partes, de modo que obtenha uma sentença que não espelhe a verdade e a justiça. Assim, mesmo após o trânsito em julgado, podem os efeitos da sentença obtida mediante simulação das partes ser revogados pelo terceiro prejudicado ou pelo Ministério Público. Da mesma forma aquele que é coagido a agir em juízo de modo que obtenha determinado provimento de mérito em seu desfavor (inciso III).

d) **Ausência de coisa julgada**. O ordenamento não possibilita ao interessado receber dois julgamentos de mérito sobre a mesma demanda, inquinando de nulo o segundo processo no qual foi exercido idêntico direito de ação.

Considerando, porém, a existência de prazo decadencial de dois anos para a rescisória, cumpre analisar qual sentença prevalece em caso de ofensa à coisa julgada. Parece bem clara a opção do legislador. Enquanto pendente o prazo de dois anos, pode a segunda sentença (mais recente) ser objeto de desconstituição pela rescisória, daí por que afirmar que a sentença mais antiga prevalece. Entretanto, uma vez vencido o prazo referido, a sentença mais recente, que teria ofendido a coisa julgada, não pode mais ser retirada do mundo jurídico, levando-nos à conclusão de sua prevalência sobre a mais antiga. Poderia muito bem o legislador ter optado por incluir a coisa julgada entre os pressupostos de existência do processo, remetendo o controle de sua violação para a *querela nullitatis*. Se assim não agiu e considerando a impossibilidade de duas sentenças contraditórias coexistirem no mundo jurídico, a única conclusão viável é a da prevalência da sentença mais recente, se vencido o prazo da rescisória.

Da mesma forma que os pressupostos de existência, os pressupostos de desenvolvimento válido do processo são objeto de controle de ofício pelo juiz, o qual deve reconhecer sempre eventual nulidade decorrente de sua inobservância incidentalmente no processo, a qualquer tempo e grau de jurisdição.

Processo civil – Teoria geral do processo e processo de conhecimento

Dica

Os pressupostos de desenvolvimento válido também devem ser associados aos elementos da ação. Imparcialidade e competência absoluta-jurisdição, dolo ou conluio das partes-ação/exceção e ausência de coisa julgada-processo.

Quadro Sinótico – Pressupostos de validade

Pressupostos de validade	Estão ligados ao procedimento, e seu desenvolvimento é válido até o final. Por serem vícios graves, a ofensa aos pressupostos de validade também pode acarretar a nulidade absoluta, reconhecível, entretanto, até o prazo de dois anos da ação rescisória. Tal distinção se faz presente pela gradação necessária das invalidades processuais. São eles previstos como causa de ação rescisória (CPC, art. 966): a) Imparcialidade do juiz – O julgamento pautado pela prevaricação, concussão, corrupção ou impedimento do juiz é vício da mais alta gravidade. Embora investido do poder jurisdicional, esse pressuposto exige a presença da essencial imparcialidade do julgador. b) Competência absoluta – Mais uma vez o julgamento proferido por um juiz regularmente investido, mas que não ostente atribuição legal para o conhecimento da causa, é causa de nulidade absoluta, sujeita sua arguição, entretanto, ao prazo da ação rescisória. c) Ausência de dolo ou conluio entre as partes – O ardil ou simulação das partes para obtenção de uma sentença que não espelhe a verdade dos fatos e a justiça é causa de nulidade absoluta. d) Ausência de coisa julgada – O ordenamento veda a existência de dois julgamentos de mérito sobre a mesma demanda, inquinando de nula a segunda decisão.

42. CONTROLE INCIDENTAL DAS NULIDADES PROCESSUAIS

Passaremos agora ao estudo do controle das nulidades no curso do processo.

Para esse controle incidental, mister se faz a distinção das nulidades em absoluta e relativa.

A **nulidade absoluta** é aquela que impede a produção dos efeitos legais do ato jurídico processual, por ausência de observância de algum de seus requisitos essenciais. Independe seu reconhecimento de provocação das partes, e deve ser declarada de ofício pelo juízo, não comportando convalidação, já que o prejuízo é presumido. Contamina todos os atos subsequentes que dele dependam (CPC, art. 281). Está ligada aos pressupostos de existência e desenvolvimento válido do processo. Por óbvio que as invalidades, cujo controle se projetam até mesmo para após findo o processo, seja pela *querela nullitatis*, seja pela ação rescisória, são causas de nulidades absolutas quando percebidas no curso do processo.

A **nulidade relativa** decorre da inobservância da forma prescrita em lei para o ato processual. O reconhecimento da nulidade relativa é regido por dois princípios básicos:

a) **Instrumentalidade das formas (CPC, art. 277)**. Muito embora não observada a forma prevista, toda vez que o ato processual cumprir sua finalidade não haverá nulidade.

b) **Aproveitamento dos atos processuais (CPC, arts. 281 e 282)**. Pela regra da causalidade, um ato nulo antecedente só gera a nulidade do subsequente que tiver com ele relação de causa e efeito. Por isso, compete ao juiz, em reconhecendo a nulidade, declarar quais atos posteriores foram atingidos, determinando as providências para retificação ou refazimento. No mesmo sentido, estabelece a lei que o ato não será repetido se não houver prejuízo à parte, ou quando o mérito puder ser decidido a favor da parte a quem aproveite a decretação da nulidade.

A nulidade relativa não poderá ser requerida pela parte que lhe der causa (art. 276) e deve ser alegada na primeira oportunidade em que couber à parte falar nos autos, sob pena de preclusão (art. 278).

Quadro Sinótico – Pressupostos de regularidade

Pressupostos de regularidade	São aqueles ligados às formalidades legais para o desenvolvimento de um processo eficaz. A sua não observância gera a nulidade relativa do processo, estando sujeita à preclusão pela não arguição no momento oportuno. Sobre tais pressupostos incidem as regras da instrumentalidade das formas e do aproveitamento dos atos processuais.

Capítulo XIV
LITISCONSÓRCIO

43. CONCEITO E CLASSIFICAÇÕES

Sendo a legitimidade definida pela titularidade do direito material violado, por vezes essa relação jurídica não é unipessoal, envolvendo vários pretendentes à tutela jurisdicional e/ou vários resistentes a tais pretensões. Comporta, então, a relação jurídica processual a pluralidade de partes, tanto no polo ativo como no polo passivo, o que se denomina litisconsórcio.

Pode o litisconsórcio ser classificado como ativo ou passivo, conforme existam diversos autores ou diversos réus. Já no que se refere ao momento processual de seu estabelecimento, pode ser ele inicial, formado já na propositura da ação, ou ulterior, quando surgido no curso da demanda.

44. ESPÉCIES DE LITISCONSÓRCIO

44.1. FACULTATIVO

É o estabelecido pela vontade do autor, mediante a escolha de ajuizar a demanda acompanhado de demais coautores ou contra vários réus. Tal hipótese decorre da natureza plurissubjetiva da relação jurídica de direito material, como na dívida solidária, na qual todos os devedores podem ser demandados pelo credor a pagar a integralidade do débito, individual ou coletivamente, conforme a opção do autor. Tal instituto é corolário do da economia processual, evitando a pluralidade de ações individuais por intermédio da cumulação das partes litigantes em um único processo.

Podem as partes litigar em litisconsórcio ativo ou passivo quando presente (CPC, art. 113):

a) **Comunhão de direitos ou obrigações relativas à lide**. Ex.: credores ou devedores solidários ou coproprietários na defesa do bem comum (CC, art. 1.314).

b) **Conexão**. É facultado ao autor formar o litisconsórcio toda vez que as demandas contra cada corréu, se ajuizadas distintamente, sejam objeto de reunião para julgamento em conjunto, a fim de evitar decisões conflitantes.

c) **Afinidade de questões por um ponto comum de fato ou de direito**. É possível o litisconsórcio mesmo que apenas um dos pontos integrantes da causa de pedir seja afim com aquela objeto de uma futura demanda.

O juiz poderá limitar o número de litigantes quando este comprometer a rápida solução do litígio, dificultar a defesa ou o cumprimento da sentença (art. 133, § 2º).

Dica

O deferimento ou não do litisconsórcio facultativo tem como fundamento a análise do eventual conflito entre dois princípios, quais sejam, o da economia processual e o da celeridade processual. Tal confronto também está presente nos casos de intervenção de terceiro.

44.2. NECESSÁRIO

Litisconsórcio necessário ocorre quando a lei ou a natureza da relação jurídica controvertida exige o comparecimento de todos os envolvidos para que a sentença seja eficaz (art.

114). Constatada a necessidade de citação dos litisconsortes passivos necessários, o juiz deve intimar o autor para a providência, no prazo que assinar, sob pena de extinção.

A não participação do litisconsorte necessário acarreta nulidade, de natureza absoluta insanável, passível de *querela nullitatis*, quando a sentença deveria ser uniforme em relação a todos os que deveriam ter integrado o processo (litisconsórcio necessário e unitário). Se o caso for de litisconsórcio necessário e simples, no qual a decisão pode ser não uniforme para os litisconsortes, a sentença será apenas ineficaz para os que não foram citados.

Dúvidas existem na doutrina quanto à existência do litisconsórcio necessário ativo. Surgiram diante da aparente incongruência entre o princípio da disponibilidade da ação (ninguém será obrigado a provocar a jurisdição contra sua vontade) e do livre acesso ao Judiciário (ninguém pode ser impedido pela vontade alheia de buscar o Judiciário para a solução de um conflito de interesses).

Imaginemos a situação de duas pessoas que figuram como compromissárias compradoras de um único imóvel em um mesmo instrumento e que apenas uma delas deseje a sua anulação em juízo. Estamos diante de um litisconsórcio necessário pela natureza una da relação jurídica. Como resolver esse conflito de interesses entre aqueles que devem figurar como coautores da ação?

A primeira possibilidade seria a nomeação de um curador ao coautor resistente a ajuizar a demanda. Entendemos não ser isso possível justamente pelo princípio da disponibilidade incidente no processo civil, não se concebendo que alguém possa ter um contrato anulado, contra a sua vontade, num processo apenas formalmente por ele ajuizado. De outro lado, não poderíamos aceitar que o autor interessado na anulação se visse impedido de exercer seu direito de ação pela ausência de concordância do outro contratante.

A solução está na interpretação da parte final do art. 114, em que a lei vincula a eficácia da sentença à citação de todos os litisconsortes, e na indagação do porquê da expressão "citação", ato de chamamento do réu ao processo. Não se trata de erronia legislativa ou demonstração de que o litisconsórcio necessário será sempre passivo. Pelo contrário, a expressão está precisamente colocada.

Deparando-se o juiz com uma ação que demande necessariamente a pluralidade de autores, deve determinar àquele que provocou o exercício da jurisdição a citação de todos os demais coautores que deveriam estar postulando em conjunto com ele. Ao citado abrem-se três caminhos:

a) comparecer a juízo e assumir o polo ativo da relação, na qualidade de coautor, formando-se o litisconsórcio necessário ativo;

b) permanecer em silêncio, gerando a presunção de aceitação quanto à propositura da demanda, assumindo ele a qualidade de coautor;

c) recusar a qualidade de coautor, por discordar da propositura da ação, assumindo a qualidade de corréu e resistindo à pretensão anulatória deduzida pelo autor.

Portanto, é o pretenso coautor citado para realizar sua escolha e assumir o polo mais conveniente aos seus interesses, respeitando-se, assim, a vontade do outro contratante de ajuizar a demanda, qualquer que seja a vontade do citado.

Dica

O litisconsórcio necessário ativo deve ser entendido como a obrigatoriedade de o litisconsorte participar da relação jurídica processual, no polo da demanda que melhor representar seus interesses, já que a decisão irá afetar seu direito material.

Processo civil – Teoria geral do processo e processo de conhecimento

44.3. SIMPLES

É aquele em que o juiz é livre para julgar de modo distinto para cada um dos litisconsortes, os quais são tratados pela decisão como partes autônomas. Está, como regra, ligado às hipóteses de litisconsórcio facultativo.

44.4. UNITÁRIO

É aquele no qual o juiz deve julgar, necessariamente, de maneira uniforme em relação a todos os litisconsortes (CPC, art. 116).

Como regra geral, o litisconsórcio necessário é unitário, enquanto o litisconsórcio facultativo é simples. Mas existem exceções em ambos os casos.

Podemos citar a ação ajuizada contra todos os devedores solidários, típico caso de litisconsórcio facultativo, mas na qual o juiz necessariamente deverá proferir decisão unitária (litisconsórcio unitário).

Do mesmo modo, existem litisconsórcios necessário e simples, por exemplo, o concurso de credores de devedor insolvente, dissolução de sociedade e usucapião, muito embora neste último caso os confrontantes não sejam réus na acepção contenciosa do termo.

A lei afirma que cada litisconsorte será considerado como litigante distinto em relação à parte adversa (CPC, art. 117), no caso do litisconsórcio simples. Nos unitários, em virtude da necessidade de decisão uniforme para todos aqueles situados no mesmo polo da demanda, ocorre a extensão dos efeitos dos benefícios da prática de um ato processual aos demais litisconsortes omissos (p. ex.: a contestação oferecida apenas por um dos corréus). Nos mesmos casos, eventual recurso interposto por um dos litisconsortes a todos os demais aproveita (CPC, art. 1.005).

Confere a lei, ainda, prazo em dobro aos litisconsortes quando estes estiverem representados nos autos por procuradores diferentes e de escritórios de advocacia distintos (CPC, art. 229, § 1º).

Dica

Importante conhecer as exceções à regra geral que estabelece litisconsórcio simples/facultativo e unitário/necessário.

Quadro Sinótico – Litisconsórcio

1) Conceito	É a possibilidade da pluralidade de partes na relação jurídica (ativo ou passivo), comportando estabelecimento já na inicial, ou posteriormente, no curso da demanda.
2) Espécies	a) Facultativo – O litisconsórcio facultativo é estabelecido pela vontade do autor, diante da natureza plurissubjetiva da relação jurídica de direito material, como no exemplo da dívida solidária. Tem cabimento quando há comunhão de direitos ou obrigações, direitos ou obrigações derivem de um mesmo fundamento de fato ou de direito, conexão ou afinidade de questões por um ponto comum de fato ou de direito. b) Necessário – Quando a lei ou a natureza da relação jurídica controvertida exige o comparecimento de todos os envolvidos para que a sentença seja eficaz. A ausência de um litisconsorte necessário fulmina de nulidade absoluta a relação jurídica processual, posto que o resultado do processo não pode atingir quem dele não figurou como parte. c) Simples – Possibilita ao juiz julgar de modo distinto para cada um dos litisconsortes. Como regra, são os casos de litisconsórcio facultativo. d) Unitário – O julgamento deve ser necessariamente uniforme para todos os litisconsortes situados no mesmo polo da demanda. Como regra, são os casos de litisconsórcio necessário.

Capítulo XV
INTERVENÇÃO DE TERCEIROS

45. CONCEITO

A relação jurídica processual instaura-se, a princípio, entre aqueles que figuram na petição inicial como autores ou réus. Entretanto, atenta ao princípio da economia processual, permite a lei que a relação se amplie ou modifique, possibilitando a resolução de conflitos subsidiários entre as partes originárias e terceiros ou autorizando que esses terceiros venham aos autos prestar auxílio a uma delas.

Terceiro	relação jurídica secundária	Autor	relação jurídica originária	Réu	relação jurídica secundária	Terceiro

Podemos definir, portanto, a intervenção de terceiros como o instituto que possibilita o ingresso no processo de um terceiro, estranho à relação originária entre autor e réu, estabelecendo uma nova relação jurídica secundária, autônoma e independente daquela que lhe deu origem.

46. ASSISTÊNCIA

A assistência tem cabimento sempre que terceiro, estranho à relação processual originária, cuja formação foi provocada pelo autor, tem **interesse jurídico** na vitória de uma das partes da demanda e pretende auxiliá-la na busca de uma sentença favorável. O assistente intervém no processo para defender interesse jurídico próprio, consistente justamente na existência de uma relação jurídica entre ele e uma das partes e sua possível alteração pela decisão do processo (CPC, art. 119).

46.1. MODALIDADES DE ASSISTÊNCIA

a) **Assistência simples** – Tem cabimento sempre que o assistente mantiver relação jurídica com o seu assistido (p. ex.: alienação de objeto litigioso). O assistente atua como auxiliar da parte principal, embora com os mesmos poderes e sujeitando-se aos mesmos ônus do assistido. No caso de revelia, segue ele como substituto processual da parte. Por não ser o titular do direito, não pode o assistente simples obstar atos de disposição de direitos (materiais ou processuais) da parte assistida (CPC, art. 121). Ao assistente simples não são aplicados os efeitos próprios da coisa julgada, mas sim a preclusão de discutir a justiça da decisão ou matérias para as quais teve ampla oportunidade de produzir provas (CPC, art. 123).

b) **Assistência litisconsorcial** – O assistente que mantiver relação jurídica com o adversário do assistido será considerado litisconsorte (CPC, art. 124; p. ex.: herdeiro em ação ajuizada contra o espólio ou devedores solidários). Nesses casos o assistente poderia ter sido parte no feito (**litisconsórcio facultativo**), mas não foi por opção do autor da ação.

Não existe consenso a respeito da posição que o assistente litisconsorcial assume no processo. Parte da doutrina e da jurisprudência entende relevante tal distinção para a análise dos poderes do assistente no processo e para determinar a que título intervém ele no processo.

Para esse posicionamento, o assistente simples tem atuação meramente acessória da parte principal, enquanto o assistente litisconsorcial assumiria a qualidade de parte no feito,

Processo civil – Teoria geral do processo e processo de conhecimento

não estando sujeito às restrições contidas no art. 122 do Código de Processo Civil e sendo lícito que prossiga na defesa de seu direito (próprio), independentemente de eventuais atos dispositivos praticados pelo assistido nos autos.

Não coadunamos com tal entendimento.

Em sendo o litisconsórcio não necessário faculdade concedida em lei ao autor da ação, não se concebe o estabelecimento de uma pluralidade de partes contra a sua vontade, sob pena de ser-lhe imposto litigar contra quem não deseja. Como entender possível que a garantia civil da dívida solidária, consistente em possibilitar ao autor a cobrança de qualquer um dos devedores da integralidade da dívida, possa ser violada pela admissão de um codevedor, muito embora não escolhido pelo autor para ser réu no feito?

Em segundo plano, a assistência nem sempre se dá na fase processual postulatória, impedindo que o assistente litisconsorcial pudesse ser considerado como parte no feito e desenvolvesse todas as atividades inerentes à defesa de um direito próprio em julgamento. Como sustentar a extensão dos efeitos da coisa julgada a um assistente litisconsorcial interveniente no feito apenas em grau de recurso, quando a sentença já fora proferida?

Portanto, em nossa opinião, os poderes dos assistentes não diferem conforme a polaridade da relação jurídica motivadora de seu interesse em juízo, servindo a distinção apenas para indicar que ao assistente litisconsorcial é facultada a intervenção em feito do qual poderia ter sido parte, mas não foi por opção do autor.

46.2. PROCEDIMENTO

O assistente requererá por petição sua admissão no processo, justificando seu interesse jurídico, a qualquer tempo e grau de jurisdição.

Não sendo caso de rejeição liminar pelo juízo, as partes serão intimadas para manifestação, em quinze dias. Se não oferecida qualquer impugnação, que deverá limitar-se à existência ou não do interesse jurídico tutelável, o pedido será deferido. Caso contrário, será o pedido analisado nos próprios autos, sem suspensão do processo (art. 120).

Quadro Sinótico – Assistência

Assistência	Tem ela cabimento sempre que um terceiro, com interesse jurídico na vitória de uma das partes da demanda, vem aos autos auxiliá-la na busca de uma sentença favorável. É intervenção voluntária que pode ser exercida a qualquer tempo e grau de jurisdição. **Modalidades** I) Simples – Cabível quando o assistente tiver relação jurídica com o seu assistido (ex.: alienação de objeto litigioso). II) Litisconsorcial – Quando a relação jurídica existir entre assistente e adversário do assistido (devedores solidários). Nesta hipótese, estamos diante de um caso de litisconsórcio facultativo não criado pelo autor da demanda.

47. DENUNCIAÇÃO DA LIDE

É intervenção de terceiros forçada, mediante requerimento de uma das partes da relação jurídica principal, com o fim de trazer ao processo o seu **garante**, terceiro contra o qual tem **direito de regresso** caso venha a ser perdedora na ação principal.

O instituto tem base no princípio da economia processual, pois a parte porventura perdedora da demanda poderá, desde logo, acertar sua relação jurídica com seu garante, ressarcindo-se dos prejuízos decorrentes de sua condenação.

SINOPSES JURÍDICAS

Mas a própria economia processual demanda a interpretação restritiva quanto ao cabimento do instituto. Daí o porquê de o art. 125, § 2º, do Código de Processo Civil admitir apenas uma denunciação sucessiva, remetendo o denunciado sucessivo à propositura de ação autônoma para fazer valer seu direito de regresso.

Uma vez realizada a denunciação, surge uma nova relação jurídica processual entre denunciante e denunciado, mas dependente da solução a ser dada na existente entre autor e réu, já que o direito de regresso só será exercido em caso de eventual condenação do denunciante na lide principal.

O parágrafo único do art. 128 autoriza o autor a requerer o cumprimento da sentença também contra o denunciado, desde que seja o caso e nos limites da condenação deste na ação regressiva.

47.1. HIPÓTESES LEGAIS

a) Tem cabimento a denunciação da lide ao alienante imediato, a fim de que o denunciante possa exercer os direitos que resultam da evicção. É garantia implícita de qualquer negócio jurídico oneroso (elemento natural) a responsabilidade do alienante pelo ressarcimento do adquirente caso a coisa alienada venha a ser perdida em demanda judicial (CC, arts. 447 a 457). Portanto, o réu de ação na qual se discute o domínio do objeto litigioso deve denunciar da lide, pois, em caso de derrota na demanda, poderá exercer de imediato o direito de regresso contra o seu alienante.

b) A denunciação da lide terá cabimento sempre que terceiro tenha a obrigação legal ou contratual de indenizar, em ação regressiva, o prejuízo do perdedor da demanda (ressarcimento).

A denunciação da lide não é obrigatória, pois o direito regressivo poderá ser sempre exercido em ação autônoma (CPC, art. 125, § 1º).

47.2. PROCEDIMENTO

47.2.1. PARA O AUTOR (CPC, ART. 127)

Muito embora a denunciação seja um instituto de maior utilização pelo réu, pois ele é quem se sujeitará aos efeitos de eventual sentença condenatória, permite a lei processual seja ela feita por aquele que provocou a tutela jurisdicional.

Deve ser realizada na petição inicial, mediante requerimento de citação do denunciado e do réu. Deferida a denunciação e determinada sua citação, nos prazos previstos no art. 131, pode o denunciado:

a) permanecer inerte, quando a relação secundária entre denunciante e denunciado segue à sua revelia;

b) comparecer e assumir a demanda, na qualidade de litisconsorte do autor e com poderes para aditar a inicial;

c) negar sua qualidade de garante, questão essa a ser solucionada na futura sentença de mérito.

Uma das hipóteses de denunciação da lide pelo autor é a realizada nas ações de caráter dúplice [(ação de exigir contas (CPC, art. 550) e possessórias (CPC, art. 556)], por serem essas capazes de gerar uma condenação ao autor, independentemente de reconvenção. Frise-se ser facultada ao autor a denunciação em todos os casos de ajuizamento de reconvenção contra si, no prazo fixado para a sua resposta ao contra-ataque e não no ajuizamento da ação.

Processo civil – Teoria geral do processo e processo de conhecimento

O autor também pode denunciar da lide seu garante quando da oposição de embargos de terceiros, visando à exclusão de constrição determinada em execução, sobre bem adquirido do denunciado. Isso se justifica pela constatação de que a improcedência dos embargos implicará perda judicial da coisa objeto, dando azo para a solução imediata dos direitos regressivos do embargante denunciante contra o alienante (perdas e danos).

47.2.2. PARA O RÉU (CPC, ART. 128)

A denunciação deverá ser formulada no prazo para sua resposta, em preliminar de contestação. Deferido o pedido, é realizada a citação do denunciado.

Este pode vir ao feito para:

a) **afirmar sua qualidade de garante**, assumindo a qualidade de litisconsorte do réu e contestando o feito;

b) **quedar-se inerte**, com o prosseguimento do feito entre as partes originais, à revelia do denunciado;

c) **vir aos autos negar sua condição de garante**, questão a ser solucionada com a sentença de mérito final.

A sentença que fixar a responsabilidade do denunciante com relação à parte adversa deverá, obrigatoriamente, analisar a denunciação da lide, determinando a presença ou não do direito regressivo e condenando o denunciado a ressarcir as perdas e danos suportados por seu garantido no processo.

Em caso de vitória do denunciante, a denunciação não terá seu pedido examinado, sem prejuízo da sua condenação ao pagamento das verbas de sucumbência em favor do denunciado.

Quadro Sinótico – Denunciação da lide

Denunciação da lide	É intervenção de terceiros forçada, mediante requerimento de uma das partes da relação jurídica principal, com o fim de trazer ao processo o seu **garante**, terceiro contra o qual tem **direito de regresso**, caso venha a ser perdedora na ação principal. Hipóteses legais: I) Tem cabimento a denunciação da lide ao alienante imediato, a fim de que o denunciante possa exercer os direitos que resultam da evicção. II) Terceiro tem a obrigação legal ou contratual de indenizar, em ação regressiva, o prejuízo do perdedor da demanda.

48. CHAMAMENTO AO PROCESSO

É modalidade de intervenção de terceiros exclusiva do réu, na qual este traz aos autos os demais coobrigados pela dívida objeto da demanda, para obtenção desde logo de condenação regressiva que lhe possibilite executá-los pelo que for obrigado em sentença a pagar.

No chamamento ao processo, há uma dívida solidária externa (aquela em que todos os devedores têm uma dívida por inteiro ao credor), na qual cabe direito de regresso do devedor que cumpre a obrigação por inteiro contra os demais devedores, seja na proporção de suas quotas-partes, seja integralmente, nos casos de fiador e devedor principal (CPC, art. 130). Assim, aquele devedor processado isoladamente pelo credor pode chamar ao processo os outros devedores para que, por economia processual, já seja feito todo o acerto entre eles, no mesmo processo.

Muito embora também fundado no direito de regresso, o chamamento ao processo não se confunde com o instituto da denunciação da lide.

Quadro comparativo

CHAMAMENTO AO PROCESSO	DENUNCIAÇÃO DA LIDE
Exclusivo do réu	Facultada ao autor e ao réu
Relação jurídica existente entre os chamados e o adversário daquele que realiza o chamamento	Inexiste relação jurídica entre denunciado e adversário do denunciante
O chamado poderia ter sido parte na demanda (litisconsórcio facultativo do autor)	O denunciado jamais poderia ter sido parte
Ressarcimento, como regra, proporcional à quota--parte do chamado ou integral, nos casos de fiador/afiançado	Ressarcimento integral, nos limites da responsabilidade regressiva
O chamado poderia, como regra, ser admitido nos autos como assistente litisconsorcial	O denunciado, como regra, poderia ser admitido como assistente simples

Ponto polêmico diz respeito à natureza da intervenção do chamado ao processo: assume ele a qualidade de parte, podendo ser compelido diretamente pelo autor ao cumprimento da sentença?

Em que pese parte da doutrina entender ser o chamamento ao processo uma hipótese de formação de litisconsórcio passivo forçada, independente da vontade do autor, esta não nos parece ser a posição mais razoável. A intervenção de terceiros, conforme já visto, não tem o condão de desrespeitar o princípio da disponibilidade da ação civil, impondo ao autor litigar contra quem não lhe interessa. Pelo contrário, todo terceiro que vem ao processo, muito embora equiparado por vezes aos litisconsortes, assim o faz apenas para possibilitar ampla defesa de seus direitos, e não para impor um litisconsórcio passivo ao autor, contrário à garantia da dívida solidária.

Se ninguém pode ser compelido a ajuizar ação civil contra terceiros estranhos à relação jurídica traduzida na inicial, salvo em se tratando de litisconsórcio necessário, inviável que os chamados ao processo, muito embora tenham relação jurídica com o autor, sejam impostos a ele como requeridos da demanda. Isso mais se torna claro quando analisamos o teor da garantia da dívida solidária, residente justamente na faculdade discricionária concedida ao credor de cobrar e receber sua dívida de qualquer um dos devedores solidários.

O chamamento ao processo limita-se a autorizar o devedor escolhido pelo credor a fixar desde logo a responsabilidade regressiva existente entre ele e os demais devedores (proporcional ou integral), aproveitando-se do processo contra ele instaurado (economia processual) (CPC, art. 132).

O réu deve providenciar a citação dos chamados em trinta dias, sob pena de prosseguir o feito sem a intervenção de terceiros por ele requerida (CPC, art. 131).

Quadro sinótico – Chamamento ao processo

Chamamento ao processo	É modalidade de intervenção de terceiros exclusiva do réu, na qual este traz aos autos os demais coobrigados pela dívida objeto da demanda, para obtenção desde logo de condenação regressiva que lhe possibilite executá-los pelo que for obrigado em sentença a pagar.

Processo civil – Teoria geral do processo e processo de conhecimento

49. DO INCIDENTE DE DESCONSIDERAÇÃO DA PERSONALIDADE JURÍDICA

Os arts. 133 a 137 do Código de Processo Civil estabelecem as regras para a desconsideração da personalidade jurídica, dentro do capítulo da intervenção de terceiros. Na visão do legislador, diante da inarredável distinção entre a pessoa jurídica e a figura de seus sócios, qualquer pretensão de estender os efeitos patrimoniais de uma sentença a quem não figurou formalmente como parte no processo deve ser considerada espécie de intervenção de terceiros.

O incidente deverá ser requerido pela parte ou pelo Ministério Público, nos casos de desconsideração direta ou inversa da personalidade jurídica (art. 133). Na direta, o interessado pretende afastar a responsabilidade da pessoa jurídica, para atingir o patrimônio dos seus sócios. Na inversa, o interessado pretende atingir o patrimônio da pessoa jurídica, na medida em que seu sócio não possui patrimônio pessoal, todo ele incorporado à pessoa jurídica, para evitar sua responsabilidade patrimonial.

Ele é cabível em qualquer fase do processo de conhecimento, cumprimento de sentença ou execução, dispensada a sua instauração apenas no caso de requerimento na petição inicial.

Suspenso o processo, o sócio ou a pessoa jurídica será citado para manifestação e requerer provas em quinze dias. Proferida a decisão, dela cabe agravo interno (CPC, arts. 134 a 136).

Quadro Sinótico – Desconsideração da personalidade jurídica

Desconsideração da personalidade jurídica	Visa estender os efeitos patrimoniais de uma sentença condenatória a terceiros estranhos à lide. Pode ser direta, quando o interessado pretende afastar a responsabilidade da pessoa jurídica, para atingir o patrimônio dos seus sócios, ou inversa, quando se pretende atingir o patrimônio da pessoa jurídica, porque o sócio não possui patrimônio pessoal, para evitar sua responsabilidade patrimonial.

50. *AMICUS CURIAE*

Quando, por força da relevância da matéria versada, da especificidade do tema objeto da demanda ou da repercussão social da controvérsia, o juiz ou o relator sentir necessidade, poderá ele solicitar ou admitir no processo a participação de pessoa natural ou jurídica, órgão ou entidade especializada e com representatividade adequada (CPC, art. 138).

A função do *amicus curiae* é levar, como portador de interesses institucionais, elementos de fato ou de direito que possam ajudar o julgador na formação de seu convencimento a respeito da matéria.

A decisão a respeito da intervenção do *amicus curiae*, bem como da definição de seus poderes, é irrecorrível, mesmo porque, não sendo ele parte no processo e nem titular do direito controvertido, é a necessidade íntima do julgador que indica para a aceitação ou não dessa intervenção. Por esses mesmos motivos, não detém ele poderes para recorrer, salvo a interposição de embargos de declaração e recorrer da decisão que julgar o incidente de demandas repetitivas.

51. OPOSIÇÃO (CPC, ARTS. 682 A 686)

Embora não constante do capítulo, é a oposição modalidade de intervenção voluntária, facultativa, na qual o terceiro vem a juízo postular, no todo ou em parte, o objeto ou direito em litígio, pelo ajuizamento de ação autônoma contra autor e réu do processo originário.

Necessário frisar que a oposição não comporta ampliação dos elementos objetivos da lide (causa de pedir e pedido), hipótese na qual deverá o opoente ajuizar ação autônoma. Portanto, se as partes estão a discutir quem é o proprietário de uma gleba, não é admissível a oposição fundada apenas na posse (ação petitória e possessória). Da mesma forma, incabível a oposição de terceiro compromissário comprador de imóvel em ação de desapropriação ajuizada pelo Poder Público contra o titular do domínio (ação em que se discute direito real e direito meramente pessoal do opoente).

51.1. PROCEDIMENTO

a) Oferecida até antes do início da audiência de instrução, deverá ela ser autuada em apenso, caso admitida, sobrevindo citação das partes na pessoa de seus advogados e prosseguimento conjunto dos processos para o proferimento de uma só sentença, com análise primeira da oposição. O ato de citação será realizado na pessoa dos advogados, pelas formas admitidas de intimação (CPC, art. 683, parágrafo único).

b) Oferecida após o início da audiência de instrução, será o feito suspenso ao fim da produção de provas, salvo se o juízo entender que a unidade da instrução atende melhor ao princípio da duração razoável do processo.

Dica

Podemos afirmar que, presentes os requisitos legais, a intervenção de terceiros contempla hipóteses nas quais o legislador estabeleceu previamente que a economia processual (gerada pela solução de múltiplas demandas) é mais relevante que a celeridade processual (atingida pelo prolongamento do procedimento).

Capítulo XVI
FORMAÇÃO, SUSPENSÃO E EXTINÇÃO DO PROCESSO

52. **FORMAÇÃO DO PROCESSO**

Por formação do processo podemos entender os momentos distintos em que ele passa a existir para as partes, gerando a relação jurídica processual com o juiz do feito (sujeitos do processo e relação angular, como já visto).

Para o autor forma-se o processo com o protocolo da petição inicial (art. 312), geradora do direito a uma manifestação do Estado-juiz, nem que seja apenas o reconhecimento da ausência de seu direito de ação ou de irregularidade formal na provocação da jurisdição.

Há uma diferenciação muito importante a ser feita entre o direito constitucional de demanda (pretensão) e o direito de ação.

O primeiro é um direito **incondicionado**, ligado intimamente ao princípio da inafastabilidade da jurisdição. Mesmo as petições ineptas, não geradoras da citação do réu e causadoras da extinção do processo sem resolução de mérito, dão ao autor o direito a uma manifestação do Estado-juiz. Tal manifestação restringe-se a apontar ao autor a impossibilidade de movimentação do Judiciário, na forma em que sua pretensão foi deduzida, negando a ele uma sentença que resolva o mérito (art. 330).

Por outro lado, temos o direito de ação (direito à tutela jurisdicional do Estado), este sim **condicionado** ao preenchimento de requisitos prévios de admissibilidade do mérito (condições da ação e pressupostos processuais). Só prosperará se o Estado-juiz entender estarem eles presentes e, após tal análise, passar a julgar o mérito da lide, ou seja, abordar a relação jurídica de direito material controvertida.

Já para o réu, o processo e, por consequência, a sua participação na relação jurídica processual só passam a existir com sua citação válida (art. 312). Nem mesmo em casos de tutelas provisórias antecedentes tal regra é afastada. Pelo contrário, a tutela provisória é mera decisão proferida pelas técnicas da cognição sumária e do contraditório diferido no tempo, com características de provisoriedade, urgência e reversibilidade do provimento jurisdicional concedido, ou seja, após o cumprimento da decisão o réu obrigatoriamente deverá ser citado para integrar a relação jurídica, podendo impugnar a decisão provisória proferida contra ele.

Por força do art. 329 do Código de Processo Civil, enquanto não citado o réu e incompleta a relação processual, tem o autor plena disponibilidade da ação, podendo alterar os seus elementos (partes, causa de pedir e pedido) livremente. Uma vez realizada a citação válida, estabiliza-se a relação jurídica processual, posto estarem a ela integrados todos os seus sujeitos (juiz, autor e réu), e qualquer alteração na causa de pedir ou no pedido da inicial só é admissível com concordância expressa do réu.

Já com relação às partes, sua alteração só é possível nos casos de sucessão, nos termos dos arts. 108 e 110 do Código de Processo Civil.

É bom nos lembrarmos de que o art. 493 impõe ao juiz o dever de considerar os fatos modificativos, constitutivos ou extintivos do direito das partes, cuja ocorrência seja superveniente à estabilização da demanda.

SINOPSES JURÍDICAS

Quadro Sinótico - Formação do processo

Formação do processo	Dois são os momentos de formação da relação jurídica processual. Para o autor, ela se estabelece com o protocolo da sua petição inicial, a qual gera direito a uma manifestação do Estado-juiz, nem que seja para indeferimento de sua inicial (direito de demanda incondicionado). Já para o réu, a relação processual só passa a existir com a sua citação válida.

53. SUSPENSÃO DO PROCESSO

A marcha dos atos processuais pode ser paralisada, com suspensão de sua prática, nas hipóteses excepcionais previstas no art. 313 do Código de Processo Civil. São elas exceções ao princípio do impulso oficial, pelo qual o processo, uma vez iniciado, segue até o seu fim, independentemente da vontade das partes.

Ressalte-se que a suspensão só permite ao juízo a prática de atos de urgência, a fim de evitar danos irreparáveis às partes ou ao próprio processo (CPC, art. 314), sob pena de serem considerados como inexistentes. E tal permissão não incide quando arguida a suspeição ou o impedimento do juiz.

53.1. CAUSAS DE SUSPENSÃO DO PROCESSO

53.1.1. MORTE OU PERDA DA CAPACIDADE PROCESSUAL DA PARTE, DO SEU REPRESENTANTE LEGAL OU DO ADVOGADO (CPC, ART. 313, I)

Comunicada a morte de uma das partes, deverá o juiz suspender o processo até que seja procedida a habilitação do espólio ou herdeiros (substituição de partes), salvo se o direito material em litígio for de natureza personalíssima, fato gerador da extinção do processo (CPC, art. 687).

a) **Falecimento do autor.** Se a morte do autor ocorrer antes da citação do réu, deverão os sucessores ou o espólio providenciar sua habilitação de forma espontânea, sob pena de extinção do processo pelo abandono. Se completa a relação jurídica processual com a citação, passa o réu a ser titular do mesmo direito do autor à sentença de mérito. Portanto, pode ele providenciar a habilitação no polo ativo, de modo que o feito receba decisão definitiva sobre o conflito entre as partes (CPC, art. 688, I e II).

b) **Falecimento do réu.** A habilitação no polo passivo pode dar-se tanto voluntariamente pelos sucessores do réu quanto de modo provocado pelo autor. Realizada a citação, o não comparecimento dos herdeiros ou do espólio implicará o prosseguimento do feito à sua revelia.

Em qualquer das hipóteses o habilitado sempre recebe o processo no estado em que se encontra, não havendo seu retorno a fases anteriores.

O inventariante dativo não tem legitimidade para representar o espólio em ação contra este movida, sendo de rigor a citação de todos os herdeiros (CPC, art. 75, § 1º).

Para essa citação, o juiz fixará prazo de dois e no máximo seis meses.

c) **Falecimento do advogado.** A morte do patrono da parte gera a imediata suspensão do processo, mesmo que já iniciada a audiência, devendo o juiz, de ofício, intimar a parte para a constituição de um novo mandatário em quinze dias. Se o autor não constituir novo advogado no prazo legal, há a extinção do processo sem resolução do mérito. Já ao réu inerte é imposta a decretação da revelia a partir daquele momento. A suspensão, entretanto, só ocorrerá caso seja o falecido o único advogado constituído na procuração.

Processo civil – Teoria geral do processo e processo de conhecimento

d) Perda da capacidade processual da parte. Sobrevindo incapacidade da parte, comprovada por sentença (interdição), o processo será suspenso para habilitação do representante legal. Caso exista mera suspeita, sem comprovação judicial, deverá o juiz, após suspensão do feito, nomear curador especial para representar a parte incapaz no processo.

e) Perda da capacidade do advogado. A legislação processual não prevê tal hipótese, devendo a regra relativa ao óbito do procurador ser aplicada por analogia.

53.1.2. CONVENÇÃO DAS PARTES (CPC, ART. 313, II)

A convenção de ambas as partes pode suspender o processo por até no máximo seis meses.

Em sendo a suspensão consensual, não se mostra viável a paralisação do processo para se efetuar a localização do réu, pretensão comum aos autores que não desejam arcar com as despesas da citação por edital. Tal aceitação implicaria a criação de hipótese suspensiva pela vontade unilateral do autor, contrariando o princípio do impulso oficial.

Da mesma maneira, o acordo entre as partes é causa de extinção do processo com resolução de mérito pela transação, e não hipótese de suspensão do processo, como equivocadamente se costuma postular em juízo. Uma vez desaparecido o conflito de interesses pela autocomposição, o descumprimento do acordo firmado gera a satisfação da transação homologada, não podendo o processo permanecer suspenso, como forma de pressão para que o devedor não descumpra a obrigação assumida.

53.1.3. ARGUIÇÃO DE IMPEDIMENTO OU SUSPEIÇÃO (CPC, ART. 313, III)

Exceções e impugnações são defesas processuais de mesma natureza jurídica. A diferença reside justamente na atribuição de efeito suspensivo às primeiras, por força do art. 313, III, do Código de Processo Civil. Enquanto não julgada a exceção, o processo não pode prosseguir, mesmo porque esta é oferecida contra o juiz da causa (suspeição ou impedimento), não havendo, portanto, fixação de prazo de duração da suspensão em lei.

53.1.4. EXISTÊNCIA DE QUESTÕES PREJUDICIAIS EXTERNAS (CPC, ART. 313, IV E V)

Prejudiciais são questões impeditivas do julgamento da demanda submetida ao juiz, posto que influenciarão a análise do mérito.

Pode ser ela interna, consistente na existência de questões que deverão ser decididas pelo próprio juiz da causa, ou externa, aquela existente fora do processo e que deve ser solucionada pelo juízo competente para que o processo tenha prosseguimento.

Na realidade, toda questão prejudicial externa é uma ação conexa com a que será suspensa. Sua reunião para julgamento em conjunto só deixa de ser realizada por serem elas objeto de conhecimento perante juízes distintos e de diversa competência absoluta (juízo da vara de família e juízo da vara cível ou Justiça Comum e Tribunal Marítimo) ou por estarem os processos em fases procedimentais distintas (feito em andamento em primeiro grau e outro em fase recursal). Visa o legislador, por meio da ordem de suspensão de um dos processos enquanto não resolvida a questão prejudicial externa, impedir o proferimento de julgamentos conflitantes, à semelhança da conexão. Entretanto, a impossibilidade de reunião, pelos motivos expostos, levou-o a optar pelo caminho da suspensão, que não poderá ultrapassar o prazo de um ano.

O incidente de resolução de demandas repetitivas tem cabimento quando há, simultaneamente, efetiva repetição de processos que contenham controvérsia sobre a mesma questão unicamente de direito ou risco de ofensa à isonomia e segurança jurídica (CPC, art.

976). Ele é instaurado a pedido do juiz ou relator, das partes, do Ministério Público ou da Defensoria Pública, endereçado ao Presidente do Tribunal e a ser julgado pelo órgão responsável pela uniformização de jurisprudência, no prazo de um ano (CPC, arts. 977, 978 e 980). Enquanto pendente o incidente, suspensos ficam os processos a ele vinculados.

53.1.5. FORÇA MAIOR (CPC, ART. 313, VI)

No direito processual civil não é relevante a distinção entre os conceitos de "força maior" e "caso fortuito", consistindo essa hipótese na possibilidade de suspensão do processo quando um evento inevitável e imprevisível impeça a realização do ato processual. Nesses casos a suspensão dura enquanto persistir a ocorrência da força maior. É o que ocorre com greves dos funcionários do Judiciário, impeditivas da prática de atos processuais.

53.1.6. PELO NASCIMENTO OU ADOÇÃO DE FILHO (CPC, ART. 313, IX E X)

Na aplicação desta regra de suspensão é obrigatório que a advogada ou advogado responsável pelo processo seja a(o) única(o) patrona(o) da causa.

Para a advogada o prazo de suspensão é de trinta dias, contados da data do parto ou da concessão da adoção. Já para o advogado, o prazo é de oito dias.

Quadro Sinótico – Suspensão do processo

Suspensão do processo	A marcha dos atos processuais pode ser paralisada nas hipóteses do art. 313. São elas exceções ao princípio do impulso oficial: a) Perda da capacidade ou morte da parte, seu representante legal ou do advogado. b) Convenção das partes. c) Arguição de impedimento ou suspeição. d) Questões prejudiciais externas. e) Força maior.

54. EXTINÇÃO DO PROCESSO

A extinção do processo sempre se dá por sentença, com ou sem resolução de mérito, hipóteses nas quais sempre se dará à parte oportunidade para corrigir o vício, se possível for (arts. 316 e 317).

54.1. EXTINÇÃO SEM RESOLUÇÃO DE MÉRITO

O processo termina de forma anômala, sem que o juiz aborde o direito material controverso entre as partes, em virtude da ausência do preenchimento de algum dos requisitos de admissibilidade do mérito (condições da ação e pressupostos processuais). Essa sentença analisa aspectos meramente formais ou processuais da ação, não culminando com a aplicação do direito material ao caso concreto. Portanto, não pacifica socialmente e não compõe litígios, muito embora faça justiça ao que de merecido pelas partes no caso analisado.

Suas hipóteses estão previstas no art. 485 do Código de Processo Civil.

54.1.1. INDEFERIMENTO DA INICIAL (CPC, ART. 485, I)

A petição inicial deve ser apta a produzir os efeitos processuais desejados pelo autor, com o chamamento do réu ao processo para se defender. Para tanto, deve ela preencher os

Processo civil – Teoria geral do processo e processo de conhecimento

requisitos formais do art. 319, traduzindo de forma clara e precisa a pretensão do requerente, em sentido amplo. Por vezes a inicial não admite sequer a determinação de cite-se, por apresentar alguns dos vícios previstos no art. 330, o qual enumera não taxativamente os motivos de seu indeferimento.

a) **Inépcia da inicial.** É o erro mais grave que pode apresentar uma inicial, quando não preenchedora dos requisitos mais básicos previstos em lei para fazer instaurar validamente a relação jurídica processual. Os quatro casos de inépcia estão previstos no mesmo art. 330, em seu § 1º, ou seja, quando lhe faltar pedido ou causa de pedir, quando da narração dos fatos constitutivos do direito do autor não decorrer a conclusão, quando o pedido for indeterminado (salvo nas hipóteses legais em que se permite o pedido genérico) ou quando contiver pedidos incompatíveis entre si.

b) **Parte manifestamente ilegítima.** Se porventura, ao despachar a inicial, puder o juiz logo depreender que ou o autor ou o réu não preenchem manifestamente as qualidades da legitimação ordinária ou extraordinária, deve indeferir de plano a inicial (pertinência subjetiva). Entretanto, nem sempre a ilegitimidade ativa ou passiva pode ser percebida de imediato com a propositura da ação, e por vezes se faz necessária até mesmo produção de prova a esse respeito. Na hipótese, deverá o juiz deferir a inicial, preservada a possibilidade de reconhecimento da ausência dessa condição da ação posteriormente.

c) **Carência de interesse processual.** É o vislumbre imediato pelo juiz da desnecessidade de intervenção jurisdicional ou da inadequação do pedido formulado na inicial à pretensão material deduzida pelo autor.

d) **Não atendidas as prescrições dos arts. 106 e 321.** A primeira hipótese diz respeito aos requisitos especiais previstos para quando o advogado postula em causa própria. A segunda está ligada ao não cumprimento pelo autor da determinação de emenda ou complemento da petição inicial.

Vencida a fase da análise prévia da inicial e determinado o cite-se, podem surgir no curso do processo vários outros motivos que levam à sua extinção sem resolução de mérito.

54.1.2. ABANDONO DO PROCESSO (CPC, ART. 485, II E III)

A jurisdição é inerte; uma vez provocada pelo interessado, deve o processo iniciado ser levado a seu final pelo impulso oficial. Entretanto, se ele ficar paralisado, ou por desídia das partes ou pela inércia exclusiva do autor em cumprir diligência essencial para o seguimento do processo, poderá sobrevir sua extinção.

A primeira hipótese está estipulada no inciso II do art. 485 e exige culpa de ambas as partes para a paralisação superior a um ano. É de dificílima ocorrência, posto ser do juiz o dever de impulsionar o feito ao seu final.

Já a paralisação superior a trinta dias, por culpa exclusiva do autor (CPC, art. 485, III), só poderá gerar a extinção do feito se forem os atos e diligências não praticados essenciais para o prosseguimento do processo, por exemplo, a necessidade de o autor providenciar a citação do réu ou de algum litisconsorte necessário. Fora desses casos, cumpre ao juiz, aplicando as sanções processuais existentes (preclusão), dirigir seu processo ao final, sem a prática do ato não essencial. É o que ocorre na recusa do autor em adiantar as despesas da prova pericial por ele requerida. Tal inércia não gera a extinção do processo, pois possível o seu prosseguimento normal sem a perícia, aplicando-se pena de preclusão da oportunidade de realizar a prova ao autor omisso.

Em ambos os casos é sempre necessária a intimação pessoal da parte, com concessão do prazo de cinco dias (CPC, art. 485, § 1º), para evitar que a grave consequência seja imposta à parte apenas pela desídia exclusiva do seu advogado.

54.1.3. AUSÊNCIA DOS PRESSUPOSTOS PROCESSUAIS (CPC, ART. 485, IV)

Todo pressuposto processual está ligado, primordialmente, às nulidades processuais, conforme já estudado. Logo, não basta a simples ausência de algum deles para que a extinção seja imediatamente declarada. Em se tratando de pressupostos de constituição e validade da relação jurídica processual, compete ao juiz, de ofício, reconhecer a nulidade absoluta e determinar seja o vício sanado pelo interessado. Já nos pressupostos de regularidade, ligados às nulidades relativas, compete à parte alegar o vício no primeiro momento em que fale no processo, sob pena de preclusão e sanação.

Em ambas as hipóteses, identificada a falta de algum dos pressupostos de existência, validade ou regularidade da relação jurídica processual, é necessário conceder prazo razoável ao interessado para regularização da nulidade e retomada dos atos processuais do ponto a partir do qual ela surgiu.

Somente após vencido o prazo fixado e não cumprindo o autor o necessário para a regularidade formal e substancial do processo é que poderá a extinção ser decretada.

54.1.4. PEREMPÇÃO (CPC, ART. 485, V)

É a perda do direito de ação por ter o autor dado causa a anteriores extinções do processo por três vezes, com base no abandono (CPC, art. 486, § 3º). É uma pena imposta ao autor desidioso, por meio da vedação da análise do mérito em eventual quarta ação idêntica por ele ajuizada. Isso, entretanto, não o impede de alegar seu direito material em defesa de eventual ação na qual seja réu.

54.1.5. LITISPENDÊNCIA E COISA JULGADA (CPC, ART. 485, V)

São espécies integrantes do sistema de controle impeditivo do proferimento de duas sentenças de mérito sobre a mesma lide.

A litispendência é a existência de duas ou mais ações idênticas (mesmos elementos) em andamento, devendo ser extinto sem resolução de mérito aquele ou aqueles processos em que a citação não se tenha efetuado validamente em primeiro lugar (art. 240).

A coisa julgada que impede a repropositura da ação é de natureza material, ou seja, somente a sentença de mérito tem o condão de impedir que a parte novamente busque a tutela jurisdicional. Portanto, havendo decisão definitiva sobre a pretensão do autor, a ele é vedado buscar novamente o Estado-juiz para solucionar lide já resolvida anteriormente, sob pena de extinção do segundo processo sem resolução de mérito.

54.1.6. AUSÊNCIA DE CONDIÇÕES DA AÇÃO (CPC, ART. 485, VI)

Sem o preenchimento das condições fixadas em lei para o exercício do direito à tutela jurisdicional do Estado (direito de ação), deve o processo ser extinto com proferimento de sentença meramente terminativa, sem abordagem da questão de direito material controversa entre as partes.

O reconhecimento da carência de ação pode ser realizado em dois momentos distintos. O primeiro é decorrente do indeferimento da inicial, quando o juiz vislumbra desde logo a ausência das condições da ação (CPC, art. 330, II e III). O segundo, após deferida a inicial e realizada a citação do réu, com o reconhecimento da ausência das condições da ação gerando a extinção do processo com fundamento no inciso VI do art. 485.

Processo civil – Teoria geral do processo e processo de conhecimento

54.1.7. PELA CONVENÇÃO DE ARBITRAGEM OU QUANDO O JUIZ ARBITRAL RECONHECER SUA COMPETÊNCIA (CPC, ART. 485, VII)

A expressão "convenção de arbitragem" abrange tanto o compromisso arbitral como a cláusula compromissória (pacto pelo qual os contratantes acordam submeter à arbitragem eventual litígio que possa surgir). Portanto, ambos servem para afastar a competência do juiz togado, gerando a extinção do processo de qualquer das partes contratantes que busque a jurisdição estatal, antes de submeter sua pretensão à arbitragem.

54.1.8. DESISTÊNCIA DA AÇÃO (CPC, ART. 485, VIII)

O autor tem a disponibilidade do processo, podendo dele desistir, sem renunciar a seu direito material, até o oferecimento da contestação pelo requerido. A partir de então, a desistência da ação depende da concordância do réu, embora possa ser apresentada até a sentença (art. 485, § 5º). A desistência, por ser o ato pelo qual o autor abre mão de seu direito de ação, demanda homologação pelo juiz do processo, também participante da relação jurídica processual, para surtir efeitos, comportando retratação até que esse ato judicial seja praticado.

54.1.9. INTRANSMISSIBILIDADE DA AÇÃO (CPC, ART. 485, IX)

Já foi visto que a morte de uma das partes gera a sua substituição, mediante a suspensão do processo. Entretanto, se o direito material não é transferível com a abertura da sucessão (morte), não há como falar em habilitação do espólio ou de seus herdeiros, ante a ausência de transmissão do direito objeto de discussão em juízo. Como exemplos temos as ações de separação e de divórcio.

Quadro Sinótico – Extinção do processo sem resolução de mérito

Extinção do processo sem resolução de mérito	O processo termina de forma anômala, sem que o juiz decida a questão de direito material posta em juízo, pela ausência de um dos requisitos de sua admissibilidade (condições da ação e pressupostos processuais). São as hipóteses previstas no art. 485: I) Indeferir a petição inicial. II) O processo ficar parado por mais de um ano por negligência das partes. III) Por não promover os atos e as diligências que lhe incumbir, o autor abandonar a causa por mais de trinta dias. IV) Verificar a ausência de pressupostos de constituição e de desenvolvimento válido e regular do processo. V) Reconhecer a existência de perempção, de litispendência ou de coisa julgada. VI) Verificar ausência de legitimidade ou de interesse processual. VII) Acolher a alegação de existência de convenção de arbitragem ou quando o juízo arbitral reconhecer sua competência. VIII) Homologar a desistência da ação. IX) Em caso de morte da parte, a ação for considerada intransmissível por disposição legal.

54.2. EXTINÇÃO COM RESOLUÇÃO DE MÉRITO

Determinadas decisões geram efeitos sobre as relações materiais existentes entre as partes, com força imutável e definitiva de composição do litígio (mérito da demanda). Podem partir da aplicação, pelo juiz, do direito ao caso concreto (jurisdição propriamente dita), da autocomposição das partes no curso do processo ou da existência de um lapso temporal gerador da extinção do direito de ação ou do direito material do autor, cujas hipóteses estão previstas no art. 487 do Código de Processo Civil.

54.2.1. ACOLHIMENTO OU REJEIÇÃO DO PEDIDO MEDIATO DA AÇÃO OU RECONVENÇÃO (CPC, ART. 487, I)

É a forma normal de extinção do processo: o juiz profere uma sentença definitiva, abordando a lide existente entre as partes, e, mediante a aplicação do direito material ao caso concreto, afirma quem tem razão no conflito, pacificando-o socialmente. Para a obtenção desse provimento judicial, passou o processo pela prévia constatação da existência das condições da ação e pressupostos processuais, requisitos essenciais para que uma sentença de mérito seja proferida. Essa sentença aborda os pedidos mediatos e imediatos do autor da ação ou da reconvenção, acolhendo-os, no todo ou em parte, ou, ainda, rejeitando tal pretensão.

54.2.2. HOMOLOGAR O RECONHECIMENTO JURÍDICO DO PEDIDO (CPC, ART. 487, III, A)

É forma de autocomposição de litígios por meio da qual o réu se submete livremente à pretensão do autor. Portanto, não é o juiz quem aplicará o direito ao caso concreto, sendo sua função limitada à homologação do reconhecimento da procedência jurídica da pretensão do autor, ato necessário apenas para outorgar força executiva à autocomposição e extinguir o processo. Ressalte-se ser o reconhecimento do pedido ato de disposição diverso da confissão. Enquanto o primeiro diz respeito à submissão não forçada à pretensão do autor, gerando a extinção do processo, a confissão diz respeito apenas à admissão de veracidade dos fatos contrários ao seu interesse, narrados pelo autor como constitutivos de seu direito. Pertence ao campo probatório, não dispensando o proferimento de uma sentença definitiva que acolha ou rejeite o pedido do autor pelo juiz.

54.2.3. HOMOLOGAR A TRANSAÇÃO (CPC, ART. 487, III, B)

Também modalidade de autocomposição pela qual ambas as partes fazem concessões recíprocas, pondo fim ao litígio. Ao juiz resta apenas a atividade formal, consistente na homologação da transação, não para que surta efeitos jurídicos materiais, pois, como em todo negócio jurídico civil, estes decorrem do simples acordo de vontade. Portanto, não é a homologação de nenhuma das formas de autocomposição ato essencial para a sua validade. Pelo contrário, elas têm seus efeitos gerados pelo simples acordo de vontades, funcionando a homologação como mero ato formal necessário à extinção do processo e para que se dê força executiva ao acordo realizado.

54.2.4. HOMOLOGAR A RENÚNCIA (CPC, ART. 487, III, C)

Última das formas de autocomposição, a renúncia é o reverso do reconhecimento jurídico do pedido. É o ato unilateral do autor da ação pelo qual abre mão do seu direito material. Sua validade no mundo jurídico não demanda, à semelhança do já visto, qualquer homologação judicial, sendo tal ato necessário apenas para a extinção do processo.

Processo civil – Teoria geral do processo e processo de conhecimento

54.2.5. DECADÊNCIA E PRESCRIÇÃO (CPC, ART. 487, II)

A prescrição é a perda do direito de ação pelo seu não exercício no prazo estabelecido em lei, que atinge, indiretamente, o direito material da parte. Já a decadência é a perda do próprio direito material alegado pela parte, pelo seu não exercício no prazo legal.

O reconhecimento da decadência e da prescrição deve ser feito de ofício pelo juiz, ou a requerimento da parte. Entretanto, deve ser dada oportunidade para que as partes se manifestem, salvo nas hipóteses em que o juiz julgar improcedente, liminarmente, o pedido se verificar, desde logo, a decadência ou a prescrição (art. 487, parágrafo único).

Quadro Sinótico – Extinção do processo com resolução de mérito

Extinção do processo com resolução de mérito	O processo deve, sempre que possível, terminar com uma decisão que produza efeitos na relação jurídica de direito material existente entre as partes, seja por meio da atividade substitutiva da jurisdição (sentença de mérito), seja pela autocomposição das partes (homologação judicial). Com a solução do mérito da demanda, atinge a jurisdição o seu escopo de pacificação social. As hipóteses estão previstas no art. 487: I) Acolhimento ou rejeição do pedido formulado na ação ou na reconvenção. II) Reconhecer a decadência ou prescrição. III) Homologar: a) Reconhecimento jurídico do pedido. b) Transação. c) Renúncia.

Capítulo XVII
PROCEDIMENTO

55. CONCEITO

Procedimento é a forma de exteriorização e materialização do processo, ou seja, a maneira pela qual o instrumento estatal de composição de litígios se mostra no mundo jurídico e que não pode jamais ser confundido com o termo jurídico "rito", já que este corresponde a simples sequência de atos preordenados com a finalidade de obtenção da sentença.

56. PROCEDIMENTO COMUM

A jurisdição deve ser a mais célere possível, observada a ampla defesa assegurada às partes, criando diversas formas de procedimento para melhor amparar as infinitas modalidades de direito material passíveis de dedução em juízo. Trabalha o Estado com a determinação de um procedimento comum, aplicável a todos os casos em que a natureza do direito material alegado pela parte não demande a utilização de regras especiais, criadas em lei justamente para melhor tutelar tais situações peculiares. É o procedimento comum, portanto, o correto para todas as lides para as quais a lei não preveja um procedimento especial.

57. PROCEDIMENTOS ESPECIAIS

Muito embora o processo seja instrumento único do Estado, os procedimentos vêm sofrendo cada vez maior especialização, conforme a natureza do direito material discutido pelas partes tenha ou não necessidade de receber tratamento diferenciado. A especialização dos procedimentos busca essencialmente facilitar a composição de litígios decorrentes da controvérsia das partes diante de um direito material especial cuja defesa demanda uma adaptação e diferenciação daquele procedimento normalmente utilizado em juízo para as lides comuns.

Os procedimentos especiais podem ser de jurisdição contenciosa ou voluntária.

Quadro Sinótico – Procedimento

1) Conceito	É a forma de exteriorização e materialização do processo, ou seja, a maneira pela qual o instrumento estatal de composição de litígios se mostra no mundo jurídico.
2) Procedimentos comum e especial	Comum – Aplicável a todos os casos em que a natureza do direito material alegado pela parte não demande a utilização de regras especiais, criadas em lei justamente para melhor tutelar tais situações peculiares. Especial – Busca essencialmente facilitar a composição de litígios decorrentes da controvérsia das partes diante de um direito material especial, cuja defesa demanda uma adaptação e diferenciação daquele procedimento normalmente utilizado em juízo para as lides comuns.

Título II
PROCESSO DE CONHECIMENTO

Capítulo XVIII
PETIÇÃO INICIAL

58. CONCEITO

É o ato do autor pelo qual ele provoca o exercício da jurisdição (inerte) e traduz em juízo a sua pretensão resistida, requerendo a tutela jurisdicional (sentença) e a sujeição do réu à decisão que eventualmente acolher seu pedido. É a peça que inaugura o processo, estabelecendo a relação jurídica processual entre o autor e o juiz, gerando o direito de resposta ao pedido imediato formulado, nem que seja para indeferi-la de plano, por ausência de um ou mais requisitos formais essenciais (CPC, art. 319).

59. REQUISITOS

A petição inicial é ato formal escrito em língua pátria, com os requisitos previstos no art. 319 do Código de Processo Civil.

São eles:

a) **O juízo a que é dirigida**. Também conhecido como endereçamento, serve como critério de fixação de competência, principalmente nos casos em que ao autor é facultado o ajuizamento da ação perante mais de um juízo.

b) **Nomes, prenomes, estado civil, existência de união estável, profissão, CPF ou CNPJ, endereço eletrônico, domicílio e residência do autor e do réu**. A qualificação das partes é dado de vital importância para o processo, pois serve para individualizar os participantes da relação jurídica processual, possibilitando a comunicação dos atos processuais e até mesmo a aferição da legitimidade das partes (condição da ação). A ausência de algum dos elementos da qualificação previstos na lei não gera o indeferimento da inicial, pois nem sempre é possível ao autor saber dados pormenorizados daquele que resiste à sua pretensão, como ocorre nos casos de invasão de terras por grupo numeroso de pessoas. O que se releva para o preenchimento do requisito é a perfeita individualização das partes na inicial, nem que para isso tenha o autor de socorrer-se de descrição física do réu ou do local onde possa ser encontrado, podendo o autor requerer ao juiz as diligências necessárias para a obtenção das informações (art. 319, §§ 1º a 3º).

c) **Fatos e fundamentos jurídicos do pedido**. A causa de pedir, tanto próxima quanto remota, é elemento essencial da petição inicial.

Todo direito alegado está ligado necessariamente a um fato gerador. Para que o autor formule sua pretensão em juízo será necessário demonstrar a existência dos fatos geradores do seu alegado direito. Tais fatos constitutivos do direito do autor devem ser narrados pormenorizadamente, sob pena de impedir o julgamento de mérito e causar o indeferimento da inicial (causa de pedir fática ou remota).

Mas não basta o autor, entretanto, limitar-se a narrar os fatos, sendo obrigatório que eles tenham gerado em sua órbita jurídica um direito de natureza subjetiva, embasador do pedido condenatório, declaratório ou constitutivo formulado ao Estado-juiz (causa de pedir jurídica ou próxima). Não se pode, entretanto, confundir a causa de pedir próxima com a enunciação do artigo de lei que fundamenta o pedido, elemento não essencial de uma petição inicial.

Conforme já visto, adotada entre nós a teoria da substanciação da causa de pedir, na qual os fatos narrados sobrepõem-se ao direito subjetivo violado, pode o juiz acolher o pedido do autor baseado em fundamentação jurídica distinta daquela trazida na inicial, desde que ouvidas as partes a respeito desse novo enquadramento jurídico.

d) **Pedido, com suas especificações**. Toda inicial traz consigo dois pedidos. O imediato, referente à sentença esperada pelo autor, e o mediato, correspondente à pretensão de direito material alegado pelo autor e negado pelo réu (bem da vida).

O art. 332 exige que o pedido seja certo, sendo implícitos em todo pedido os juros legais, a correção monetária e as verbas de sucumbência. Ademais, em se tratando de obrigações sucessivas, são consideradas incluídas as que se vencerem no curso da demanda, enquanto durar a obrigação (art. 333).

O pedido deve ser determinado, com a individuação dos bens demandados em juízo. Entretanto, nosso ordenamento comporta a formulação de pedido mediato genérico quando: **a)** nas ações universais não puder o autor individuar na petição os bens demandados; **b)** não for possível determinar, de modo definitivo, as consequências do ato ou fato ilícito; e **c)** a determinação da condenação depender de ato que deva ser praticado pelo réu (CPC, art. 324).

É facultado ainda ao autor formular na inicial pedidos cumulativos, alternativos ou sucessivos.

Pedidos cumulativos são aqueles formulados em adição contra o réu, em decorrência de **um mesmo fato constitutivo** do direito do autor. Têm como requisitos de admissibilidade a compatibilidade entre si (coerência lógica na cumulação), a competência absoluta do juízo para todos os pedidos (a relativa comporta cumulação, ante a possibilidade de prorrogação), a adequação do procedimento escolhido para todos os pedidos (pode o autor cumular pedidos com ritos distintos, contanto que faça a escolha pelo ordinário) e suas deduções contra o mesmo réu (art. 327).

Necessária se faz a distinção entre cumulação de ações e pedidos cumulados. Enquanto na cumulação de pedidos existe um único fato constitutivo gerando vários pedidos contra o mesmo réu, **há cumulação de ações** quando temos **vários fatos constitutivos distintos originando vários pedidos distintos**. Nesse caso, cada fato constitutivo poderia originar uma ação própria, autônoma e independente, mas nossa legislação, atenta ao princípio da economia processual, permite a cumulação de demandas desde que haja entre elas algum dos elementos exigidos para a conexão. Ademais, não é necessário que as ações sejam cumuladas contra o mesmo réu (litisconsórcio passivo facultativo).

Por sua vez, **concurso de ações** é a existência de várias opções em lei para a defesa do direito violado, como por exemplo nas ações **ex empto** (redibitória e **quanti minoris**), ficando do ao arbítrio do autor qual ação irá ajuizar.

Pedidos alternativos são formulados quando o autor se encontra diante de uma obrigação alternativa, na qual o devedor se exonera pelo cumprimento de uma das opções existentes.

Processo civil – Teoria geral do processo e processo de conhecimento

Competindo a escolha ao credor, pode o autor desde logo na inicial formular um pedido simples, presumindo-se feita a sua opção. Entretanto, se a escolha pertencer ao réu, mesmo que o autor omita a alternatividade na inicial, competirá ao juiz, de ofício, assegurar a exoneração do devedor mediante o cumprimento de qualquer uma das opções (CPC, art. 325, parágrafo único).

Pedidos sucessivos têm cabimento quando o autor formula uma pretensão principal, mas traz na inicial pedidos subsidiários, a serem analisados no caso de impossibilidade de acolhimento de sua preferência. Ao contrário dos pedidos cumulados, em que o autor pretende o acolhimento de todos, ou dos alternativos, nos quais a satisfação do autor se realiza pelo acolhimento de qualquer um dos pedidos formulados, o pedido sucessivo estabelece uma ordem de preferência, sujeitando-se a análise dos pedidos subsidiários à impossibilidade material de atendimento do pedido principal (art. 326).

e) **Valor da causa (arts. 291 a 293).** A atribuição de valor à causa que se instaura tem reflexos importantes em três campos distintos, quais sejam, o cálculo da taxa judiciária (fixada em percentual sobre o valor da causa), a competência (em determinados Estados existem foros regionais que têm sua competência fixada pelo valor) e a fixação das verbas de sucumbência.

Muito embora o art. 292 estabeleça critérios específicos para diversas ações, pode-se fixar como parâmetro geral que o valor da causa deve sempre corresponder ao proveito econômico esperado pelo autor na demanda. Por vezes determinadas ações, como as referentes às questões de estado, não têm valor econômico imediato, comportando o valor da causa fixação por estimativa.

Pode o réu insurgir-se contra o valor indicado, impugnando a atribuição do autor em preliminar de contestação, sob pena de preclusão. Ressalte-se que a impugnação ao valor da causa não diz respeito ao acolhimento ou não da pretensão do autor, matéria essa atinente ao mérito, mas simplesmente à não correspondência entre a pretensão deduzida na inicial e o valor atribuído à demanda (art. 292, § 3º).

f) **As provas com que o autor pretende demonstrar a verdade dos fatos alegados.** Compete ao autor especificar as provas com que pretende demonstrar a veracidade dos fatos constitutivos de seu direito. Apenas se advirta que a prova documental tem seu momento de produção para o autor na própria inicial, que deve estar acompanhada de todos os documentos essenciais à sua propositura (art. 320).

g) **A opção do autor pela realização ou não da audiência de conciliação ou mediação.** O procedimento traz em seu bojo a realização de audiência, antes da contestação, visando à autocomposição das partes. Esse ato só deixa de ser praticado no caso de desinteresse de ambas as partes na conciliação. A opção do autor deve vir expressa na inicial.

Quadro Sinótico – Petição inicial

1) Conceito	É ato do autor pelo qual ele provoca o exercício da jurisdição, traduz a sua pretensão em juízo, requer o proferimento de uma sentença de mérito e a sujeição do réu ao seu direito material.
2) Requisitos	a) Juiz ou tribunal a quem é dirigida – O endereçamento serve como critério de fixação de competência quando ao autor é facultado o seu ajuizamento perante mais de um juízo. b) Nomes, prenomes, estado civil, existência de união estável, profissão, CPF ou CNPJ,

endereço eletrônico, domicílio e residência do autor e do réu – A qualificação das partes serve como elemento de individualização das partes da relação processual e possibilita a aferição das suas legitimidades. A ausência de alguns dos elementos qualificativos não impossibilita a propositura da demanda, bastando que as partes sejam individualizadas a contento.

c) Fatos e fundamentos jurídicos do pedido – Todo direito alegado tem como embasamento um fato gerador. Esses fatos constitutivos do direito do autor caracterizam a causa de pedir fática ou remota. Já o direito afirmado como lesado, decorrente desses fatos constitutivos, configura a causa de pedir próxima.

d) Pedido, com suas especificações – A inicial deve trazer dois pedidos distintos. O imediato diz respeito à espécie de tutela jurisdicional pleiteada pelo autor. Já o pedido mediato está ligado à pretensão de direito material afirmada na inicial.

e) Valor da causa – Tem este item reflexos sobre o cálculo da taxa judiciária, na fixação da competência e das verbas de sucumbência.

f) As provas com que o autor pretende demonstrar a verdade dos fatos – Toda inicial deve estar acompanhada das provas documentais essenciais à sua propositura, restando ao autor especificar se pretende a produção de prova testemunhal ou pericial.

g) A opção do autor pela realização ou não da audiência de conciliação ou mediação.

60. EMENDA E INDEFERIMENTO DA INICIAL

Uma vez distribuída a inicial, compete ao juiz examinar o preenchimento dos requisitos formais essenciais e, estando ela em ordem, julgar liminarmente improcedente o pedido ou determinar a citação do réu.

Entretanto, não se encontrando presentes os requisitos dos arts. 319 e 320, abrem-se dois caminhos possíveis ao juiz da causa.

a) **Emenda ou complemento à inicial (CPC, art. 321)**. Se a inicial trouxer consigo lacunas, omissões ou contradições capazes de dificultar o futuro julgamento do mérito, pode o juiz conceder o prazo de quinze dias para que o autor a conserte, de modo que receba o deferimento, com determinação da citação do réu. São exemplos típicos a insuficiência da explanação da causa de pedir ou a falta de algum dos documentos essenciais (CPC, art. 283).

Questiona-se a faculdade de determinar a emenda da inicial mais de uma vez no mesmo processo. Muito embora o parágrafo único do art. 321 imponha o indeferimento da inicial, caso não haja cumprimento da determinação judicial, a economia processual e a busca da efetividade do processo têm feito com que a jurisprudência seja parcimoniosa com a emenda malfeita ou extemporânea, tornando possível mais de uma chance de conserto à mesma inicial.

b) **Indeferimento da inicial**. Por vezes o vício apresentado na inicial é insanável, caracterizando alguma das hipóteses já estudadas do art. 330, nas quais o indeferimento deve ser realizado independentemente de determinação de emenda, sobrevindo a extinção do processo, sem resolução de mérito.

61. IMPROCEDÊNCIA LIMINAR DO PEDIDO

Constatada a perfectibilidade formal de uma petição inicial e antes de determinar a citação do réu, pode o juiz da causa julgar liminarmente improcedente o pedido do autor toda vez que ele contrariar enunciado de súmula do STF e do STJ, acórdão proferido pelo STF e pelo STJ em julgamentos de recursos repetitivos, entendimento firmado em incidente de resolução de demandas repetitivas ou de assunção de competência ou enunciado de súmula

Processo civil – Teoria geral do processo e processo de conhecimento

de tribunal de justiça local (art. 332). A mesma sentença tem cabimento nos casos de decadência ou prescrição. A finalidade é evitar que a máquina do judiciário seja movimentada por pedido que manifestamente será desacolhido ao final do processo, por violar entendimento consolidado da jurisprudência de instância superior.

Da sentença cabe recurso de apelação, com possibilidade de juízo de retratação, com citação do réu, seja para contestar a inicial, seja para acompanhar o recurso interposto.

Quadro Sinótico – Petição inicial: emenda, indeferimento e improcedência liminar do pedido

1) Emenda e indeferimento da inicial	Não se encontrando presentes os requisitos da petição inicial, abrem-se dois caminhos possíveis ao juiz da causa: I) Emenda ou complemento à inicial – Encontrando o juiz eventuais lacunas, omissões ou contradições, capazes de dificultar o futuro julgamento do mérito, deve determinar ao autor a devida correção, no prazo de quinze dias. II) Indeferimento da inicial – Se o vício apresentado for insanável, deve o processo ser extinto, sem resolução do mérito.
2) Improcedência liminar do pedido	Pode o juiz da causa julgar liminarmente improcedente o pedido do autor toda vez que ele contrariar enunciado de súmula do STF e do STJ, acórdão proferido pelo STF e pelo STJ em julgamentos de recursos repetitivos, entendimento firmado em incidente de resolução de demandas repetitivas ou de assunção de competência ou enunciado de súmula de tribunal de justiça local. O mesmo se aplica nos casos de decadência e prescrição.

Capítulo XIX
TUTELA PROVISÓRIA

62. CONCEITO

Dentro de um mundo ideal, a tutela jurisdicional deveria ser sempre obtida de forma célere, após o regular desenvolvimento pleno de um processo que assegurasse a cognição exauriente do juiz. Sucede que o tempo demandado pelo processo para seu término acabaria por deixar desamparadas duas situações específicas.

A primeira delas seria a possibilidade de esse tempo causar prejuízos às partes ou ao próprio processo. A segunda seria a falta de razoabilidade de impor a alguém aguardar o tempo do processo quando seu direito violado é evidente.

Essas duas situações levaram o processo civil a estabelecer a possibilidade de obtenção da tutela jurisdicional ainda no curso do processo, a chamada **tutela provisória** (art. 294). É ela assim chamada porque, como concedida no curso de um processo, tem sua validade e eficácia determinadas e subordinadas ao provimento jurisdicional final.

Toda tutela provisória trará consigo a análise de dois elementos básicos, quais sejam, o perigo na demora do processo (*periculum in mora*) e a plausibilidade do direito alegado por aquele que requer a tutela provisória (*fumus boni juris*).

Conforme veremos, ambos se encontram em lados opostos de uma mesma balança, servindo não só como base para classificar os diferentes tipos de tutela provisória, mas como requisitos para concessão ou não do tipo de medida que se pretende.

O legislador optou por classificar a tutela provisória em dois grupos distintos:

a) O primeiro é aquele em que o tempo do processo expõe a risco de lesão os direitos materiais do autor ou a própria efetividade do processo, nominado **tutela de urgência**. Nas tutelas de urgência, o requisito do *periculum in mora* deve estar sempre presente, podendo a medida pleiteada ostentar caráter antecipatório ou cautelar.

b) O segundo grupo é aquele em que não se analisa a presença do risco na demora do processo, mas apenas a evidência do direito alegado pelo autor do pedido, a chamada **tutela de evidência**. Aqui não se exige para a concessão da medida o elemento conhecido como *periculum in mora*.

A tutela provisória pode ser obtida de maneira antecedente (com a inicial) ou incidental (no curso do processo).

A tutela provisória obtida conserva sua eficácia durante o processo, inclusive nos períodos de suspensão, devendo o juiz determinar as medidas necessárias para sua efetivação, observando as normas de cumprimento provisório de sentença (arts. 295 a 297).

Ela deve ser requerida ao juízo da causa, quando incidental, ou ao juízo competente para ela, quando antecedente (art. 299).

Quadro Sinótico – Tutela provisória

Tutela provisória	Para evitar riscos com a demora do processo, ou nos casos de evidência do direito alegado, o CPC prevê a tutela provisória, a ser obtida antes do momento processual definitivo, qual seja, o da sentença de mérito, e que visa antecipar ao autor o gozo,

o uso e/ou a fruição do direito material litigioso, ou ainda a obtenção de medida de cunho meramente processual, cautelar, com a finalidade de assegurar a eficácia do próprio processo.

63. TUTELA DE URGÊNCIA

É a tutela provisória criada para evitar que o tempo do processo venha a causar danos. Existem dois grandes tipos de danos a serem evitados.

O primeiro deles é o risco ao resultado útil do processo, consistente na ausência de efetividade da tutela obtida a destempo. Como exemplo podemos citar o risco de perecimento do objeto litigioso, motivador da determinação de sequestro do bem, que permanecerá com um depositário fiel até o final do processo. Outro exemplo é a determinação do arresto de bens do réu que está a praticar atos capazes de o reduzirem à insolvência.

Para esses casos de risco à efetividade do processo, o legislador nominou a tutela provisória de tutela cautelar. Nessa modalidade o que se pretende são medidas processuais que visem assegurar a efetividade final do processo.

A segunda espécie de *periculum in mora* que a tutela de urgência tenta evitar é o risco de dano ao direito material litigioso. Nessa hipótese, a demora no término do processo pode gerar o perecimento do bem pretendido pela parte. Como o que se postula nessa tutela provisória é a obtenção do bem da vida antes do término do processo, dá-se a ela o nome tutela antecipada.

Embora a lei exija para ambas as tutelas, cautelares e antecipadas, a princípio, os mesmos requisitos, quais sejam, o perigo na demora e a probabilidade do direito, a distinção entre elas está na intensidade do que vem a ser a mencionada probabilidade.

Projetando sobre uma régua esse conceito de probabilidade, podemos inferir que ele se situa entre dois extremos, o da simples possibilidade e o da certeza do direito alegado.

O que se concede nas tutelas cautelares é uma medida de cunho eminentemente processual, que visse assegurar o resultado útil do processo. Não tem ela a finalidade de atribuir a qualquer das partes o bem da vida litigioso. Assim, embora sempre exigível o *periculum in mora*, a análise do direito, na mencionada régua, aproxima-se muito mais do extremo da possibilidade do que da certeza. Diante de uma situação de perigo para o processo, basta que o direito alegado seja possível para que a medida de cautela seja deferida.

Já para as tutelas antecipadas, o objetivo da tutela provisória é antecipar o exercício, uso ou gozo do bem da vida, no seu todo ou parcialmente, em favor de uma das partes. Tem ela a finalidade de antecipar os efeitos, totais ou parciais, da sentença final. Assim, embora sempre exigível o *periculum in mora*, a análise do direito, na já citada régua, deve se aproximar mais da certeza do que da simples possibilidade.

A tutela de urgência pode ser concedida em liminar ou justificação prévia. O juiz pode exigir que o requerente preste caução real ou fidejussória para ressarcir os danos que a outra parte possa vir a sofrer.

A tutela de urgência antecipatória não será concedida quando houver perigo de irreversibilidade (art. 301). Só se concederá a antecipação dos efeitos da tutela se eventual sentença de improcedência puder reverter os efeitos concretos gerados pela decisão provisória, fazendo retornar as partes ao status quo anterior. Caso contrário, estaríamos transformando a defesa do réu em ato totalmente desnecessário e sem finalidade prática alguma, pois não poderia ele impedir que a antecipação de tutela gerasse efeitos definitivos, próprios apenas da sentença de mérito transitada em julgado, obtida por meio do desenvolvimento do processo e da cognição plena do juiz.

Para garantir a reversibilidade, o legislador remete o beneficiário da tutela antecipada aos procedimentos da fase de execução provisória (art. 297, parágrafo único), com imposição de caução para atos que importem em alienação de domínio de bens de propriedade do réu.

Diante dessa necessária reversibilidade e da remessa explícita do beneficiado pela decisão às regras do cumprimento provisório de sentença, inegável ser a antecipação de tutela mais condizente, como regra, com os processos de natureza condenatória (obrigação de dar, fazer, não fazer ou pagar quantia certa em dinheiro), encontrando mais dificuldades de concessão nas de cunho meramente declaratório ou constitutivo (positivo ou negativo).

As sentenças condenatórias são as únicas que comportam cumprimento provisório, por demandarem posterior fase de satisfação do credor. Já as sentenças constitutivas têm força executiva imediata, sendo cumpridas por mandado, e as meramente declaratórias não são exequíveis, pois esgotam a jurisdição pela simples declaração pretendida pelo autor.

De outro lado, determinadas situações impõem ao julgador o afastamento do requisito legal da irreversibilidade concreta, mediante a aplicação da teoria da proporcionalidade. Se o pedido de antecipação tiver como fundamento o risco de grave lesão aos bens essenciais do cidadão (p. ex., a vida), o seu confronto com um interesse menos relevante do requerido (p. ex., o econômico) indicará para a concessão da tutela antecipada. Nessa hipótese, a desproporção entre os interesses põe por terra o requisito legal da reversibilidade concreta, remetendo aquele que suportar os seus efeitos à recomposição por perdas e danos, caso venha a sair vencedor na demanda.

63.1. DA CONCESSÃO DA TUTELA ANTECIPADA EM CARÁTER ANTECEDENTE

O Código de Processo Civil criou procedimento próprio quando o requerimento da tutela de urgência é feito antes da propositura da demanda principal.

Nos casos da tutela antecipada, se a urgência for contemporânea à propositura da ação, pode o autor se limitar a requerer a tutela antecipada, com indicação do pedido que formulará na ação, com a exposição da lide, do seu direito e do perigo de dano (CPC, art. 303).

Obtida a tutela antecipada, deverá ele aditar sua inicial, complementando sua argumentação, juntando novos documentos e confirmando seu pedido de tutela final, no prazo de quinze dias ou outro maior que vier a ser fixado pelo juiz, sob pena de extinção do processo. O réu será citado e intimado para comparecer à audiência de conciliação ou mediação, correndo o prazo da contestação na forma do art. 335.

Negada a tutela antecipada, o autor deverá emendar a inicial em cinco dias, sob pena de extinção do feito.

Caso o réu não interponha recurso da decisão que concedeu a tutela antecipada (agravo de instrumento), tornar-se-á ela estável, com extinção do processo (art. 304).

Essa estabilidade não corresponde à coisa julgada, porque a decisão não foi proferida após cognição exauriente. Qualquer das partes pode demandar a outra com a intenção de rever, reformar ou invalidar a tutela antecipada estabilizada, mediante a propositura de ação própria, no prazo de até dois anos da ciência da decisão que extinguiu o processo e estabilizou os seus efeitos.

Inspirado no *référé provision* do direito francês, esse instituto visa a obter uma solução rápida para o litígio, na medida em que o réu não se insurge contra a situação gerada pela concessão da tutela provisória antecipada. A ausência do insurgimento autoriza considerar estáveis os efeitos da decisão provisória antecipatória concedida, tornando desnecessário o desenrolar de todo o processo para a obtenção da sentença de mérito.

Processo civil – Teoria geral do processo e processo de conhecimento

63.2. DA CONCESSÃO DA TUTELA CAUTELAR EM CARÁTER ANTECEDENTE

Diante da distinção entre o conteúdo da tutela antecipada de urgência e a tutela cautelar de urgência, o legislador houve por bem criar procedimentos distintos para as suas obtenções de forma antecedente à ação. Portanto, se, no curso do processo, ambas são requeridas incidentalmente da mesma forma, quando se postula sua concessão antecipada, surgem procedimentos e prazos diversos.

Observada a fungibilidade das tutelas provisórias, o que permite ao juízo receber uma tutela por outra, temos que o procedimento da tutela cautelar antecedente se aproxima muito do que o CPC/73 previa como ação cautelar preparatória.

Nada mais lógico. Se a tutela antecipada de urgência está ligada ao direito material controvertido entre as partes, somente ela pode ser objeto de estabilização caso não impugnada.

A tutela cautelar de urgência, por ser simples medida processual de conservação do resultado útil do processo, depende sempre da formulação e do julgamento da questão de direito material.

O autor deve, na inicial, indicar a lide e seu fundamento, a exposição sumária do direito que visa assegurar e o risco de dano ao resultado útil do processo (art. 305).

Numa omissão incompreensível do legislador, não existe a previsão para que a tutela provisória cautelar seja concedida liminarmente, antes da citação do réu. Por óbvio que essa omissão não pode ser entendida como vedação à concessão liminar da tutela cautelar, diante do caso concreto, sob pena de frustração da finalidade de sua própria existência, qual seja, a de garantir a eficácia do pedido principal.

O réu será citado para contestar em cinco dias, sob pena de presunção de veracidade dos fatos narrados na inicial.

Efetivada a tutela cautelar, o pedido principal deverá ser formulado nos próprios autos, em trinta dias, sob pena de cessação da eficácia da medida, a qual não poderá ser renovada, salvo se houver novo fundamento.

Quadro Sinótico – Tutela provisória de urgência

Tutela provisória de urgência	A tutela de urgência deve ser requerida sempre que houver elementos que evidenciem a probabilidade do direito e o perigo de dano ao direito material controvertido entre as partes (**tutela antecipada**) ou risco de dano ao resultado útil do processo (**tutela cautelar**). Ambas podem ser concedidas no curso do processo ou em caráter antecedente.

64. TUTELA DE EVIDÊNCIA

Dentro da tutela provisória e na análise do binômio direito/urgência, forçoso concluir que, quanto mais provável for o direito alegado pelo requerente, menos se exigirá dele a demonstração de urgência para a obtenção da tutela provisória.

Nesse contexto situa-se a tutela de evidência. Para a sua concessão se dispensa, por completo, a demonstração de urgência, o perigo de dano ou o risco ao resultado útil do processo, isto porque o direito alegado é tão evidente que não se mostra razoável impor ao requerente suportar o tempo do processo sem que possa, desde logo, usufruir o direito que lhe pertence.

O art. 331 traz como hipóteses de concessão:

a) O abuso do direito de defesa ou manifesto propósito protelatório da parte. Nesses casos o direito é tão evidente e a resistência tão injustificada que deve ser o bem da vida entregue, desde logo, ao seu titular.

b) **As alegações de fato puderem ser comprovadas apenas documentalmente e houver tese firmada em julgamento de casos repetitivos ou súmula vinculante**. Nesses casos, a prova documental trazida na inicial já é suficiente para o enquadramento da demanda em casos anteriores já decididos de maneira vinculante pelo Judiciário. Dessa forma, entrega-se, desde logo, o bem da vida àquele que se sabe será o vencedor na demanda.

c) **Tratar-se de pedido reipersecutório fundado em prova documental, nos contratos de depósito**. Hipótese específica na qual aquele que se encontra com o bem é mero detentor da coisa, conforme demonstrado pelos documentos anexados. Desde logo se entrega a coisa a quem detém sua posse ou propriedade.

d) **A petição inicial for instruída com prova documental a que o réu não oponha prova capaz de gerar dúvida razoável**. Hipótese na qual, após formada a lide, não persiste qualquer dúvida quanto à procedência do pedido, certeza esta retirada de prova documental não infirmada pela contestação.

Por óbvio que as hipóteses "b" e "c" podem ser concedidas liminarmente, enquanto "a" e "d" dependem da contestação do réu para sua caracterização.

Quadro Sinótico – Tutela provisória de evidência

Tutela provisória de evidência	Para a sua concessão se dispensa, por completo, demonstração de urgência, perigo de dano ou risco ao resultado útil do processo, isso porque o direito alegado é tão evidente que não se mostra razoável impor ao requerente suportar o tempo do processo sem que possa, desde logo, usufruir o direito que lhe pertence. As hipóteses de concessão da tutela provisória de evidência são: a) O abuso do direito de defesa ou manifesto propósito protelatório da parte. b) As alegações de fato puderem ser comprovadas apenas documentalmente e houver tese firmada em julgamento de casos repetitivos ou súmula vinculante. c) Tratar-se de pedido reipersecutório fundado em prova documental, nos contratos de depósito. d) A petição inicial for instruída com prova documental a que o réu não oponha prova capaz de gerar dúvida razoável. Pode ser ela concedida liminarmente (hipóteses "b" e "c") ou após a contestação ("a" e "d").

Capítulo XX
DA CITAÇÃO

65. CONCEITO E GENERALIDADES

Deferida a inicial, determinará o juiz a citação do réu, ato pelo qual se convoca o réu, executado ou interessado para integrar a relação processual (CPC, art. 238). Por meio de seu cumprimento de modo válido, a relação jurídica processual torna-se completa com a integração do réu ao processo, sendo, portanto, ato obrigatório em qualquer modalidade de processo ou procedimento (CPC, art. 239), quando não indeferida a inicial julgando liminarmente improcedente o pedido.

A ausência ou invalidade da citação gera nulidade absoluta do processo, possibilitando ao réu que permaneceu revel, por força desse vício, ajuizar a **querela nullitatis** a qualquer momento.

Pode ocorrer, entretanto, o comparecimento espontâneo do réu ao processo, hipótese em que a ausência de citação será suprida, correndo o prazo para contestar a partir dessa data.

A citação deve ser realizada sempre na pessoa do réu, de seu procurador ou representante legal (CPC, art. 242). Os §§ 1º e 2º do art. 242 abrem exceções à citação pessoal quando o réu, pessoa física, ausentar-se do local de seu domicílio. Nestes casos, pode o ato ser praticado na pessoa do mandatário, administrador, feitor ou gerente, quando a ação se originar de atos por eles praticados. Exemplo típico é o locador ausente do Brasil ser citado na pessoa da sua administradora de imóveis.

O art. 244 cria impedimentos legais para a realização da citação, salvo se necessária para evitar o perecimento do direito.

Havendo suspeita de demência ou incapacidade do réu, deverá o oficial de justiça certificar a ocorrência, sobrevindo nomeação de médico para elaboração de laudo, e, reconhecida a impossibilidade de compreensão da citação pelo requerido, nomear-se-á em seu favor um curador para a prática do ato (CPC, art. 245).

> ### Quadro Sinótico – Citação

Conceito	É o ato pelo qual se convoca o réu, o executado ou o interessado para integrar a relação processual.

66. MODALIDADES

66.1. DAS CITAÇÕES REAIS

Citações reais são aquelas recebidas pessoalmente pelo réu ou por quem o represente, outorgando a certeza nos autos de que o ato foi realizado por quem de direito. São essas modalidades de citação as que podem gerar os efeitos da revelia, quando da ausência de resposta do réu ao chamamento feito pelo juízo.

66.1.1. PELO CORREIO (CPC, ART. 247)

A citação normal é e poderá ser feita para qualquer comarca do País, com exceção das ações de estado, quando o réu for incapaz, pessoa de direito público, residir em local não atendido pela entrega domiciliar do correio e quando o autor justificar a necessidade de outra forma.

Sua validade está ligada à assinatura do réu ou de quem o represente no aviso de recebimento (CPC, art. 248, parágrafo único). Em se tratando de pessoa jurídica, considerar-se-á válida a citação se entregue à pessoa responsável pelo recebimento da correspondência. Nos condomínios, o ato será válido se entregue ao porteiro responsável pelo recebimento da correspondência, salvo se este afirmar, sob as penas da lei, que o morador está ausente.

66.1.2. POR OFICIAL DE JUSTIÇA (CPC, ARTS. 249 E 251)

Tem ela cabimento quando a citação pelo correio for frustrada ou nos casos vedados em lei.

O oficial de justiça, *longa manus* do juízo, recebe um mandado de citação, o qual deve conter os nomes do autor e do réu; seus domicílios; finalidade da citação, com as especificações constantes da inicial e o prazo para contestar, sob pena de revelia; a aplicação de sanção para o caso de descumprimento da ordem; cópia da petição inicial e do despacho que analisou a tutela provisória e a assinatura do escrivão e a declaração que o subscreve por ordem do juiz.

Encontrado o réu pelo oficial de justiça, este lerá o mandado e entregará a contrafé, colhendo a assinatura do réu no mandado. Em caso de recusa do recebimento da contrafé ou aposição do ciente, deverá o oficial certificar o ocorrido no mandado.

Essa certidão do oficial tem fé pública, contando com presunção relativa de veracidade. À parte interessada competirá a comprovação de eventual falsidade ou incorreção da certidão.

66.1.3. POR MEIO ELETRÔNICO

A Lei n. 11.419/2006 introduziu no sistema processual civil a possibilidade de a citação ser feita por meio eletrônico, na forma por ela estabelecida.

Tem ela cabimento em todas as demandas reguladas pelo Código de Processo Civil, inclusive em relação à Fazenda Pública.

O seu primeiro requisito de validade é a acessibilidade ao citando da íntegra dos autos que compõem a demanda para a qual está sendo chamado. A citação eletrônica deve disponibilizar ao réu o conhecimento integral da inicial, de todos os documentos que a instruíram e de todas as decisões e despachos até então proferidos.

O segundo requisito é que o requerido se encontre cadastrado junto ao tribunal responsável pelo feito. Enviada a citação ao requerido cadastrado, a qual poderá ser acompanhada de *e-mail* ao requerido comunicando o seu envio, tem ele o prazo de dez dias corridos para efetivar a sua consulta eletrônica quanto ao teor da citação.

O prazo para a contestação começa a correr a partir do primeiro dia útil após a sua consulta à citação eletrônica. Caso essa consulta seja realizada em dia não útil, considerar-se-á efetuada no primeiro dia útil seguinte.

Se o requerido não efetuar a consulta em até dez dias, a citação será dada como feita no término desse prazo, iniciando-se o prazo para a sua resposta.

66.2. CITAÇÕES FICTAS OU PRESUMIDAS

Nestas espécies de citação não existe a certeza de que o ato tenha realmente chegado ao conhecimento do réu, sendo estabelecida simples presunção de seu conhecimento da existência da ação. Logo, não sofrerá o réu os efeitos da revelia, sendo obrigatória a constituição em seu favor de um curador especial, o qual passa a ter a incumbência de formular a sua defesa nos autos.

Processo civil – Teoria geral do processo e processo de conhecimento

66.2.1. POR EDITAL (CPC, ARTS. 256 A 259)

Tem cabimento sempre que o réu foi incerto ou desconhecido, quando se encontre em lugar incerto (é impossível sua localização precisa na região em que se encontra), não sabido (total desconhecimento de onde se encontre o réu), inacessível (país que recusa o cumprimento de carta rogatória) ou nos casos expressos em lei (usucapião, inventário, divisória etc.).

São requisitos de validade do edital a afirmação do autor ou a certidão do oficial que ateste estar o réu em local incerto ou não sabido; a publicação do edital na rede mundial de computadores, no sítio do respectivo tribunal e na plataforma de editais do CNJ; o prazo fixado pelo juiz (de vinte a sessenta dias), contados da publicação única ou da primeira, havendo mais de uma; e a advertência de que será nomeado curador especial.

O autor responderá por perdas e danos se informar desconhecer o paradeiro do réu dolosamente, ensejando invalidamente a citação por edital.

66.2.2. POR HORA CERTA (CPC, ARTS. 252 A 254)

Por vezes o réu se furta à citação com o intuito de prejudicar o autor, que se vê impedido de formar a relação jurídica processual e obter a satisfação de seu direito. Então, permite a lei, nestas hipóteses extremas, ser ela realizada em outra pessoa que não o réu.

Para tanto, o oficial de justiça deve procurar por duas vezes o citando em sua residência ou domicílio, sem o encontrar. Havendo suspeita de ocultação, a citação será feita em uma pessoa da família ou vizinho, no dia seguinte e na hora por ele designada.

Efetuada a citação, o escrivão ou o chefe de secretaria enviará carta ao citando dando-lhe ciência de tudo.

Quadro Sinótico – Citação: modalidades

Modalidades	a) Citações reais – São aquelas que outorgam certeza nos autos de sua ocorrência, posto que feitas na pessoa do réu ou de seu representante. Os efeitos da revelia somente ocorrem nestas hipóteses: I) Pelo correio – É faculdade concedida ao autor a citação pelo correio, a qual poderá ser feita em qualquer comarca do País, exceto nas ações de estado, quando o réu for incapaz, pessoa de direito público ou residir em local não atendido pela entrega domiciliar. II) Pelo oficial de justiça – É cabível sempre que o autor não optar pela citação pelo correio, esta restar frustrada ou nos casos vedados em lei. III) Por meio eletrônico – Tem ela cabimento em todas as demandas reguladas pelo CPC, inclusive em relação à Fazenda Pública. Tem como requisitos a acessibilidade ao citando da íntegra dos autos que compõem a demanda para a qual está sendo chamado e o cadastramento do requerido junto ao tribunal responsável pelo feito. b) Citações fictas ou presumidas – Nestes casos não existe a certeza da citação, sendo estabelecida simples presunção legal de que o réu teve conhecimento da demanda contra si ajuizada. Por tal motivo, o réu citado fictamente não sofre os efeitos da revelia, com obrigatória nomeação de curador especial para formulação de sua defesa. I) Por edital – É cabível toda vez que o réu encontrar-se em local incerto, não sabido ou quando a lei expressamente a prever. II) Por hora certa – É a feita diante da suspeita do oficial de justiça de que o réu está se ocultando para receber a citação. Presente a hipótese, cabe ao oficial informar pessoa da família do réu ou, na ausência desta, qualquer vizinho, do dia e hora que vai retornar para realizar a citação. Ausente o réu neste dia, a citação é feita na pessoa anteriormente informada, com posterior envio de carta registrada ao réu dando-lhe ciência do ocorrido.

67. EFEITOS (CPC, ART. 240)

A citação válida tem o condão de gerar efeitos processuais (litispendência e tornar litigiosa a coisa) e materiais (constituição do devedor em mora, observados os arts. 397 e 398 do CC), além de ser o ato marcante na retroação da interrupção da prescrição à data da propositura da ação.

Esses efeitos são gerados mesmo quando ordenados por juízo incompetente.

67.1. EFEITOS PROCESSUAIS

Indução de litispendência, ou seja, a existência de duas ações idênticas em andamento. O primeiro processo a realizar a citação válida prossegue, sobrevindo a extinção dos demais. Litigiosidade do objeto da demanda. Eventual alienação da coisa discutida em juízo, após a citação válida, é ineficaz para o processo, não gerando a alteração das partes e vinculando seu destino à futura sentença. A citação não torna o objeto do litígio inalienável. Entretanto, o adquirente assume os riscos do eventual sucesso do alienante na ação, pois ele somente será o titular do objeto litigioso se este vencer a demanda. Ao adquirente se abre a possibilidade de adentrar no processo na qualidade de assistente simples do alienante.

Os efeitos processuais da citação não serão gerados se ordenada por juízo absolutamente incompetente.

67.2. EFEITO MATERIAL

A citação tem o condão de constituir em mora o devedor de uma obrigação ex persona, surtindo os efeitos equivalentes a uma interpelação. Já as obrigações ex res têm sua mora caracterizada pelo simples vencimento da prestação.

67.3. PRESCRIÇÃO

A lei processual adota a data da distribuição da ação como marco interruptivo da prescrição.

Ordenada a citação do réu, compete ao autor providenciar em cartório todo o necessário para o ato, no prazo de dez dias, não sendo prejudicado por eventual atraso gerado exclusivamente pelo serviço judiciário. Cumprido o prazo de dez dias, a interrupção da prescrição será considerada como ocorrida na data da propositura da ação (efeitos retroativos). Não providenciando o autor o necessário para viabilizar a citação, a interrupção da prescrição só será considerada a partir do momento em que a citação se realizar validamente.

68. INTIMAÇÃO E NOTIFICAÇÃO

O Código de Processo Civil não estabelece distinção entre notificação e intimação, limitando-se a utilizar a última expressão como gênero da comunicação dos atos processuais, ao invés de simples espécie (CPC, art. 269). A doutrina, entretanto, define a intimação como sendo a forma pela qual se dá ciência a alguém dos atos ou termos do processo (ato já praticado), enquanto a notificação é a comunicação da prática de um ato a ser realizado, convocando alguém para que faça ou deixe de fazer alguma coisa (ato futuro).

Processo civil – Teoria geral do processo e processo de conhecimento

Quadro Sinótico – Citação: efeitos

Efeitos	I) Indução de litispendência – A citação válida induz a extinção de todos os demais processos idênticos e que ainda não realizaram a citação. II) Litigiosidade do objeto da demanda – Com a citação válida o objeto se torna litigioso. Eventual alienação deste é ineficaz, não gera a alteração das partes e vincula seu destino à futura sentença. III) Prescrição – Atualmente a distribuição da demanda tem o condão de interromper a prescrição, desde que a citação válida seja feita no prazo legal. Extrapolado esse prazo, somente com a citação válida será ela considerada interrompida. IV) Constituição em mora – O devedor de obrigações de cunho *ex personae* são constituídos em mora pela citação válida. Já nas obrigações *ex res* a mora se configura com o simples vencimento da prestação.

Capítulo XXI
DA AUDIÊNCIA DE CONCILIAÇÃO OU DE MEDIAÇÃO

Estando a petição inicial apta a produzir efeitos, o juiz designará audiência de conciliação ou mediação, com antecedência mínima de trinta dias, devendo o réu ser citado com pelo menos vinte de antecedência (CPC, art. 334).

A principal diferença entre mediação e conciliação está na forma de atuação do terceiro interveniente que atuará com as partes, na busca da autocomposição. O mediador atua apoiando as partes para que delas surja uma solução para o conflito. Já o conciliador assume um papel mais ativo, sugerindo formas de acordo às partes.

A audiência é obrigatória, salvo se o objeto da ação não comportar autocomposição ou as partes manifestarem expressamente desinteresse na busca de uma solução consensual. O autor deve se manifestar a respeito na inicial, enquanto o réu deve fazê-lo, por petição, até dez dias antes da audiência.

A ausência injustificada de qualquer das partes é ato atentatório à dignidade da justiça, sancionado com multa de até 2% do proveito econômico pretendido ou valor da causa, revertido em favor da União ou do Estado.

Quadro Sinótico – Audiência de conciliação ou de mediação

Conceito	É ato obrigatório do processo, salvo se as partes manifestarem expressamente desinteresse ou o direito versado não comportar autocomposição. O mediador atua apoiando as partes para que delas surja uma solução para o conflito. Já o conciliador assume um papel mais ativo, sugerindo formas de acordo às partes.

Capítulo XXII
DA RESPOSTA DO RÉU

69. GENERALIDADES E ESPÉCIES

Uma vez efetuada a citação válida, a relação jurídica processual está completa, surgindo o ônus do réu de oferecer a defesa contra os fatos e direito sustentados pelo autor na inicial. É um ônus processual porque não está o réu obrigado a defender-se (CPC, art. 335), já que lhe é facultado até mesmo o reconhecimento jurídico do pedido formulado pelo autor. Entretanto, conforme se verá, a ausência de contestação à pretensão do autor importa na aplicação dos efeitos decorrentes da revelia (CPC, arts. 344 e 345).

70. CONTESTAÇÃO

É o ato pelo qual o réu resiste em juízo à pretensão do autor deduzida na inicial. É a defesa propriamente dita, consistente na antítese da tese até então existente nos autos, mediante a dedução de toda a matéria possível, e na exposição dos motivos de fato e de direito do porquê da resistência à pretensão. Considerando que o processo regula duas relações distintas e independentes, a primeira envolvendo o juiz e as partes, de cunho estritamente processual, e a segunda envolvendo apenas autor e réu, de natureza material, a contestação pode desenvolver defesas processuais e materiais. Na realidade, ela deve concentrar toda a matéria de defesa possível (art. 336).

Ela deve ser oferecida no prazo de quinze dias, contados da audiência de conciliação ou mediação, do protocolo do pedido de cancelamento da referida audiência (hipótese do art. 334, § 4º, I) ou da data prevista no art. 231.

70.1. CONTESTAÇÃO PROCESSUAL (DEFESA FORMAL OU PRELIMINAR DE MÉRITO)

Como já visto no capítulo da ação, todo juiz desenvolve dois raciocínios distintos ao julgar um processo. O primeiro consiste na análise do preenchimento dos requisitos formais de admissibilidade do mérito, concluindo pela existência ou não do direito de ação do autor e pela validade do processo desenvolvido. O segundo é juízo de mérito e consiste na apreciação do direito subjetivo material discutido nos autos. Logo, pode o réu questionar não só a carência do direito do autor a uma sentença de mérito, como também a existência, validade ou regularidade da relação jurídica processual e, por consequência, do próprio processo, como instrumento capaz de compor litígios.

Tais defesas processuais estão previstas no art. 337 e devem ser sempre alegadas antes da abordagem do mérito pela contestação (preliminar de contestação), subdividindo-se em defesas processuais dilatórias e peremptórias. Enquanto nas defesas peremptórias visa o réu à extinção do processo sem resolução de mérito, nas dilatórias busca ele apenas um retardo na marcha processual, um ganho de tempo. Com exceção da incompetência relativa e da convenção de arbitragem, essas defesas processuais devem ser conhecidas de ofício pelo juiz, posto versarem sobre matéria de ordem pública. Algumas dessas defesas geram espécie de incidente interno do processo, com regras procedimentais especiais.

Vejamo-las em espécie:

a) Inexistência ou nulidade de citação (pressuposto de constituição). Como regra, estamos diante de uma defesa dilatória, pois o comparecimento espontâneo e a regularização do vício geram o prosseguimento do processo. Toda alegação de falta de pressuposto processual, se constatada sua veracidade, não gera a imediata extinção do processo, mas sim a concessão de prazo para sua regularização. Somente após vencido tal prazo é que a defesa, a princípio dilatória, pode transformar-se em peremptória, como, por exemplo, se no caso de alegação da nulidade de citação de litisconsorte necessário formulada por corréu for determinada a regularização pelo juízo e não realizada pelo autor no prazo fixado.

b) Incompetência absoluta ou relativa (pressuposto de validade e regularidade). Também de natureza dilatória, já que compete ao juízo absolutamente incompetente reconhecer o vício e determinar a remessa dos autos a quem deva julgar o processo e não extingui-lo. A incompetência relativa, se não arguida em preliminar de mérito, fica automaticamente sanada por força da prorrogação. A contestação na qual se arguiu a incompetência pode ser protocolada no domicílio do réu, devendo o juízo da causa ser imediatamente comunicado, de preferência por meio eletrônico. Deverá ela ser distribuída ou juntada à carta precatória, se este tiver sido o meio de citação do réu, e enviada ao juízo de origem imediatamente, com suspensão da audiência de conciliação ou mediação eventualmente designada. Reconhecida a incompetência de foro, será prevento o juízo da carta precatória ou para o qual foi a contestação distribuída previamente (CPC, art. 340).

c) Correção do valor da causa. É de natureza dilatória, visando sejam o valor e as causas processuais corrigidos pelo autor da demanda. Por ser o valor da causa elemento relevante para a fixação dos honorários advocatícios e custas processuais, evidente o interesse de o réu postular sua correção.

d) Inépcia da inicial. É peremptória, pois busca a extinção do processo, sem resolução de mérito (CPC, art. 485, I).

e) Perempção. Peremptória (CPC, art. 485, V).

f) Litispendência. Peremptória (CPC, art. 485, V).

g) Coisa julgada. Peremptória (CPC, art. 485, V).

h) Conexão. Defesa dilatória visando à reunião de dois ou mais processos para julgamento em conjunto, perante o juiz prevento, evitando decisões conflitantes.

i) Incapacidade da parte, defeito de representação ou falta de autorização (pressupostos processuais). Todas elas defesas dilatórias. Conforme já estudado, a falta de pressupostos processuais não gera a imediata extinção do feito, mas sim a concessão de prazo ao autor para a regularização. Somente depois é que a defesa em tela pode transformar-se em defesa peremptória.

j) Convenção de arbitragem. Peremptória (CPC, art. 485, VII). Entretanto, a ausência de alegação implica aceitação da jurisdição estatal e renúncia do juízo arbitral.

k) Carência de ação. Peremptória (CPC, art. 485, VI). A carência de ação ocorrerá toda vez que ausente alguma das condições da ação (legitimidade ou interesse processual). Arguida a ilegitimidade passiva, deverá o réu, sempre que possível, indicar o correto sujeito passivo, sob pena de responder pelas despesas processuais e indenizar o autor pelos prejuízos decorrentes da falta de indicação. Aceita a indicação pelo autor, tem ele quinze dias para substituir ou incluir o novo sujeito no polo passivo (CPC, arts. 338 e 339).

l) Falta de caução ou de outra prestação (pressuposto de regularidade). Defesa a princípio dilatória, mas que poderá transformar-se em peremptória se não regularizado o feito

Processo civil – Teoria geral do processo e processo de conhecimento
103

pelo autor no prazo fixado. O exemplo típico de caução é a necessidade de o autor domiciliado no exterior, sem bens no Brasil, garantir o juízo das futuras e eventuais condenações às verbas de sucumbência.

m) Concessão indevida da justiça gratuita. Defesa dilatória que visa impor ao autor o recolhimento das custas, dispensadas pela alegação de necessidade, bem como a responsabilização pelas verbas de sucumbência. Pode vir a se tornar peremptória nos casos em que, revogado o benefício, o autor não recolher as custas devidas.

Essas defesas processuais, com exceção da convenção de arbitragem e da incompetência relativa, devem ser conhecidas de ofício pelo juiz, posto versarem sobre matéria de ordem pública, qual seja, a validade do instrumento estatal de composição de litígios da qual um agente político, o juiz, faz parte.

70.2. DEFESA DE MÉRITO

O réu pode também deduzir defesa contra os fatos constitutivos alegados pelo autor e seu pedido mediato, quando então teremos a **defesa de mérito**, respeitante exclusivamente ao direito material trazido com a inicial.

Rege-se por dois princípios:

a) Impugnação específica (CPC, art. 341). Todos os fatos constitutivos do direito alegado pelo autor na inicial devem ser impugnados pelo réu em contestação, sob pena de transformarem-se em incontroversos e serem presumidos como verdadeiros. Fato não impugnado é equiparado a fato confessado, já que a ausência de controvérsia sobre sua veracidade tem o mesmo valor para o processo que a sua assunção expressa.

Existem apenas três exceções ao princípio: I – se o fato não comportar confissão; II – quando o fato deveria ser provado por instrumento que a lei considerar como substância do ato; ou III – se o fato não impugnado especificamente estiver em contradição com a defesa, considerada em seu conjunto.

Esse princípio não se aplica ao defensor público, advogado dativo ou curador especial.

b) Eventualidade. Compete ao réu levantar em contestação todas as teses de direito possíveis e congruentes entre si, sob pena de preclusão. Formulada a contestação, eventual tese de direito não levantada no momento oportuno não poderá mais ser arguida pelo réu naquele processo.

A soma desses dois princípios estabelece espécie de preclusão consumativa, consistente em perda de oportunidade para o réu trazer fatos e alegações de direito fora do momento processual da contestação.

Novamente o Código de Processo Civil (art. 342) abre três exceções a esse princípio, facultando nova chance ao réu de deduzir novas alegações fora do momento da contestação quando: I – forem relativas a direito ou fato superveniente (surgido no transcorrer da lide); II – competir ao juiz conhecer delas de ofício; e III – por expressa disposição legal puderem ser formuladas em qualquer tempo e grau de jurisdição.

A defesa material ou de mérito pode ser classificada de duas formas:

a) Defesa de mérito direta. Nesta modalidade o réu se opõe diretamente ao fato constitutivo ou direito alegado pelo autor. Tal negativa nada traz de novo ao processo, apenas visa incutir no convencimento do juízo a inexistência do fato ou, muito embora este tenha existido, a inexistência do direito dele decorrente, como a consequente improcedência do pedido do autor.

SINOPSES JURÍDICAS

Em sendo formulada uma defesa de mérito direta, compete ao autor comprovar a veracidade dos fatos constitutivos, posto que contrariados pelo réu em sua resposta (ônus da prova de quem alega) (CPC, art. 373, I).

b) **Defesa de mérito indireta.** Ocorre no reconhecimento pelo réu da existência do fato jurídico alegado pelo autor, mas com sequente afirmação de algum fato novo, modificativo, extintivo ou impeditivo do direito deste. Como exemplos de fato extintivo do direito do autor temos as formas de extinção de obrigação, como o pagamento, a compensação, a novação etc. Como fato modificativo temos a compensação parcial. Por fim, como fato impeditivo temos, por exemplo, o não implemento de uma condição suspensiva ou o termo inicial de uma obrigação.

A defesa indireta implica a assunção pelo réu da veracidade quanto aos fatos constitutivos do direito do autor, passando a ser seu o ônus de demonstrar a ocorrência do fato novo trazido na contestação (inversão do ônus da prova).

71. EXCEÇÃO

É forma de defesa (no sentido amplo) contra o órgão jurisdicional ao qual foi a causa distribuída, em virtude de possível parcialidade (impedimento ou suspeição).

As exceções podem ser oferecidas a qualquer tempo ou grau de jurisdição, desde que observado o prazo de quinze dias, contado do conhecimento do fato ocasionador do vício (CPC, art. 146).

71.1. EXCEÇÃO DE IMPEDIMENTO OU SUSPEIÇÃO

Os motivos de impedimento e suspeição estão previstos nos arts. 144 e 145 e devem ser objeto de reconhecimento de ofício pelo juiz.

O impedimento é vício de natureza objetiva, gerador da presunção absoluta de parcialidade e de nulidade insanável, motivadora de ação rescisória, caso não tenha sido reconhecido no processo de origem.

Ao juiz é defeso exercer suas funções no processo, não se perquirindo quanto à real parcialidade. Basta a ocorrência da hipótese legal de enquadramento. Por outro lado, não se pode criar fato superveniente para caracterizar o impedimento do juiz:

a) Em que interveio como mandatário da parte, oficiou como perito, funcionou como órgão do Ministério Público ou prestou depoimento como testemunha. Visa evitar o prejulgamento do juiz da causa em virtude do contato anterior com os fatos versados nos autos.

b) De que conheceu em qualquer outro grau de jurisdição, tendo-lhe proferido decisão. Garante a isenção do juízo recursal, interessado que estaria em manter sua própria decisão.

c) Quando for parte no processo ele próprio, cônjuge ou companheiro, parente, consanguíneo ou afim, de alguma das partes, em linha reta ou, na colateral, até o terceiro grau, inclusive. Parcialidade presumida em decorrência do parentesco.

d) Quando nele estiver postulando, como defensor público, advogado ou membro do Ministério Público, seu cônjuge ou companheiro, ou qualquer parente, consanguíneo ou afim, em linha reta ou na colateral, até o terceiro grau, inclusive. Parcialidade presumida por força do interesse do parente que atua na defesa de um dos interesses em litígio. O fato deve estar presente quando do início da atividade judicante do juiz no processo. Caso o fato surja quando já exercendo o juiz suas funções no processo, a veda-

Processo civil – Teoria geral do processo e processo de conhecimento

ção passa a ser do defensor público, do advogado ou do membro do Ministério Público, impedidos de atuar no feito.

e) **Quando for sócio ou membro de direção ou de administração de pessoa jurídica, parte na causa.** O juiz tem hoje impedimento constitucional de exercer funções outras que não a judicatura, salvo uma única atividade docente. Isso não o impede de exercer tais funções em sociedades sem fins lucrativos, com as de defesa de classe etc.

f) **Quando for o juiz herdeiro presuntivo, donatário ou empregador de alguma das partes.** Em virtude do vínculo hereditário, civil ou trabalhista com a parte, presumida é a sua parcialidade.

g) **Em que seja parte instituição de ensino com a qual tenha relação de emprego ou de prestação de serviços.** A parcialidade decorre da existência de pagamentos em favor do julgador, por força das aulas que ministra perante a instituição de ensino, seja na qualidade de empregado, seja na de prestador de serviços.

h) **Em que figure como parte cliente do escritório de advocacia de seu cônjuge, companheiro ou parente, consanguíneo ou afim, em linha reta ou na colateral, até o terceiro grau, inclusive, mesmo que patrocinado por advogado de outro escritório.** A causa de impedimento em que a presunção de imparcialidade é mais tênue. Tem por finalidade evidente evitar o chamado tráfico de influência, na qual, por ser uma das partes cliente do escritório de parente do julgador, possa ela ter tratamento diferenciado nos autos.

i) **Que promover ação contra parte ou seu advogado.** A imparcialidade se presume da existência de litígio anterior entre o juiz e a parte, ou o juiz e o advogado da parte.

A **suspeição** tem natureza subjetiva, dependendo de comprovação pela parte que a argui. Está ligada à matéria de prova, não decorrendo automaticamente do enquadramento legal.

São hipóteses de sua ocorrência:

a) **O juiz ser amigo íntimo ou inimigo capital da parte ou de seus advogados.** A simples amizade ou inimizade com a parte ou advogado não gera a suspeição do juiz. É necessário que esse vínculo seja de tal forma íntimo ou intenso a ponto de gerar a parcialidade do julgador.

b) **Qualquer das partes ser sua credora ou devedora, de seu cônjuge ou companheiro ou de parentes destes, em linha reta ou na colateral, até o terceiro grau, inclusive.** Mais uma vez, não é qualquer relação de crédito ou débito que torna a suspeita válida. Pelo contrário, numa sociedade em que o juiz mantém relacionamento comercial com instituições financeiras, cartões de crédito etc., impossível autorizar sua retirada do processo se eventual crédito ou débito não for suficiente para lhe atingir a imparcialidade.

c) **Receber presentes de pessoas que tiverem interesse na causa, antes ou depois de iniciado o processo, que aconselhar alguma das partes acerca do objeto da causa ou subministrar meios para atender às despesas do litígio.**

d) **O juiz ser interessado no julgamento em favor de qualquer das partes.**

Por ser de natureza subjetiva, a suspeição pode ser declarada pelo próprio juiz, por motivo de foro íntimo, sem necessidade de declarar suas razões.

A arguição de suspeição será ilegítima quando provocada por quem a alega e quando arguida por quem já praticou ato que signifique expressa aceitação do arguido (CPC, art. 146).

A parte deverá especificar os motivos da recusa em petição escrita endereçada ao juiz da causa, com documentos e eventual rol de testemunhas. Ao despachar a inicial, pode o juiz declarar-se impedido ou suspeito, ordenando a remessa dos autos a seu substituto legal. Caso

SINOPSES JURÍDICAS

contrário, no prazo de quinze dias, dará suas razões, também acompanhada de documentos e eventual rol de testemunhas, ordenando a remessa dos autos ao tribunal para decisão (CPC, art. 146).

Distribuído o incidente, o relator decidirá sobre a suspensão ou não do processo. Nos casos de suspensão, ou antes de decidida essa questão, a tutela de urgência será analisada e decidida pelo substituto legal.

Percebe-se que o juiz assume a posição de parte no incidente, podendo ser condenado ao pagamento das custas caso acolhida sua recusa, com declaração de nulidade dos atos praticados na pendência dos motivos de impedimento ou suspeição.

O art. 147 impede que dois ou mais juízes, parentes até o terceiro grau, inclusive, atuem no mesmo processo.

Os motivos de impedimento e suspeição se aplicam aos membros do Ministério Público, aos auxiliares da justiça e aos demais sujeitos imparciais do processo.

72. RECONVENÇÃO (CPC, ART. 343)

Pelo princípio da economia processual, possibilita-se ao réu o ajuizamento de uma demanda contra o autor, aproveitando-se do processo já instaurado. É essa resposta mera faculdade do réu, funcionando como verdadeiro contra-ataque à inicial, cujo não exercício não impede a sua propositura como ação independente.

A reconvenção deve ser apresentada na própria contestação, desde que essa pretensão própria do réu tenha conexão com a ação principal ou com o fundamento de defesa. Não se admite a reconvenção que não guarde esse vínculo, sob pena de ampliação indevida dos limites do litígio e colisão com a economia processual que embasa o instituto.

Oferecida a reconvenção, não é ela obstada em seu prosseguimento quando ocorre desistência da ação ou seja ela extinta sem resolução do mérito, isso porque a reconvenção é uma ação autônoma e independente.

Interessante notar que a reconvenção pode ser oferecida independentemente de contestação, ser proposta pelo réu em litisconsórcio com terceiro, assim como pode ser ajuizada contra o autor e terceiro. Neste último caso, o terceiro será citado para contestar a reconvenção.

Quadro Sinótico – Da resposta do réu

Espécies	a) Contestação – É o ato pelo qual o réu resiste à pretensão do autor deduzida na inicial. Consiste na antítese da tese existente nos autos e pode se desenvolver no âmbito processual ou material.
	I) Defesa formal ou preliminar de mérito – Defesa voltada para a caracterização da carência de ação ou para a caracterização da ausência dos pressupostos processuais. Deve ser sempre desenvolvida antes da abordagem de mérito (preliminar de contestação) e assumir caráter peremptório (visa à extinção do processo sem resolução de mérito) ou dilatório (busca apenas um retardo na marcha processual, um ganho de tempo). São defesas processuais peremptórias a alegação de inépcia da inicial, de ocorrência de perempção, litispendência, coisa julgada, convenção de arbitragem e carência de ação. São defesas formais dilatórias a incompetência absoluta ou relativa do juízo, inexistência ou nulidade de citação, conexão, incapacidade da parte, falta de caução ou de outra prestação exigida em lei, concessão indevida da justiça gratuita etc.

Processo civil – Teoria geral do processo e processo de conhecimento

II) Defesa de mérito – Visa atingir a pretensão de direito material do autor. É regida por dois princípios. O primeiro é o da impugnação específica, pelo qual cada fato constitutivo do direito do autor deve ser impugnado, sob pena de ser ele presumido como verdadeiro. O segundo é o da eventualidade, pelo qual todas as teses de direito devem ser trazidas na contestação, sob pena de preclusão, salvo aquelas ligadas a direito superveniente e as passíveis de conhecimento de ofício pelo juiz ou aquelas que, por força de lei, possam ser formuladas a qualquer tempo e grau de jurisdição.

b) Exceção – É forma de defesa contra o órgão jurisdicional ao qual foi a causa distribuída, por força de alegada parcialidade.

c) Reconvenção – É o ato do réu pelo qual propõe uma demanda co

Capítulo XXIII
DA REVELIA

A revelia ocorre quando o réu deixar de contestar a ação, sendo presumidas verdadeiras as alegações de fato formuladas pelo autor (CPC, art. 344). Esse efeito não está propriamente ligado ao conceito correto de revelia, mas sim à ausência de impugnação específica na contestação. A ausência de contestação faz com que os fatos constitutivos do direito do autor não se tornem controversos, gerando a presunção relativa de sua veracidade. Mas não se mostra conceitualmente correto afirmar ser esse efeito próprio da revelia, pois até mesmo o réu não revel pode suportar a presunção de veracidade dos fatos não impugnados ao oferecer contestação incompleta (princípio da impugnação específica).

A própria lei processual afirma que a presunção deixa de ocorrer quando, havendo pluralidade de réus, um deles contestar a ação; o litígio versar sobre direitos indisponíveis; a petição inicial não trouxer documento que a lei considere essencial à prova do ato; e as alegações do autor forem inverossímeis ou estiverem em contradição com a prova dos autos.

Ao revel é assegurado intervir no processo a qualquer momento, recebendo-o no estado em que se encontra (CPC, art. 346).

Quadro Sinótico – Da revelia

Conceito	É a presunção de veracidade dos fatos alegados pelo autor, por ausência de sua impugnação específica. Fato não impugnado é tido como verdadeiro. A ausência de contestação não retira do réu o direito de intervir no processo a qualquer tempo, recebendo-o no estado em que se encontra.

Capítulo XXIV
DAS PROVIDÊNCIAS PRELIMINARES E DO SANEAMENTO

Este é o momento processual no qual, após vencida a fase postulatória, cabe ao juiz determinar o caminho do processo, dentre as várias hipóteses possíveis.

73. DA NÃO INCIDÊNCIA DOS EFEITOS DA REVELIA (CPC, ARTS. 348 E 349)

Se, apesar de o réu não contestar a ação, os efeitos da revelia não ocorrerem, deverá o juiz determinar que o autor especifique as provas que pretenda produzir, se ainda não as tiver indicado. Ao réu revel será permitido produzir provas, desde que adentre no processo a tempo de participar dos atos.

74. DO FATO IMPEDITIVO, MODIFICATIVO OU EXTINTIVO DO DIREITO DO AUTOR (CPC, ART. 350)

É equivocado pensar ser a réplica do autor à contestação do réu ato obrigatório do processo. Pelo contrário, somente nas hipóteses expressamente previstas em lei é possível falar em vistas ao autor para manifestação sobre a resposta do réu.

Uma vez trazido pelo réu qualquer fato impeditivo, modificativo ou extintivo, deve o juiz conceder o prazo de quinze dias para manifestação do autor, permitindo-lhe produção de prova.

75. DAS ALEGAÇÕES DO RÉU

A segunda hipótese de réplica é a formulação pelo réu de defesas processuais (preliminares de mérito – CPC, art. 337). Se arguidas, o autor deverá sobre elas se manifestar em quinze dias.

Podemos concluir ser a réplica fruto das providências preliminares e da análise do teor da contestação. Ainda é possível constatar que a permissão para juntada de documentos diz respeito àqueles necessários à contraposição das alegações da contestação e não aos que deveriam ter acompanhado a inicial (documentos essenciais).

O art. 352 ainda impõe ao juiz a determinação do necessário para, se possível, sanar irregularidades ou nulidades relativas, fixando prazo não superior a trinta dias para tal fim.

Quadro Sinótico – Das providências preliminares e do saneamento

Conceito	Finda a fase postulatória, com a apresentação da resposta do réu, o procedimento é submetido ao crivo judicial para análise quanto ao cabimento de algumas providências prévias ao julgamento. Nem sempre tais providências serão necessárias. a) Da não incidência dos efeitos da revelia – Se, apesar de o réu não contestar a ação, os efeitos da revelia não ocorrerem, deverá o juiz determinar que o autor especifique as provas que pretenda produzir, se ainda não as tiver indicado. b) Fato impeditivo, modificativo ou extintivo do direito do autor – A réplica somente tem cabimento quando a resposta do réu traz fato novo, capaz de modificar, extinguir ou impedir o direito do autor ou quando o réu levanta em contestação defesas processuais (preliminares de mérito). c) Sanar eventuais irregularidades ou nulidades relativas, fixando prazo não superior a trinta dias.

Capítulo XXV
DO JULGAMENTO CONFORME O ESTADO DO PROCESSO

76. **CONCEITO**

Vencida a fase das providências preliminares ou não sendo elas necessárias, passará o juiz ao julgamento conforme o estado do processo. Poderá ele extinguir o processo, julgar antecipadamente o mérito, total ou parcialmente, ou determinar o saneamento e a organização do processo.

77. **DA EXTINÇÃO DO PROCESSO**

Vislumbrando o juiz alguma das hipóteses dos arts. 485 e 487, II e III, do Código de Processo Civil, deve extinguir o processo desde logo. No caso de extinção sem resolução de mérito, por não se justificar o prosseguimento do feito que carece de algum dos requisitos de admissibilidade (sentença terminativa).

Da mesma forma, tendo ocorrido alguma das formas de autocomposição, decadência ou prescrição, deve o juiz desde logo extinguir o processo, com resolução de mérito (decisão definitiva). Ressalte-se que em todos esses casos não existe o normal exercício da jurisdição, com aplicação do direito ao caso concreto pelo juiz, mas sim formas alternativas de composição de litígio (*vide* Capítulo XVI, item 54.2), demonstrativas da desnecessidade de produção de provas.

78. **DO JULGAMENTO ANTECIPADO DO MÉRITO**

Constatado pelo juiz não estarem presentes as hipóteses de extinção do processo, deve ele prosseguir até a obtenção de uma sentença de mérito propriamente dita, pelo desenvolvimento do raciocínio lógico do julgador ante as alegações e as provas documentais produzidas pelas partes (tutela jurisdicional).

Essa decisão pode, em alguns casos, ser proferida sem que desenvolva no processo a fase probatória autônoma, surgindo o que conhecemos como julgamento antecipado, total ou parcial, de mérito.

São duas as hipóteses permissivas, previstas no art. 355 do Código de Processo Civil, para o julgamento antecipado do mérito:

a) Quando não houver necessidade de produção de outras provas. A fase probatória autônoma, conforme se verá, tem como finalidade a produção de prova oral e pericial, já que a documental deve ter sido produzida nos autos antes da fase do julgamento antecipado da lide. Portanto, se os documentos juntados aos autos ou a própria lei, por meio do estabelecimento de presunções, já são suficientes para formar o convencimento do juiz, deve o processo receber imediata sentença definitiva, com resolução do mérito da demanda.

b) O réu for revel, ocorrer o efeito do art. 344 e não houver requerimento de prova do art. 349. Caso se tornem incontroversos os fatos narrados nos autos e produzindo a revelia seus efeitos, deve ser proferido o julgamento antecipado do mérito.

Processo civil – Teoria geral do processo e processo de conhecimento

79. DO JULGAMENTO ANTECIPADO PARCIAL DO MÉRITO

O art. 356 autoriza que o mérito seja decidido parcialmente quando um ou mais dos pedidos, ou ainda parcela deles, preencher os requisitos do julgamento antecipado ou permaneça incontroverso após a fase da contestação.

A decisão que julga parcialmente o mérito, de forma antecipada, é impugnável por agravo de instrumento e pode reconhecer a existência de obrigação, líquida ou ilíquida.

Faculta-se à parte liquidar ou executar, desde logo, a obrigação reconhecida na decisão, independentemente de caução e ainda que haja interposição de recurso, podendo ser utilizados autos suplementares, a requerimento da parte ou a critério do juiz.

80. SANEAMENTO DO PROCESSO

Constatado não estarem presentes as hipóteses de extinção do processo ou julgamento antecipado do mérito, mister se faz o saneamento e a organização do processo, ato pelo qual o juiz: **a)** resolverá as questões processuais pendentes; **b)** delimitará as questões fáticas controvertidas, especificando os meios de prova; **c)** atribuirá o ônus da prova; **d)** delimitará as questões de direito relevantes para o mérito; e **e)** designará audiência de instrução, se necessário. No prazo de cinco dias devem as partes pedir esclarecimentos ou ajustes, após o qual a decisão se torna estável.

Faculta-se às partes apresentar uma delimitação consensual das questões de fato e de direito e distribuição do ônus da prova, a qual, se homologada, vincula não só a elas como também ao juiz.

Se as questões controvertidas, de fato ou de direito, forem complexas, o juiz designará audiência para o saneamento do processo, com a participação e a cooperação das partes.

Designada audiência de instrução, o juiz estabelecerá prazo comum e não superior a quinze dias para que as partes apresentem seu rol de testemunhas, número máximo de dez e com limite de três para cada fato. Esse número poderá ser limitado pelo juiz, diante da complexidade do caso. Na hipótese de haver sido designada audiência de saneamento do processo, as partes deverão levar seu rol de testemunhas para o ato.

Quadro Sinótico – Do julgamento conforme o estado do processo

1) Conceito	É a fase do processo na qual o juiz decide se o feito comporta julgamento imediato, total ou parcialmente, ou, então, demanda saneamento e desenvolvimento de fase probatória autônoma.
2) Hipóteses	a) Extinção do processo – Vislumbrando o juiz alguma das hipóteses dos arts. 485 e 487, II e III, do Código de Processo Civil, deve extinguir o processo desde logo. b) Julgamento antecipado de mérito – Quando não houver necessidade de produção de outras provas ou o réu for revel, com produção dos efeitos da revelia. c) Julgamento antecipado parcial do mérito – Decisão parcial quando um ou mais dos pedidos ou, ainda, parcela deles preencher os requisitos do julgamento antecipado ou permaneça incontroverso após a fase da contestação. d) Saneamento do processo – Não estando presentes as hipóteses anteriores, o juiz: I) Resolverá as questões processuais pendentes. II) Delimitará as questões fáticas controvertidas, especificando os meios de prova. III) Atribuirá o ônus da prova. IV) Delimitará as questões de direito relevantes para o mérito. V) Designará audiência de instrução, se necessário.

Capítulo XXVI
AUDIÊNCIA DE INSTRUÇÃO E JULGAMENTO

81. **CONCEITO**

A audiência é ato processual complexo, público, solene e formal, em que o juiz irá fazer a coleta da prova oral (peritos, testemunhas e depoimento pessoal), ouvir os debates das partes e proferir sentença.

É ato complexo, visto que nela se realizam atos probatórios, postulatórios e decisórios. É público, porque será realizada a portas abertas, ressalvadas as exceções legais. É formal, por encontrar forma expressa em lei, descrevendo esta em detalhes todos os procedimentos e a sequência de atos a serem observados pelas partes e pelo juiz. Solene, por ser presidida por uma autoridade pública, o juiz, detentor de poder de polícia, competindo-lhe manter a ordem e o decoro, ordenar que se retirem da sala da audiência todos aqueles que se comportarem inconvenientemente, requisitando, quando necessário, força policial (CPC, art. 360).

Terminada a audiência, deverá ser lavrado pelo escrivão termo que conterá um resumo do ocorrido e a íntegra das eventuais decisões e sentenças eventualmente proferidas (CPC, art. 367). Em se tratando de processo eletrônico, observar-se-á o disposto no Código, em legislação específica e nas normas internas dos tribunais.

82. **PROCEDIMENTO**

82.1. **ATOS PREPARATÓRIOS**

A audiência de instrução tem a designação de dia e hora na fase do saneamento e a organização do processo. As testemunhas deverão ter sido intimadas para comparecimento, desde que arroladas no prazo legal (dez dias antes da audiência). As partes só serão compelidas ao depoimento pessoal se intimadas pessoalmente, sob pena de confesso.

Na data aprazada, o juiz declarará aberta a audiência, mandando apregoar as partes e seus advogados (CPC, art. 358). O ato poderá ser adiado por convenção das partes e pela ausência de comparecimento, por motivo justificado, de qualquer das partes que dela deva participar e por atraso injustificado de seu início em tempo superior a trinta minutos do horário marcado (CPC, art. 362).

O advogado tem a obrigação de comprovar o justo impedimento até a abertura da audiência, sob pena de prosseguimento do ato com a instrução, sendo facultado ao juiz dispensar a produção da prova requerida pelo patrono, defensor ou representante do Ministério Público que não comparecer à audiência.

Por fim, a ausência justificada dos que irão participar da audiência não gera seu adiamento integral, podendo o ato ser praticado até o momento em que o ausente deveria ser ouvido pelo juiz.

82.2. **CONCILIAÇÃO**

Independentemente da realização da audiência de conciliação ou mediação, deve o juiz tentar a conciliação, antes de iniciada a instrução (CPC, art. 359).

Processo civil – Teoria geral do processo e processo de conhecimento

A princípio, devem as partes estar presentes à audiência, sempre que possível for a conciliação, mas nada impede a sua representação por advogado constituído e com poderes específicos para transigir.

A falta de tentativa de conciliação na audiência de instrução não gera a nulidade do processo, por ser ela mera tentativa de autocomposição das partes, não existindo prejuízo se o processo vier a ser extinto por sentença de mérito, ainda mais quando ele deverá ter comportado anterior tentativa na fase da audiência de conciliação ou mediação.

Ademais, a conciliação, por ser ato de disposição material de direito, pode ser tentada inclusive quando uma das partes, maior e capaz, comparece sem advogado.

Uma vez frutífera, a conciliação será lavrada por termo e homologada, adquirindo valor de sentença definitiva, com força executiva.

82.3. INSTRUÇÃO E JULGAMENTO

Não sendo obtida a conciliação, deverá o juiz iniciar a instrução, de preferência com a observância da ordem fixada no art. 361, qual seja, o perito e os assistentes técnicos (que responderão aos esclarecimentos do art. 477 se não o tiverem feito por escrito), depoimentos pessoais, primeiro do autor e depois do réu, e testemunhas arroladas pelo autor e, depois, pelo réu.

Enquanto depõem essas pessoas, não podem os advogados ou o Ministério Público apartear ou intervir sem a licença do juiz.

Ponto polêmico é a eventual nulidade decorrente da inversão da ordem referida. A jurisprudência tem-se fixado no sentido de exigir comprovação de efetivo prejuízo pela parte recorrente, não podendo a nulidade ser presumida.

Encerrada a instrução, dará o juiz a palavra ao autor, ao réu e depois ao Ministério Público, pelo prazo sucessivo de vinte minutos, prorrogáveis por mais dez a critério do juiz. Na existência de litisconsortes, o prazo será de trinta minutos, divididos por igual entre os integrantes do grupo, se estes não dispuseram de modo contrário.

Se a causa for complexa, o debate oral poderá ser substituído por razões finais escritas (memoriais), com prazo sucessivo de quinze dias e assegurada vista dos autos.

Encerrados os debates, proferirá oralmente o juiz a sentença desde logo ou chamará os autos à conclusão, para proferimento de sentença por escrito, no prazo de trinta dias.

Quadro Sinótico – Audiência de instrução e julgamento

Conceito	A audiência é ato processual complexo, público, solene e formal, em que o juiz irá fazer a coleta da prova oral (peritos, testemunhas e depoimento pessoal), ouvir os debates das partes e proferir sentença.

Capítulo XXVII
TEORIA GERAL DAS PROVAS

83. CONCEITO

Provas são os elementos de convicção do julgador, produzidos nos autos para tentar demonstrar a veracidade dos fatos alegados pelas partes (CPC, art. 369). Além dos exemplos de meios de prova elencados pelo Código (documental, oral, pericial e inspeção judicial), todos os legais ou moralmente legítimos são admitidos no processo civil.

84. OBJETO DA PROVA

Como regra quase absoluta deve a prova ter como objeto os fatos alegados pelas partes. Entretanto, a lei dispensa, por desnecessária, a prova relativa aos fatos notórios (de conhecimento do homem médio), os afirmados por uma parte e confessados pela parte contrária (a confissão é o reconhecimento da veracidade dos fatos alegados pela parte adversa), os admitidos como incontroversos no processo (seja em decorrência da confissão real, seja por meio dos efeitos da revelia ou inobservância da impugnação específica) e os em cujo favor milita presunção de existência ou veracidade (sistema de prova legal, em que a lei estipula qual a prova a ser feita na espécie) (CPC, art. 374).

Ademais, deve o fato objeto da prova ser dotado de duas características essenciais, quais sejam, a relevância e a pertinência, sob pena de indeferimento pelo juiz (art. 370).

A relevância é de natureza subjetiva e está ligada ao que de importante existe para o julgador proferir sentença. É fundamental ao juiz singular ter em mente não ser ele o único destinatário da prova, ante a probabilidade efetiva de sua decisão ser recorrida pelas partes, surgindo sempre a necessidade de não se indeferir prova possivelmente relevante a outro agente que receberá o processo em grau de recurso, sob pena de cerceamento de defesa.

A pertinência, por sua vez, é de análise objetiva, estando preenchida toda vez que a prova for recair sobre fato constitutivo do direito do autor ou sobre os fatos modificativos, impeditivos ou extintivos desse direito, trazidos com a defesa de mérito indireta.

84.1. PROVA SOBRE DIREITO

O art. 376 estipula os casos em que o juiz poderá determinar a prova de teor e vigência do direito alegado pela parte. São os casos de pretensão fundada em direito estrangeiro, estadual, municipal ou consuetudinário.

A vastidão legislativa em nosso país por vezes torna impossível ao juiz o conhecimento de leis e normas de conduta de Estados e Municípios diversos daqueles onde exerce a jurisdição, competindo à parte interessada trazer cópias autenticadas ou certidões dos entes públicos, a fim de demonstrar a existência da lei ou direito em que se funda sua pretensão, assim que determinado. Não se pode negar a extrema dificuldade da prova de vigência da lei estadual ou municipal ante o fenômeno da revogação tácita, competindo à parte adversa trazer aos autos a lei superveniente que entende ter retirado a força vigente da anterior.

O direito estrangeiro deverá ser provado mediante a juntada de documentos, com tradução juramentada, seguindo, no restante, as mesmas regras acima enunciadas.

Por fim, o direito consuetudinário (costumes) demanda prova eminentemente oral, surgindo a possibilidade de designação de audiência de instrução a fim de que o interessado demonstre o costume embasador de sua pretensão.

Processo civil – Teoria geral do processo e processo de conhecimento

85. FINALIDADE E DESTINATÁRIO DA PROVA

Toda prova produzida nos autos tem como destinatário o juiz da causa e como finalidade a formação de seu convencimento. A ampla defesa visa justamente assegurar a utilização pelas partes de todos os meios legais à obtenção de uma sentença favorável, passando rigorosamente pela produção das provas necessárias à consecução desse fim.

Essa qualidade de destinatário exige do juiz a análise da pertinência, relevância e necessidade da prova a ser realizada, impondo, por outro lado, que o julgamento seja proferido apenas com base naquelas produzidas nos autos, vedada a decisão pelo conhecimento próprio do julgador dos fatos em litígio (o que não está nos autos não está no mundo).

86. ÔNUS DA PROVA

O art. 373 estabelece as regras gerais relativas à distribuição do ônus da prova, partindo da premissa básica de que quem alega deve provar a veracidade do fato. Dessa forma, impõe-se ao autor a comprovação dos fatos constitutivos de seu direito, enquanto do réu exige-se a prova dos modificativos, impeditivos ou extintivos do direito do autor.

Nos casos previstos em lei, sendo impossível, excessivamente difícil o cumprimento das regras gerais do ônus da prova ou mais fácil fazer prova do fato contrário, o juiz poderá, por decisão fundamentada, inverter o ônus da prova, dando oportunidade à parte de se desincumbir da prova.

O Código de Processo Civil possibilita, ainda, a convenção das partes em contrato a respeito da distribuição do ônus da prova, salvo se recair o acordo sobre direito indisponível ou tornar excessivamente difícil o exercício do direito pela parte (prova diabólica).

87. DEVERES DAS PARTES E TERCEIROS COM RELAÇÃO À PROVA

O art. 379 preserva à parte o direito de não produzir prova contra si. Tal garantia não impede seja a ela imposta o dever de litigar com boa-fé. Para tanto, tem ela o dever de comparecer em juízo e responder ao que lhe for interrogado; de colaborar com o juízo na realização da inspeção judicial e praticar ato que lhe for determinado.

Já o terceiro estranho à causa tem a obrigação de informar o juiz a respeito de fatos e das circunstâncias de que tenha conhecimento e exibir a coisa ou documento em seu poder, sob pena de multa e outras medidas coercitivas, indutivas ou mandamentais (art. 380).

88. MOMENTOS DA PROVA

O processo de requerimento e deferimento das provas apresenta-se da seguinte maneira:

a) **Proposição ou requerimento da prova**. Como regra, para o autor a prova deve ser requerida na inicial, e, para o réu, na contestação. Exceções ocorrem quando é trazido fato novo em contestação, possibilitando ao autor requerer provas em réplica, ou no surgimento de fato superveniente no curso do processo.

b) **Admissão**. Juízo quanto ao cabimento, pertinência, relevância e necessidade da prova. Como regra tem lugar na fase do saneamento do processo, muito embora a admissibilidade dos quesitos ao perito ocorra quando da sua formulação pelas partes nos autos e cada repergunta à testemunha passe pelo crivo de admissão do juiz presidente da audiência.

c) **Produção**. Momento em que a prova adentra no processo, visando formar o convencimento do juízo. A prova documental deve acompanhar a inicial e a contestação. A prova pericial é produzida, como regra, por escrito, mediante a apresentação de um laudo pelo *expert*. Já a testemunhal é produzida em audiência.

d) Valoração. É a atribuição do valor da prova produzida pelo juiz em sentença. São três os critérios conhecidos para valoração da prova:

d.1) Prova legal. É a própria lei quem fornece o valor da prova, não outorgando ao juiz discricionariedade ao julgar. Muito embora seja um sistema em desuso, nosso Código de Processo Civil ainda traz alguns resquícios de prova legal quando fixa limite máximo de dez testemunhas por processo etc.

d.2) Convicção íntima. Nosso sistema constitucional veda expressamente o julgamento não fundamentado, com base apenas na convicção íntima. A única exceção, também de nível constitucional, é o julgamento soberano do Tribunal do Júri, em que o jurado não é obrigado a fundamentar o porquê de sua conclusão quanto à autoria e materialidade do delito doloso contra a vida.

d.3) Livre convencimento motivado (persuasão racional). É exigência constitucional que toda decisão seja devidamente motivada pelo que consta dos autos, limitada ao pedido formulado pela parte, e obtida mediante a aplicação das regras processuais formais. É o sistema adotado pelo ordenamento pátrio.

Quadro Sinótico – Teoria geral das provas

Conceito e características	Provas são os elementos de convicção do julgador, produzidos nos autos para tentar demonstrar a veracidade dos fatos alegados pelas partes. A prova tem como objeto os fatos controversos, pertinentes e relevantes, para a finalidade de formar o convencimento do juiz. Os momentos da prova são proposição ou requerimento da prova, admissão, produção e valoração (critério da prova legal, convicção íntima ou persuasão racional).

89. DA PRODUÇÃO ANTECIPADA DA PROVA (CPC, ART. 381)

O processo admite que a prova seja produzida antes do momento processual comum, sempre que: **a)** houver receio de dissipação ou extrema dificuldade na verificação de certos fatos na pendência da ação; **b)** a prova produzida seja capaz de viabilizar a autocomposição ou outra forma de solução de conflito; e **c)** o prévio conhecimento dos fatos possa justificar ou evitar o ajuizamento da ação.

Ela deve ser postulada perante o juízo do foro onde deva ser produzida ou no domicílio do réu, não causando prevenção em relação à ação que venha a ser proposta. Isso porque a medida não demanda do juízo a análise da ocorrência ou não do fato, ou suas consequências jurídicas.

Os autos permanecerão em cartório por um ano, para extração de cópias e certidões pelos interessados, sendo entregues a quem promoveu a medida após o prazo.

Capítulo XXVIII
DEPOIMENTO PESSOAL

90. **CONCEITO E PROCEDIMENTO**

Depoimento pessoal é a prova requerida pela parte adversa, ou determinada pelo juiz, visando à obtenção da confissão sobre os fatos controversos.

Sua admissibilidade está ligada à possibilidade de o fato ser objeto de confissão, não ocorrente quando versar sobre direitos indisponíveis ou quando feita por quem não for capaz de dispor do direito a que se referem os fatos confessados (CPC, art. 392).

O momento de seu requerimento é o da inicial, para o autor, e o da contestação, para o réu. Sua admissibilidade é feita no saneador; sua produção, em audiência de instrução e julgamento (CPC, art. 385).

Deferido o depoimento pessoal, será a parte intimada pessoalmente, constando do ato que se presumirão confessados os fatos contra ela alegados, caso não compareça ou, comparecendo, recuse-se a depor. A parte intimada que deixar de comparecer ou se recusar a depor sofrerá a aplicação da pena de confissão. Permite-se que a parte residente em comarca ou seção judiciária diversa daquela onde tramita o processo seja ouvida por videoconferência ou outro recurso tecnológico que transmita o som e a imagem em tempo real.

O depoimento pessoal será tomado da mesma forma prevista para a inquirição de testemunhas, sem a presença das partes que ainda não depuseram nos autos e com perguntas apenas do advogado da parte adversa. A parte que deixar de responder ou empregar evasivas poderá suportar a pena de confissão em sentença, mediante a apreciação das demais circunstâncias e elementos de prova dos autos.

A parte não é obrigada a depor sobre fatos criminosos ou torpes a ela imputados; a cujo respeito, por estado ou profissão, deva guardar sigilo; acerca dos quais não possa responder sem desonra própria, de seu cônjuge, companheiro ou parente em grau sucessível e que coloquem em perigo a vida do depoente, do cônjuge ou do parente (art. 388).

91. **CONFISSÃO (CPC, ARTS. 389 A 395)**

Confissão é o ato pelo qual a parte admite a verdade de um fato contrário ao seu interesse e favorável ao adversário (CPC, art. 389).

Pode ser: **a) extrajudicial**, quando formulada fora do processo, através de forma escrita ou oral, perante a parte contrária ou terceiros; e **b) judicial**, que pode ser provocada (depoimento pessoal) ou espontânea (CPC, art. 390).

Ambas têm a mesma validade e eficácia probatória, desde que a extrajudicial seja feita por escrito à parte ou a quem a represente. Seus efeitos podem ser rescindidos por ação anulatória, se decorreu de erro de fato ou coação (CPC, art. 393), ou por rescisória, contanto que seja a confissão o único fundamento da sentença desfavorável ao confitente.

A confissão é, em regra, indivisível, não podendo a parte beneficiada aceitá-la no tópico que a beneficiar e rejeitá-la no que lhe for desfavorável. Poderá ser cindida quando o confitente a ela aduzir fatos novos capazes de constituir fundamento de defesa de direito material ou de reconvenção (CPC, art. 395).

Quadro Sinótico – Depoimento pessoal

Conceito	É a prova requerida pela parte adversa, ou determinada pelo juiz, visando à obtenção da confissão sobre os fatos controversos. Confissão é o ato, judicial ou extrajudicial, pelo qual a parte admite a verdade de um fato contrário ao seu interesse e favorável ao adversário.

Capítulo XXIX
DA EXIBIÇÃO DA COISA OU DOCUMENTO

Conforme já visto, as partes e mesmo terceiros estranhos ao processo têm dever de colaboração com o processo e sua prova, na busca da aplicação da Justiça ao caso submetido a julgamento.

Com base nesse dever, pode o juiz ordenar à parte que exiba documento ou coisa que se encontre em seu poder. Caso o pedido seja formulado pela parte, deverá ele conter a individuação da coisa ou do documento, a finalidade da prova e os motivos que o levam a afirmar estar ele em poder da parte contrária (CPC, arts. 396 e 397).

Intimado para responder, pode o requerido afirmar que não possui o documento ou coisa, cabendo ao requerente fazer prova da inveracidade dessa declaração. A recusa será afastada se o requerido tiver a obrigação legal de exibir, tiver ele feito alusão ao documento ou à coisa, com a finalidade de constituir prova ou se o documento for comum às partes (CPC, art. 399).

Na decisão, o juiz admitirá como verdadeiros os fatos que a parte pretendia provar se o requerido não exibir ou não responder à intimação ou, ainda, quando a recusa for ilegítima. Sem prejuízo, pode o juiz adotar as medidas necessárias para que o documento seja exibido (CPC, art. 400).

Em relação ao terceiro estranho ao processo, necessária se fará sua citação para resposta em quinze dias. Negada a obrigação de exibir ou a posse do documento ou coisa, será designada audiência especial, para tomada de depoimento de terceiro, das partes e eventuais testemunhas, com decisão do juiz (CPC, art. 402).

Se a recusa do terceiro não tiver justo motivo, o juiz poderá se valer da apreensão, com uso de força policial, além da caracterização de crime de desobediência, multa e outras medidas necessárias para a efetivação da decisão (CPC, art. 403).

O art. 404 enumera as hipóteses em que a recusa será considerada justa. São hipóteses nas quais o confronto dos interesses em jogo indica para a prevalência da não exibição da coisa ou documento: **a)** se concernente a negócios da própria vida da família; **b)** se sua apresentação puder violar dever de honra; **c)** se sua publicidade redundar em desonra à parte ou ao terceiro, bem como a seus parentes consanguíneos ou afins até terceiro grau, ou lhes representar perigo de ação penal; **d)** sua exibição acarretar divulgação de fatos a cujo respeito, por estado ou profissão, devam guardar segredo; **e)** subsistirem outros motivos graves que, segundo o prudente arbítrio do juiz, justifiquem a recusa da exibição; e **f)** houver disposição legal que justifique a recusa da exibição.

Quadro Sinótico – Exibição de coisa ou documento

Conceito	Pode o juiz ordenar à parte que exiba documento ou coisa que se encontre em seu poder, para possibilitar ao interessado que faça prova de determinado fato, mediante adoção do procedimento previsto em lei. A recusa injustificada autoriza a presunção de que é esse fato verdadeiro.

Capítulo XXX
PROVA DOCUMENTAL

92. CONCEITO

É qualquer coisa capaz de demonstrar a existência de um fato. Ultrapassa o conceito de documento a prova escrita, a mais comum, podendo se apresentar na forma fotográfica, sonora ou de qualquer outra espécie que vise a fazer prova dos fatos ou das coisas por ela representadas.

Os documentos podem ser públicos ou privados.

93. DOCUMENTO PÚBLICO

É o escrito que faz prova não só da sua formação, mas também dos fatos que o escrivão, o chefe de secretaria, o tabelião ou o servidor declarar que ocorreram em sua presença (art. 405). Dessa forma, estabelece uma presunção relativa de veracidade do que nele consta e atingível apenas mediante a declaração de falsidade material do documento. Enquanto permanecer íntegro em sua formalidade, não pode o juiz decidir contra o que dele consta.

E, até mesmo sendo incompetente o oficial público que o lavrou ou não observadas as formalidades legais, o documento público tem plena validade como documento particular, desde que assinado pelas partes (art. 407).

Por vezes a lei exigirá o instrumento público como da substância do ato. Nesses casos, não se admitirá nenhuma prova, por mais especial que seja (art. 406).

94. DOCUMENTO PARTICULAR

Documento particular é aquele emitido sem a participação de um oficial público, vinculada sua força probante à sua natureza e conteúdo.

A assinatura do documento particular faz presumir ser o conteúdo do documento emanado de quem a apôs, independentemente da forma de sua confecção. Já o "ciente" é mera declaração de conhecimento quanto à existência do documento, sem implicar reconhecimento de validade de seu conteúdo (art. 408).

O documento particular é reconhecido como autêntico quando o tabelião reconhecer a firma do signatário, quando não for ele impugnado pela parte contra quem foi produzido o documento ou, ainda, quando estiver a autoria identificada por qualquer meio legal de certificação, inclusive eletrônico (art. 411). Fixada a autenticidade do documento, faz ele prova de que seu autor fez a declaração que lhe é atribuída, sendo ele indivisível. A parte que dele pretende fazer uso não pode aceitar os fatos que lhe são favoráveis e recusar os que são contrários ao seu interesse, salvo provando que estes não ocorreram (art. 412).

O telegrama, o radiograma ou qualquer outro meio de transmissão têm o mesmo valor que o original, se este tiver sido assinado pelo remetente.

95. FALSIDADE DE DOCUMENTO

O interesse do autor pode limitar-se à declaração de falsidade de documento (art. 19, II). O documento não se presume sem fé, mesmo quando em ponto substancial e sem ressalva contiver entrelinha, emenda, borrão ou cancelamento, cabendo ao livre convencimento do juiz a apreciação de seu valor (art. 426).

O documento público, por ser firmado na presença de um delegatário ou servidor público, tem presunção de veracidade e autenticidade e sua fé só será afastada sendo-lhe declarada a falsidade, consistente em formar documento não verdadeiro ou alterar documento verdadeiro.

Já para os documentos particulares, sua fé cessa quando impugnada sua autenticidade e enquanto não se comprovar sua veracidade ou quando, assinado em branco, for impugnado seu conteúdo por preenchimento abusivo (esse abuso ocorre quando aquele que recebeu o documento assinado sem o preenchimento, no todo ou em parte, violar o pacto feito ao completá-lo ou formá-lo) (art. 428).

A falsidade do documento ou seu preenchimento abusivo deve ser provado pela parte que o arguir. Já a impugnação quanto à sua autenticidade impõe o ônus da prova a quem produziu o documento (art. 429).

A falsidade deve ser arguida em contestação, na réplica ou no prazo de quinze dias, contados da intimação da juntada do documento aos autos. Como regra, a falsidade será resolvida como questão incidental do processo, salvo se a parte requerer seja ela decidida nos termos do inciso II do art. 19, quando então deverá a questão constar da parte dispositiva da sentença, com incidência de coisa julgada (arts. 430 e 433).

Após o contraditório sobre a questão, será realizado o exame pericial, salvo se a parte que produziu o documento concordar em retirá-lo (arts. 431 e 432).

Embora silente o Código de Processo Civil a respeito da questão, temos não ser aplicável a regra do parágrafo único do art. 432 quando houver requerimento para que a falsidade seja decidida como questão principal. Esse pedido instaura uma nova demanda, autônoma em relação à demanda original, e tem como objeto justamente a declaração por sentença sobre a falsidade documental.

96. PRODUÇÃO DA PROVA DOCUMENTAL

A prova documental tem seus momentos de produção fixados para a petição inicial e a contestação. Se o documento consistir em vídeos ou gravações sonoras, embora apresentados nos termos acima mencionados, sua exibição será feita em audiência (art. 434).

Documentos novos podem ser juntados em qualquer tempo e são aqueles destinados a fazer prova de fatos ocorridos depois da inicial ou da contestação ou para contrapô-los aos que foram produzidos nos autos. Já documentos preexistentes, mas conhecidos, acessíveis ou disponíveis após a inicial e a contestação, podem ser juntados, cabendo à parte comprovar o motivo que a impediu de juntá-los anteriormente e ao juiz analisar eventual má-fé da parte (art. 435).

A manifestação sobre o documento (na contestação, na réplica ou em quinze dias) juntado aos autos pode impugnar a admissibilidade da prova documental ou sua autenticidade, suscitar sua falsidade (com ou sem pedido de declaração em sentença) ou abordar o seu conteúdo. O prazo poderá ser dilatado diante da quantidade e da complexidade da documentação (arts. 436 e 437).

Determinados documentos pertencentes ao Poder Público não podem ser obtidos diretamente pelas partes, detendo o juiz o poder e o dever de requisitá-los se assim requerido nos autos. O fornecimento desses documentos poderá ser feito por meio eletrônico, certificando tratar-se de extrato fiel do que consta em seu banco de dados ou documento digitalizado (CPC, art. 438).

Documentos eletrônicos são admissíveis no processo civil, sendo convertidos à forma impressa no processo convencional ou com valor probante a ser apreciado pelo juiz, quando não convertidos, assegurado às partes o acesso ao seu teor (arts. 439 a 441).

Processo civil – Teoria geral do processo e processo de conhecimento

Quadro Sinótico – Prova documental

Conceito	É qualquer coisa capaz de demonstrar a existência de um fato. Pode se apresentar na forma fotográfica, sonora ou de qualquer outra espécie que vise fazer prova dos fatos ou das coisas por ela representadas. Público – É o escrito que faz prova não só da sua formação, mas também dos fatos que o escrivão, chefe de secretaria, tabelião ou servidor declarar que ocorreram em sua presença. Privado – É aquele emitido sem a participação de um oficial público, vinculada sua força probante à sua natureza e conteúdo.

Capítulo XXXI
PROVA TESTEMUNHAL

97. CONCEITO

Testemunha é o terceiro, estranho e isento com relação às partes, que vem a juízo trazer as suas percepções sensoriais a respeito de um fato relevante do qual tem conhecimento próprio.

A prova testemunhal é sempre admissível, salvo se a lei dispuser de modo contrário.

Considerando ser o homem falho na captação de suas percepções, o legislador trata a prova testemunhal com o resguardo necessário, sendo esse o campo de maior incidência do sistema da prova legal no Código. Por isso o legislador não admite a prova oral quando o fato: **a)** já for provado por documento ou confissão da parte; **b)** só por documento ou perícia puder ser provado (CPC, arts. 442 e 443).

Havendo começo de prova por escrito de obrigação que a lei exija ser provada dessa forma, é admissível como complementação a prova testemunhal. No mesmo sentido, é ela admitida sempre que o credor não pode ou não podia, moral ou materialmente, obter prova escrita da obrigação, nos casos como o de parentesco, depósito necessário ou de hospedagem ou em razão das práticas comerciais do local onde contraída a obrigação (arts. 444 e 445).

98. A TESTEMUNHA

É requisito essencial para ser testemunha a isenção e a capacidade sensorial de percepção dos fatos ocorridos. Por isso, o art. 447 estabelece as hipóteses de incapacidade, suspeição e impedimento.

São incapazes de prestar depoimento: **a)** o interdito por enfermidade ou deficiência mental; **b)** os enfermos mentais que não possuam capacidade perceptiva no momento dos fatos ou não estão aptos a transmitir suas percepções ao tempo em que devem depor; **c)** o menor de dezesseis anos; e **d)** o cego e o surdo, quando a ciência do fato depender dos sentidos faltantes.

São impedidos (caráter objetivo) de depor: **a)** o cônjuge, companheiro, ascendente e descendente, em qualquer grau ou na colateral, até o terceiro grau, de alguma das partes, salvo se o exigir o interesse público ou, em questão de estado, não possa o juiz obter a prova de outra maneira; **b)** o que é parte na causa; e **c)** o que intervém como tutor ou representante legal da pessoa jurídica, o juiz, advogado e outros que tenham assistido ou assistam à parte.

São suspeitos (caráter subjetivo): **a)** o inimigo ou amigo íntimo da parte; e **b)** o que tiver interesse no litígio.

O § 4º do art. 447 autoriza a oitiva dos menores, impedidos e suspeitos como informantes do juízo, sem o compromisso legal de dizer a verdade, demonstrada a absoluta necessidade.

A testemunha não é obrigada a depor sobre fatos que lhe acarretem dano grave, bem como a seu cônjuge ou companheiro e aos seus parentes, até a linha colateral em terceiro grau, ou a cujo respeito deva guardar sigilo, por estado ou profissão.

99. PRODUÇÃO DA PROVA TESTEMUNHAL

O rol de testemunhas deve ser apresentado no prazo fixado pelo juiz (não superior a quinze dias) na decisão de saneamento do processo ou na audiência designada para o sanea-

Processo civil – Teoria geral do processo e processo de conhecimento

mento em cooperação com as partes (art. 357, §§ 4º e 5º). Deverá ele conter, sempre que possível, nome, profissão, estado civil, idade, números do CPF e identidade, além do endereço da residência e local de trabalho. Sua substituição, uma vez arrolada, só pode ser feita em caso de falecimento, por enfermidade e quando, por mudança de residência, não foi encontrada (arts. 450 e 451).

O juiz da causa que for arrolado como testemunha deve se declarar impedido se tiver conhecimento de fatos que possam influir na decisão. Se nada souber, mandará excluir seu nome do rol.

A regra geral é a oitiva da testemunha em audiência de instrução e julgamento, perante o juiz da causa, salvo as ouvidas antecipadamente, as inquiridas por carta e as que têm, por prerrogativa de função, direito de serem ouvidas em sua residência ou onde exercem sua função. As residentes fora da comarca poderão ser ouvidas por meio de recurso tecnológico que reproduza sons e imagens em tempo real, inclusive durante a audiência de instrução (arts. 453 e 454).

A intimação para comparecimento deve ser providenciada pelo advogado da parte, dispensada a intimação do juízo, sob pena de desistência de sua inquirição. Caso a parte tenha se comprometido a levar sua testemunha, independentemente de intimação, o não comparecimento implica desistência de sua inquirição.

A intimação judicial tem cabimento quando frustrada a intimação pelo advogado da parte, sua necessidade for demonstrada, for a testemunha servidor público ou militar, tiver sido ela arrolada pelo Ministério Público ou Defensoria ou tiver a prerrogativa de função de ser ouvida no local de trabalho ou onde residir.

A testemunha que não atender à intimação para depor será conduzida sob coerção e responderá pelas despesas do adiamento.

Antes de depor, a testemunha será qualificada e informará se mantém relações de parentesco com a parte ou tem interesse no processo. A parte pode contraditar a testemunha, arguindo-lhe a incapacidade, o impedimento ou a suspeição, bem como provar a contradita, caso a testemunha negue os fatos, com documentos ou testemunhas (até três), apresentadas no ato e inquiridas em separado, com decisão sobre a dispensa ou não da testemunha (art. 457).

No início da inquirição, após prestar o compromisso de dizer a verdade sobre o que souber e lhe for perguntado, a testemunha será advertida quanto às penas para quem faz afirmação falsa, cala ou oculta a verdade (art. 458).

As perguntas são formuladas pelas partes diretamente à testemunha, começando pela que a arrolou. O juiz deve indeferir perguntas que induzirem a resposta, que não forem pertinentes com o objeto da prova ou que sejam repetidas. Esses indeferimentos serão transcritos se a parte o requerer (art. 459).

O juiz pode inquirir a testemunha tanto antes quanto depois da inquirição feita pelas partes, ordenar a inquirição de testemunhas referidas e a acareação entre elas ou com as partes.

A testemunha pode requerer o ressarcimento da despesa que teve para o comparecimento em audiência, devendo a parte pagá-la logo que arbitrada ou depositá-la em cartório em até três dias. Seu depoimento é considerado serviço público, e, quando sujeita ao regime trabalhista, a testemunha não sofre perda de salário ou desconto no tempo de serviço (arts. 462 e 463).

Quadro Sinótico – Prova testemunhal

Conceito	Testemunha é o terceiro, estranho e isento com relação às partes, que vem a juízo trazer as suas percepções sensoriais a respeito de um fato relevante do qual tem conhecimento próprio. É requisito essencial para ser testemunha a isenção e a capacidade sensorial de percepção dos fatos ocorridos. Por isso as hipóteses de incapacidade, suspeição e impedimento.

Capítulo XXXII
PROVA PERICIAL E INSPEÇÃO JUDICIAL

100. CONCEITO E MODALIDADES

O juiz é o técnico em Direito cuja profundidade do conhecimento é auferida, via de regra, por concurso público de provas e títulos. Considerando ser o processo destinado à composição de litígios dos mais diversos campos do conhecimento humano, por vezes o sentenciamento do feito exige análise de questões técnicas que refogem à órbita meramente jurídica. É a perícia, portanto, o meio de prova destinado a trazer aos autos elementos de convicção dependentes de conhecimento técnico não possuído pelo juiz.

O art. 464 declara as modalidades de perícia conhecidas, as quais podem consistir em:

a) **Avaliação**. Visa atribuir valor monetário a alguma coisa ou obrigação. O arbitramento, espécie de avaliação, terá cabimento sempre que necessário estimar o valor de um serviço ou indenização sobre bens e obrigações abstratas (p. ex.: dano moral).

b) **Vistoria.** Destina-se a analisar o estado de um bem imóvel. A conhecida vistoria *ad perpetuam rei memoriam* é realizada para tornar certo o estado de um imóvel, perpetuando a situação fática nos autos.

c) **Exame**. Visa à análise do estado em que se encontra um bem móvel, semovente ou pessoas.

101. PROCEDIMENTO

A perícia deve ser requerida pela parte na petição inicial e na contestação, respectivamente, e a análise da sua admissibilidade, pertinência e deferimento feitos na decisão saneadora do processo, não sendo permitida quando a prova do fato não depender de conhecimento especial técnico, for desnecessária em vista das outras provas produzidas (confissão) ou a verificação do fato for impraticável.

Diante de um fato controverso de menor complexidade, poderá o juiz, de ofício ou a requerimento das partes, determinar a produção da prova técnica simplificada, consistente na simples inquirição do especialista pelo juiz, sobre ponto que demande especial conhecimento técnico ou científico.

Incumbe às partes, dentro de quinze dias, arguir impedimento ou suspeição do perito, se for o caso, indicar assistente técnico e apresentar quesitos. Os assistentes técnicos, por serem de confiança das partes, não estão sujeitos aos impedimentos e às suspeições.

Nomeado o perito especializado e fixado o prazo para a entrega do laudo, deverá ele, em cinco dias da ciência da nomeação, apresentar proposta de honorários, currículo que comprove a especialização e os contatos profissionais. O juiz arbitrará o valor dos honorários, após dada a oportunidade de manifestação das partes sobre a proposta em cinco dias, autorizado o pagamento de até 50% dos honorários no início dos trabalhos, com o restante a ser pago depois de entregue o laudo e prestados todos os esclarecimentos necessários (art. 465).

Se o laudo for inconclusivo ou deficiente, a sua remuneração poderá ser reduzida pelo juiz. E o perito poderá ser substituído caso lhe faltar conhecimento técnico ou científico ou deixar de cumprir o encargo no prazo fixado, sem justo motivo. Nesta última hipótese, o juiz comunicará a ocorrência à corporação profissional, podendo, ainda, impor multa ao perito, com base no valor da causa e em possível prejuízo decorrente do atraso no processo. Sem prejuízo, deverá restituir os valores recebidos pelo trabalho não

SINOPSES JURÍDICAS

realizado, sob pena de ficar impedido de atuar como perito por cinco anos, valendo a decisão judicial que determinar a devolução como título para a execução, na forma dos arts. 513 e seguintes (art. 466).

As partes podem, de comum acordo, escolher o perito, desde que sejam plenamente capazes e a causa comporte solução por autocomposição. A perícia consensual substitui a judicial para todos os efeitos (art. 471).

O laudo pericial deve conter a exposição sobre o objeto da perícia, a análise técnica ou científica realizada, a descrição do método empregado, a conclusão e a resposta a todos os quesitos apresentados. É vedado ao perito abordar questões que excedam o exame técnico objeto da perícia. Sua apresentação deve ser feita pelo menos vinte dias antes da audiência de instrução e julgamento. O perito é obrigado a esclarecer divergência ou dúvidas das partes e do juiz ou ponto divergente apresentado no parecer do assistente técnico, podendo ser ele intimado para comparecer à audiência e responder às perguntas formuladas previamente, na forma de quesitos (art. 473).

Nos casos em que o exame tiver por objeto autenticidade ou falsidade documental ou for de natureza médico-legal, a nomeação deverá recair, preferencialmente, sobre os técnicos dos estabelecimentos oficiais especializados (art. 478).

Nova perícia pode ser determinada sempre que a matéria não estiver suficientemente esclarecida, destinando-se a corrigir eventual omissão ou inexatidão dos resultados da anterior mas sem substituí-la, cabendo à sentença avaliar o valor de ambas (art. 480).

102. INSPEÇÃO JUDICIAL

102.1. CONCEITO E PROCEDIMENTO

Não é a inspeção judicial modalidade de perícia técnica, posto ser exame realizado pelo próprio julgador da causa.

A inspeção judicial, muito mais que um meio de prova, é elemento de convicção unilateral do juiz, mediante exame pessoal sobre fato relevante para o sentenciamento do processo. Tal exame tem a finalidade de gerar no íntimo do julgador percepções pessoais, ausentes na prova pericial. Pode ser ela determinada de ofício ou a requerimento da parte, em qualquer fase do processo, consistindo em inspeção de pessoas ou coisas (CPC, art. 481).

A lei faculta ao juiz ser acompanhado de um ou mais peritos, visando facilitar a sua compreensão do fato, determinando a ida ao local onde se encontre a pessoa ou coisa quando julgar necessário para melhor verificação ou interpretação dos fatos que deva observar, se a coisa não puder ser apresentada em juízo sem consideráveis despesas ou graves dificuldades ou determinar a reconstituição de fatos (CPC, art. 483).

Feita a inspeção, mandará o juiz lavrar auto circunstanciado de tudo o que entender útil para o julgamento da causa (CPC, art. 484).

Quadro Sinótico – Prova pericial e inspeção judicial

Conceito	Perícia é o meio de prova destinado a trazer aos autos elementos de convicção dependentes de conhecimento técnico não possuído pelo juiz, as quais podem consistir em: a) **Avaliação**. Visa atribuir valor monetário a alguma coisa ou obrigação. O arbitramento, espécie de avaliação, terá cabimento sempre que necessário estimar o valor de um serviço ou indenização sobre bens e obrigações abstratas (p. ex.: dano moral).

b) **Vistoria**. Destina-se a analisar o estado de um bem imóvel. A conhecida vistoria *ad perpetuam rei memoriam* é realizada para tornar certo o estado de um imóvel, perpetuando a situação fática nos autos.

c) **Exame**. Visa à análise do estado em que se encontra um bem móvel, semovente ou pessoas.

Inspeção judicial é elemento de convicção unilateral do juiz, mediante exame pessoal sobre fato relevante para o sentenciamento do processo. Tal exame tem a finalidade de gerar no íntimo do julgador percepções pessoais, ausentes na prova pericial.

Capítulo XXXIII
SENTENÇA E COISA JULGADA

103. CONCEITO

Uma vez procurada pelas partes para compor litígios, deve sempre a tutela jurisdicional ser exercitada pelo instrumento estatal de garantia, que é o processo.

Retirada a inércia da jurisdição pela iniciativa da parte, desenvolve-se esse instrumento pelo impulso oficial, pois é de interesse público o fim do processo, não podendo ele perpetuar-se indefinidamente no tempo. Em observância a tais regras, estabelece o Código de Processo Civil diversas formas de extinção do processo.

A primeira delas é a extinção sem resolução de mérito, obtida pelo proferimento de sentença terminativa (CPC, art. 485), meramente declaratória da inexistência do direito do autor a uma sentença de mérito, pela ausência dos requisitos de admissibilidade da abordagem da relação jurídica de direito material existente entre as partes (condições da ação ou pressupostos processuais). É ela forma anômala de extinção do processo, pois não aplica o direito ao caso concreto e, portanto, não pacifica socialmente nem compõe definitivamente o litígio entre as partes.

A segunda forma de extinção é aquela decorrente da autocomposição entre as partes, por meio da renúncia, reconhecimento jurídico do pedido ou transação (CPC, art. 487, III). Essa extinção também não é obtida pela tutela jurisdicional plena, pois o acordo de vontades dispensa o órgão jurisdicional da abordagem do mérito da lide, funcionando ele como simples homologador. Difere da decisão terminativa pela definitividade decorrente da homologação judicial, característica essa que levou o legislador a equipará-la a sentença de mérito propriamente dita, pois serve como forma final de composição de litígios, com força plena de pacificação social.

Outra forma de extinção do processo é o reconhecimento da prescrição e decadência. Novamente o legislador outorgou a tais decisões força equivalente à daquela que analisa o mérito da lide, muito embora não exista por parte do juiz real aplicação do direito material ao caso concreto. Tal opção justifica-se pela força definitiva das decisões que reconhecem a decadência (fenômeno extintivo do direito material alegado pela parte) ou a prescrição (fenômeno extintivo do direito de ação, o qual atinge indiretamente o direito material), também pacificadoras do conflito de interesses entre as partes (CPC, art. 487, II).

Por fim, temos na sentença de mérito (CPC, art. 487, I) a forma normal de extinção do processo, por ser o ato do juiz pelo qual ele aplica o direito material genérico ao caso concreto, com base nas alegações de fato e de direito existentes no processo. Tal providência decorre do acolhimento ou não do pedido mediato formulado pelo autor, por meio do exercício pleno da *jurisdictio*.

Desde que possível, a sentença de mérito deverá ser sempre proferida em favor daquele a quem aproveitaria eventual decisão meramente terminativa (art. 488).

Proferida e publicada a sentença, esgota o juiz sua atividade jurisdicional no processo, só podendo modificá-la para corrigir, de ofício ou a requerimento da parte, erro de cálculo e inexatidão material, ou por meio de embargos de declaração (art. 494).

A primeira hipótese diz respeito à ausência de correspondência entre a vontade do julgador e o texto reproduzido na decisão. A segunda será objeto de estudo mais aprofundado no capítulo dos recursos (Capítulo XXXV). Entretanto, o mesmo diploma frisa a necessidade da distinção acima feita, pelas evidentes consequências em todo o estudo deste tópico.

Processo civil – Teoria geral do processo e processo de conhecimento

104. ELEMENTOS ESSENCIAIS DA SENTENÇA

Vêm eles previstos no art. 489, consistindo no relatório, na fundamentação (motivação) e no dispositivo (decisão). Por esses requisitos depreende-se ser a sentença ato formal e lógico do juiz, baseada nas teses e antíteses das partes, desenvolvida e fundada em premissas legais.

Já a correta exegese do art. 489 aponta para a desnecessidade de as sentenças terminativas (CPC, art. 485) e definitivas, previstas no art. 487, II a III, serem proferidas contendo os três elementos formais referidos, impostos estes apenas à sentença definitiva que acolha ou rejeite o pedido do autor (CPC, art. 487, I).

104.1. RELATÓRIO

É mera descrição fática do sucedido no processo, consistindo no nome das partes, na identificação do caso, com a suma do pedido e da contestação do réu, e no registro das principais ocorrências. A sua ausência é causa de nulidade da sentença, mas eventual imperfeição, omissão ou irregularidade não gera qualquer prejuízo à parte, contanto que todos os pontos necessários para a decisão sejam objeto da fundamentação.

104.2. FUNDAMENTAÇÃO

É a parte da sentença na qual o juiz analisará os motivos de fato e de direito que justificarão sua conclusão, demonstrando seu raciocínio lógico, outorgando às partes o conhecimento do porquê da decisão e dando amparo à interposição de recursos. Sem ser ordem obrigatória, geralmente a fundamentação aborda primeiro as preliminares de mérito, depois as questões prejudiciais internas e, por fim, o mérito da demanda, sendo irrelevante a ordem de análise das questões de fato ou de direito.

A ausência de fundamentação é causa de nulidade absoluta da sentença, enquanto a omissão, obscuridade ou contradição podem ser sanadas pelos embargos de declaração.

Não se considera fundamentada a decisão judicial, seja ela interlocutória, sentença ou acórdão, que: **a)** se limitar a repetir o ato normativo, sem explicar sua relação com a causa ou questão decidida; **b)** usar conceitos jurídicos indeterminados, sem justificar sua incidência no caso; **c)** invocar motivos que se aplicam a qualquer outra decisão; **d)** deixar de enfrentar todos os argumentos trazidos e que sejam capazes de, em tese, infirmar a conclusão do julgado; **e)** se limitar a invocar precedente ou enunciado de súmula, sem demonstrar sua aplicação no caso concreto; e **f)** deixar de seguir enunciado de súmula, jurisprudência ou precedente invocado pela parte, sem demonstrar a existência de distinção no caso em julgamento (art. 489).

104.3. DISPOSITIVO

É a conclusão do raciocínio lógico, a decisão propriamente dita. A ausência de dispositivo é motivo de inexistência de sentença, ausência de coisa julgada. É a parte da sentença que declara o porquê da extinção do processo, seja sem resolver o mérito, seja pelo acolhimento ou não da pretensão de direito material do autor.

Quadro Sinótico – Sentença e coisa julgada

Elementos essenciais	a) Relatório – É mera descrição fática do sucedido no processo, consistindo no nome das partes, na identificação do caso, com a suma do pedido e da contestação do réu e no registro das principais ocorrências.

SINOPSES JURÍDICAS

b) Fundamentação – É a parte da sentença na qual o juiz analisará os motivos de fato e de direito que justificarão sua conclusão, demonstrando seu raciocínio lógico, outorgando às partes o conhecimento do porquê da decisão e dando amparo à interposição de recursos.

c) Dispositivo – É a conclusão do raciocínio lógico, a decisão propriamente dita. É a parte da sentença que declara o porquê da extinção do processo, seja sem resolver o mérito, seja pelo acolhimento ou não da pretensão de direito material do autor.

105. VÍCIOS DA SENTENÇA

Os vícios da sentença estão intimamente ligados à inobservância do pedido formulado pelo autor, limite legal à abrangência do julgado. Não se justifica a jurisdição conceder mais do que foi pedido ou o que não foi pedido, sob pena de se proferir julgamento de ofício (inércia da jurisdição) e deixar de decidir sobre o que foi requerido (indeclinabilidade da jurisdição).

Daí por que o art. 492 estabelece expressa vedação ao juiz para proferir decisão diversa da pedida, bem como condenar a parte em quantidade superior ou em objeto diverso do que lhe foi demandado.

Os vícios da sentença são:

a) *Extra petita*. O juiz decide sobre causa não proposta ou não deduzida sob forma de pedido. Neste vício o pedido do autor permanece sem resposta jurisdicional, já que o provimento reconhece ou afasta pretensão jamais formulada nos autos. A nulidade nesses casos é absoluta, atingindo todo o julgado.

b) *Ultra petita*. O juiz decide além do que foi formulado nos autos. Em tal julgamento o pedido do autor foi objeto de análise, mas o sentenciante, extrapolando sua função no processo, incluiu no julgamento algo não pedido. A nulidade só atinge o que de excessivo constar da sentença, permanecendo essa íntegra na parte referente à análise do pedido solicitado nos autos.

c) *Citra petita*. O julgamento é aquém do solicitado pelo autor, deixando o juiz de analisar parte do pedido ou algum dos diversos pedidos formulados. Nestes casos, compete à instância superior complementar o julgamento na parte em que ele restou aquém do solicitado pelas partes.

Questão relevante é a constatação de ausência de coisa julgada à parte do pedido não objeto de decisão. Se, por exemplo, em ação de reintegração de posse, cumulada com perdas e danos, o julgador deixa de apreciar este último, sobrevindo o trânsito em julgado da sentença com tal vício, nada impede a propositura de nova ação com o pedido de perdas e danos não apreciado (ausência de coisa julgada sobre o que não foi objeto de decisão, conforme art. 503 do CPC).

Quadro Sinótico – Vícios da sentença

Vícios da sentença	a) *Extra petita* – O juiz decide sobre causa não proposta ou não deduzida sob forma de pedido. b) *Ultra petita* – O juiz decide além do que foi formulado nos autos. c) *Citra petita* – O julgamento é aquém do solicitado pelo autor, deixando o juiz de analisar parte do pedido ou algum dos diversos pedidos formulados.

Processo civil – Teoria geral do processo e processo de conhecimento

106. CLASSIFICAÇÃO DAS SENTENÇAS PELA NATUREZA DO PROVIMENTO JURISDICIONAL

Diversas são as classificações conhecidas das sentenças, sendo a mais relevante a estabelecida em relação à natureza do provimento jurisdicional postulado nas ações de conhecimento, ou seja, qual o tipo de sentença de mérito esperada pelo interessado. Podem ser elas:

a) **Meramente declaratórias (art. 19)**. Nestas o autor limita-se a pedir ao Judiciário que estabeleça a existência ou não de uma relação jurídica, sem qualquer outra consequência prática a ser suportada pelo réu. São exemplos típicos de sentenças declaratórias as de nulidade de casamento, as de usucapião e investigação de paternidade. Uma vez declarado o estado jurídico da relação existente ou não entre as partes, esgota-se a atividade jurisdicional ante a plena satisfação do autor, com retroação de seus efeitos à data em que a relação jurídica se formou (existência) ou à data em que jamais deveria ter sido considerada como formada (inexistência). É a produção do efeito *ex tunc*. Deve ser observado, ainda, serem todas as sentenças de improcedência (não acolhimento da pretensão de direito material do autor) meramente declaratórias da inexistência da relação jurídica afirmada pelo autor em sua inicial.

Numa ação que tenha por objeto a emissão uma declaração de vontade, a sentença de procedência produzirá todos os efeitos práticos da declaração não emitida.

b) **Condenatórias**. São aquelas nas quais o sentenciante, após se certificar da existência do direito da parte vencedora, profere decisão condenando o adverso a uma obrigação de fazer ou não fazer, pagar quantia certa em dinheiro ou dar coisa certa ou incerta. Não se esgota a jurisdição com a simples declaração do direito, sendo necessário o cumprimento espontâneo da obrigação fixada na sentença pelo perdedor ou, caso haja recusa, o prosseguimento do processo, com adoção de medidas coercitivas visando ao cumprimento da sentença e à satisfação do credor. Têm elas também efeito *ex tunc*, retroagindo a condenação à data de constituição do devedor em mora. Como exemplos temos a cobrança de despesas de condomínio, a demolitória etc.

Nas ações condenatórias em quantia certa, determinadas verbas são consideradas sempre como incluídas no pedido, mesmo que seja ele genérico. Portanto, cumpre à sentença fixar, desde logo, a extensão da obrigação, o índice de correção monetária, a taxa de juros, o termo inicial de ambos e a periodicidade da capitalização dos juros, salvo quando não for possível determinar, de modo definitivo, o montante devido e a apuração do valor devido depender da produção de prova de realização demorada ou excessivamente dispendiosa, assim reconhecida na sentença (art. 491).

Já nas ações condenatórias a uma obrigação de fazer ou não fazer, o juiz, se procedente o pedido, concederá a tutela específica ou determinará providências que assegurem a obtenção de tutela pelo resultado prático equivalente (art. 497).

Da mesma forma nas condenações para entrega de coisa, quando, ao conceder a tutela específica, fixará prazo para o cumprimento da obrigação (art. 498).

Essas obrigações só serão convertidas em perdas e danos se o autor assim requerer ou for impossível a tutela específica ou a obtenção do resultado prático equivalente.

c) **Constitutivas**. Visam à modificação, criação ou extinção de uma relação jurídica preexistente. Diversamente das declaratórias, destinadas à outorga de certeza jurídica, e das condenatórias, as quais fixam prestação à parte perdedora, as sentenças constitutivas vão gerar novos efeitos sobre situações jurídicas pretéritas, por meio de sua alteração, desconstituição ou criação de uma nova. Têm tais decisões força executiva própria e imediata, independentemente do processo de execução, valendo como marco inicial do novo *status* jurídico, ou seja, com efeitos **ex nunc**. São exemplos as sentenças anulatórias de casamento, as de divórcio, as de separação e as que versem sobre direitos reais (direito de sequela).

Quadro Sinótico – Sentença: classificação

Classificação	a) Meramente declaratórias – Nestas o autor limita-se a pedir ao Judiciário que estabeleça a existência ou não de uma relação jurídica, sem qualquer outra consequência prática a ser suportada pelo réu. b) Condenatórias – São aquelas nas quais o sentenciante, após se certificar da existência do direito da parte vencedora, profere decisão condenando o adverso a uma obrigação de fazer ou não fazer, pagar quantia certa em dinheiro ou dar coisa certa ou incerta. c) Constitutivas – Visam à modificação, à criação ou à extinção de uma relação jurídica preexistente.

---

107. EFEITOS DA SENTENÇA

O principal efeito da sentença, sob a análise meramente processual, é o de extinguir o processo (**efeito formal**).

As sentenças terminativas são aquelas que possuem apenas esse efeito formal, ou seja, por não abordar a questão de mérito da lide, têm como efeito principal e único a extinção do processo.

Já as sentenças definitivas (de mérito), além de trazerem consigo o efeito formal de extinção do processo, geram **efeitos materiais**, na medida em que abordam a lide submetida a julgamento. Esses efeitos materiais, projetados para fora do processo, são inúmeros, conforme seja a natureza do provimento jurisdicional obtido pelo vencedor. Assim, a condenatória tem o condão de impor ao devedor uma prestação; a declaratória outorga certeza jurídica sobre a relação deduzida em juízo; a constitutiva determina a constituição ou desconstituição de situações jurídicas.

Como efeito secundário da sentença condenatória que impõe ao réu o pagamento de prestação consistente, temos a hipoteca judiciária. Esse efeito ocorrerá ainda que a decisão condenatória seja genérica, que o credor possa promover o cumprimento provisório da sentença ou que esteja pendente arresto sobre bem do devedor ou mesmo que impugnada por recurso dotado de efeito suspensivo (art. 495).

Ela poderá ser realizada mediante a apresentação da cópia da sentença perante o cartório de registro imobiliário, independente de ordem judicial, declaração expressa do juiz ou de demonstração de urgência. Tem ela efeito de garantia real, com estabelecimento de preferência em relação aos demais credores, conforme a prioridade do registro.

Caso haja reforma ou invalidação da decisão, a parte responderá, independentemente de culpa, pelos danos que a outra parte tiver sofrido em razão da constituição da garantia, devendo o valor da indenização ser liquidado e executado nos próprios autos.

108. CONCEITO DE COISA JULGADA

Muito embora definida antigamente como efeito da sentença, a mais moderna doutrina a conceitua como sendo dela uma simples qualidade. Essa qualidade é a **imutabilidade dos**

Processo civil – Teoria geral do processo e processo de conhecimento

seus efeitos. Logo, coisa julgada é a imutabilidade da própria sentença e de seus efeitos formais e materiais.

Essa imutabilidade é criada pela impossibilidade de a decisão ser atingida por eventual recurso da parte, ou seja, ela é gerada pelo **trânsito em julgado** da sentença.

Todas as sentenças transitadas em julgado geram um efeito específico, que é a extinção do processo, sendo elas definitivas ou terminativas. É o fenômeno da **coisa julgada formal**, consistente na imutabilidade do efeito formal de extinção dentro do próprio processo, pelo fato de a sentença não estar mais sujeita a nenhum recurso ordinário ou extraordinário.

As sentenças terminativas fazem apenas coisa julgada formal, pois não é analisada a questão de direito material, ante a ausência de algum dos requisitos de admissibilidade do mérito. Uma vez sanado o vício, nada impede a propositura de nova ação.

Já a sentença que resolve o mérito, além do efeito formal de extinção do processo, já analisado no tópico anterior (efeitos da sentença), uma vez transitada em julgado, tem força de lei nos limites da questão principal expressamente decidida (CPC, art. 503), tornando imutáveis seus efeitos materiais, projetáveis para fora do processo. É a **coisa julgada material**, portanto, a autoridade que torna imutável.

O remédio correto para a retirada (desconstituição) da imutabilidade dos efeitos materiais da sentença é a ação rescisória. Logo, descabida a ação rescisória de decisão meramente terminativa, geradora de simples efeito formal de extinção do processo, por ser possível à parte ajuizar nova demanda. Frise-se apenas não ser a enunciação legal contida no dispositivo da sentença o que lhe outorga características de decisão de mérito ou não, mas sim o seu próprio conteúdo, não podendo a parte suportar prejuízos em decorrência do emprego de termos equivocados pelo julgador.

109. LIMITES OBJETIVOS E SUBJETIVOS DA COISA JULGADA

109.1. LIMITES OBJETIVOS

A coisa julgada tem seus limites objetivos fixados conforme a análise dos próprios elementos objetivos da ação (pedido e causa de pedir).

Só é atingida pela imutabilidade a parte dispositiva da sentença, não fazendo coisa julgada os motivos do raciocínio lógico desenvolvido pelo juiz na sentença, por mais importantes que sejam. Da mesma maneira, a verdade dos fatos estabelecida como fundamento da sentença e as questões prejudiciais decididas incidentemente no processo também estão excluídas da imutabilidade (CPC, art. 504).

Uma mesma causa de pedir fática ou jurídica pode servir de embasamento a várias ações. Não se conceberia um julgador permanecer vinculado à análise dos fatos ou do direito feita por outro juiz, em processo diverso, de modo a vedar o exercício de sua jurisdição.

Entretanto, por falta de técnica processual, não raramente são encontradas na fundamentação matérias que deveriam fazer parte do dispositivo da sentença. Por não ser a colocação formal da decisão a razão de sua imutabilidade, é forçoso concluir serem tais decisões, trazidas equivocadamente na fundamentação, atingidas pela coisa julgada material.

As questões prejudiciais, decididas de forma incidente no processo, também produzirão os efeitos da coisa julgada se: **a)** da sua resolução depender o julgamento do mérito, salvo se houver restrições probatórias ou limitações à cognição que impeçam o aprofundamento da sua análise; **b)** a seu respeito tenha se desenvolvido o contraditório prévio e efetivo, não se

SINOPSES JURÍDICAS

aplicando no caso de revelia; e **c)** o juízo tiver competência absoluta para resolvê-la como questão principal (art. 503, § 1º).

A exceção de coisa julgada só pode ser alegada quando entre as ações houver identidade dos seus três elementos (igualdade de partes, mesma causa de pedir e mesmo pedido).

O art. 505 abre a possibilidade de rediscussão sobre questões já objeto de sentença de mérito quando a relação jurídica for continuativa e sobreveio modificação no estado de fato ou de direito utilizado pelo julgador na anterior decisão. Em tais hipóteses a parte poderá pedir a revisão da sentença (ex.: ação de alimentos). São os casos de julgamento *rebus sic stantibus*, comportando a anterior sentença alteração por nova ação, ajuizada perante o juiz de primeiro grau. É importante ter em mente não ser essa hipótese exceção ao limite material da coisa julgada, pois a nova ação versará sobre questões de fato ou de direito diversas da anterior, refugindo à exigência da identidade dos elementos (nova causa de pedir), muito embora sirva como forma de revogação da sentença anterior, proferida com base em situações fáticas não mais existentes.

Outro limite objetivo é o do duplo grau de jurisdição obrigatório ou remessa necessária (art. 496). Por vezes o interesse público exige, obrigatoriamente, o reexame da sentença pela instância superior, independentemente do recurso voluntário das partes, não produzindo efeitos (coisa julgada), enquanto não confirmada pelo tribunal a sentença: **a)** proferida contra a União, o Estado, o Distrito Federal, o Município e as respectivas autarquias e fundações de direito público; **b)** que julgar procedentes, no todo ou em parte, os embargos à execução fiscal.

Não se aplica a remessa necessária quando a condenação for inferior a:

a) 1.000 (mil) salários mínimos para a União e as respectivas autarquias e fundações de direito público;

b) 500 (quinhentos) salários mínimos para os Estados, o Distrito Federal, as respectivas autarquias e as fundações de direito público e os Municípios que constituam capitais dos Estados; e

c) 100 (cem) salários mínimos para todos os demais Municípios e respectivas autarquias e fundações de direito público.

Também dispensado o duplo grau de jurisdição obrigatório quando a sentença estiver fundada em súmula de Tribunal Superior, acórdão do STF e do STJ em julgamento de recursos repetitivos, posição estabelecida em incidente de resolução de demandas repetitivas ou de assunção de competência e entendimento coincidente com orientação vinculante firmada no âmbito do próprio ente público.

109.2. LIMITES SUBJETIVOS

O limite subjetivo da coisa julgada está ligado ao elemento subjetivo da ação, as partes. A coisa julgada não pode beneficiar nem prejudicar terceiros, fazendo lei apenas entre as partes, conforme disposição do art. 506.

Neste ponto torna-se necessária a diferenciação entre eficácia da sentença e autoridade da coisa julgada. A imutabilidade dos efeitos materiais da sentença de mérito só atinge as partes. Entretanto, impossível se torna o não atingimento indireto de terceiros pela decisão, como ocorre no caso do credor de uma nota promissória que vê seu devedor ser vencido em ação movida por terceiro, sobrevindo desfalque de seu patrimônio.

Logo, a eficácia da sentença, por ser ato emanado do Poder Público, exige respeito de todos os cidadãos, mesmo que ela surta prejuízo fático, e não jurídico (perda de um direito), na esfera pessoal de terceiros.

Processo civil – Teoria geral do processo e processo de conhecimento

Já a autoridade da coisa julgada, como imutabilidade dos efeitos e impossibilidade de rediscussão, só é oposta contra quem participou do processo (partes).

Se um devedor solidário é acionado pelo credor e, após condenado, paga em juízo a dívida, adquire direito regressivo proporcional com relação aos demais devedores solidários excluídos pelo credor da ação. Entretanto, no novo processo sujeitar-se-á ele a todas as alegações dos demais codevedores, como, por exemplo, a prescrição, não sendo atingidos pela imutabilidade do efeito material da condenação aqueles que não foram parte no feito originário.

Suponha-se uma ação de investigação de paternidade ajuizada por filho concebido fora da constância do casamento. A legitimidade passiva é exclusiva do pretenso pai, e nenhum herdeiro ou cônjuge poderá participar do processo, por ausência de vínculo jurídico com a questão proposta. Uma vez reconhecida a paternidade, será ela oposta a qualquer pessoa, por ser a sentença declaratória outorgante de *status* jurídico inerente à própria pessoa. Logo, essas sentenças demandam não só respeito quanto à sua eficácia (inerente a todas as sentenças e de todos exigido), como também obediência à sua autoridade (imutabilidade do *status* reconhecido em sentença oposta a todos).

Quadro Sinótico – Sentença e coisa julgada: efeitos e limites

1) Efeitos	O principal efeito da sentença, sob a análise meramente processual, é o de extinguir o processo (**efeito formal**). As sentenças definitivas (**de mérito**), além de trazerem consigo o efeito formal de extinção do processo, geram **efeitos materiais**, na medida em que abordam a lide submetida a julgamento. Como efeito secundário da sentença condenatória que impõe ao réu pagamento de prestação consistente, temos a hipoteca judiciária.
2) Limites	A coisa julgada tem seus limites objetivos fixados conforme a análise dos próprios elementos objetivos da ação (pedido e causa de pedir). Só é atingida pela imutabilidade a parte dispositiva da sentença, não fazendo coisa julgada os motivos do raciocínio lógico desenvolvido pelo juiz na sentença, por mais importantes que sejam. O limite subjetivo da coisa julgada está ligado ao elemento subjetivo da ação, as partes. A coisa julgada não pode beneficiar nem prejudicar terceiros, fazendo lei apenas entre as partes.

110. EFICÁCIA PRECLUSIVA DA COISA JULGADA

A coisa julgada restringe-se ao deduzido pelas partes em juízo e ao objeto da decisão de mérito.

Entretanto, o art. 508 do Código de Processo Civil estipula serem consideradas como deduzidas e repelidas todas as alegações e defesas que a parte poderia opor assim ao acolhimento como à rejeição do pedido, o que pode fazer crer ser a coisa julgada extensível inclusive ao que não foi objeto de análise nos autos. A própria etimologia da expressão "coisa julgada" (objeto de julgamento) indica ser tal raciocínio equivocado.

A regra mencionada precisa ser analisada em confronto com o princípio da eventualidade, a teoria da substanciação e o conceito de preclusão.

Pelo princípio da eventualidade, todas as teses de direito possíveis e condizentes com a lide devem ser deduzidas pelas partes no momento oportuno (inicial e contestação), sob pena de preclusão (perda da faculdade processual de trazer aos autos suas deduções anteriormente omitidas).

Se a coisa julgada só faz lei entre as partes no que se refere às questões decididas e nos limites da lide, mister se faz resolver qual a natureza da proibição de rediscussão em outro processo das questões e defesas não levantadas nos autos em momento oportuno e que serviriam para o acolhimento ou rejeição do pedido.

Coisa julgada inexiste, simplesmente pela ausência de decisão sobre a alegação ou defesa omitida. Preclusão, na acepção normal da palavra, também não explica o instituto, por ser esse fenômeno endoprocessual, ocorrente apenas dentro do próprio processo, sem projeções externas que atinjam a órbita do direito material das partes.

A solução reside na conjugação dos dois conceitos, surgindo o que a doutrina nomina de **eficácia preclusiva da coisa julgada**. É ela espécie de preclusão, decorrente do trânsito em julgado da sentença, diversa das demais, pois se projeta para fora do processo, impedindo à parte omissa que rediscuta em novo processo alegação ou defesa que deveria ter trazido aos autos no momento correto (princípio da eventualidade).

Vejamos o seguinte exemplo: **A** ajuíza ação visando ao cumprimento de um contrato firmado com **B**. A ação é julgada procedente, condenando-se **B** ao cumprimento de suas obrigações contratuais. Após o trânsito em julgado da sentença, **B** propõe ação, com base no mesmo contrato, visando compelir **A** ao cumprimento de suas obrigações contratuais. Estaria essa ação vedada em seu exercício pela existência de coisa julgada?

O fato jurídico versado nos autos (os fatos constitutivos do direito do autor e sua interpretação jurídica) é o mesmo do antigo processo, e competia ao réu alegar em sua defesa a exceção de contrato não cumprido, como forma de impedir sua condenação. Em sendo essa defesa passível de alegação no processo por **B** para se opor ao acolhimento do pedido de **A** e não formulada no momento oportuno, com o trânsito em julgado da condenação tornou-se preclusa a faculdade dessa alegação, consubstanciada a eficácia preclusiva da coisa julgada. E essa eficácia de preclusão decorrente do trânsito em julgado se projeta para fora do processo.

Portanto, a ação deixará de ser admitida pela ausência de interesse de agir na espécie, ante a desnecessidade de nova manifestação do Judiciário sobre o mesmo fato jurídico. A alegação deveria ter sido deduzida no processo original, e não mediante nova provocação da jurisdição. Muito embora não exista coisa julgada no caso em tela, pois a análise dos elementos da ação indica para a divergência de pedidos, o art. 508 torna clara a carência de interesse de agir.

Título III
DOS PROCESSOS NOS TRIBUNAIS E DOS MEIOS DE IMPUGNAÇÃO DAS DECISÕES JUDICIAIS

Capítulo XXXIV
DA ORDEM DOS PROCESSOS E DOS PROCESSOS DE COMPETÊNCIA ORIGINÁRIA DOS TRIBUNAIS

É dever dos tribunais a uniformização da sua jurisprudência, mantê-la íntegra, estável e coerente. Para tanto, editarão enunciados de súmula da sua jurisprudência dominante, atendo-se às circunstâncias fáticas dos precedentes que motivaram sua criação (art. 926).

A fim de outorgar maior segurança jurídica, deverão os tribunais e os juízes observar: as decisões do STF em controle concentrado de constitucionalidade; as súmulas vinculantes; os acórdãos proferidos em incidente de assunção de competência ou resolução de demandas repetitivas; as súmulas do STF e do STJ, nas matérias de sua competência, e a orientação do plenário ou órgão especial a que estiverem vinculados.

Na hipótese de alteração de súmula, entendimento repetitivo ou tese pacificada, poderá ser precedida de audiências públicas de todos aqueles que possam contribuir para a rediscussão da tese, além de ser possível a modulação dos efeitos da alteração no interesse social e segurança jurídica (art. 927).

111. DA ORDEM DOS PROCESSOS NOS TRIBUNAIS

Todos os processos devem ser registrados no protocolo do tribunal no dia de entrada, com imediata distribuição, na forma estabelecida pelo respectivo regimento interno, observados a alternatividade, o sorteio eletrônico e a publicidade. O protocolo torna prevento o relator para qualquer outro recurso, do mesmo processo ou de processo que lhe seja conexo (arts. 929 e 930).

Uma vez distribuídos os autos, cabe ao relator (art. 932) elaborar seu voto e restituí-lo à secretaria no prazo de trinta dias. Tem ele as funções estabelecidas no art. 932 do Código de Processo Civil, quais sejam: **a)** dirigir e ordenar o processo, realizar eventuais provas e homologar a autocomposição das partes; **b)** apreciar o pedido de tutela provisória nos recursos e nos processos de competência originária; **c)** não conhecer do recurso inadmissível, prejudicado ou que não tenha impugnado especificadamente os fundamentos da decisão recorrida; **d)** negar provimento a recurso contrário a Súmula do STF, do STJ ou do próprio tribunal, a acórdão do STF ou STJ em julgamento de recursos repetitivos, a entendimento firmado em incidente de demandas repetitivas ou assunção de competência; **e)** dar provimento ao recurso, depois de facultadas contrarrazões, se a decisão for contrária às mesmas hipóteses mencionadas no item "d"; **f)** decidir o incidente de desconsideração da personalidade jurídica instaurado diretamente no tribunal; **g)** determinar a intimação do MP, quando for o caso; e **h)** exercer as demais atribuições estabelecidas no regimento interno do tribunal. Nos termos do art. 933, a ocorrência de fato superveniente à decisão recorrida deve ser analisada sempre após a efetivação do contraditório, seja pela vista às partes ou pela suspensão do julgamento, evitando-se sejam as partes surpreendidas com a inclusão do fato novo.

A pauta de julgamento deve ser publicada com antecedência mínima de cinco dias do julgamento, com inclusão em nova pauta dos processos que não tenham sido julgados, com exceção daqueles cujo julgamento tenha sido expressamente adiado para a primeira sessão seguinte.

Ressalvadas as preferências legais, os processos e os recursos serão julgados na seguinte ordem: aqueles em que houver sustentação oral, aqueles que tiverem requerimento de preferência até o início da sessão, os que tiveram início em sessão anterior e os demais casos.

Na sessão de julgamento dos recursos de apelação, ordinário, especial, extraordinário, embargos de divergência, ação rescisória, mandado de segurança, reclamação e agravo de instrumento contra decisões que versem sobre tutelas provisórias, as partes e o MP têm o prazo de quinze minutos cada para sustentarem suas razões. Cabe sustentação oral, ainda, no agravo interno dos processos originários, interposto contra decisão do relator que os extinga. O advogado que tenha domicílio em cidade diversa daquela onde está sediado tribunal pode requerer a sustentação oral por meio de recurso tecnológico de transmissão de sons e imagens em tempo real.

Eventual vício deve ser sanado sempre que possível, ainda que mediante renovação ou realização do ato processual no primeiro grau de jurisdição.

O relator ou o juiz que ficar vencido no acolhimento da preliminar deve se pronunciar sobre o mérito, podendo solicitar prazo de dez dias, caso não se sinta habilitado a proferir seu voto de maneira imediata (arts. 939 e 940). Vencido esse prazo e não solicitada a sua prorrogação pelo autor do pedido de vista, cabe ao presidente do órgão fracionário requisitar os autos para julgamento, autorizada a convocação do substituto para proferir o voto.

O termo final para a alteração do voto é a proclamação do resultado pelo presidente. E todo voto vencido deve ser declarado e fazer parte integrante do acórdão, inclusive para fins de prequestionamento (art. 941).

Por força do estabelecido no art. 942, todo resultado não unânime de uma apelação passou a suportar uma espécie de embargos infringentes de ofício.

Constatada a ausência de unanimidade, deverão ser convocados, de preferência na mesma sessão, tantos novos julgadores quantos forem necessários para possibilitar a inversão do resultado inicial. Nesse prosseguimento é assegurada às partes e a eventuais terceiros a sustentação oral, assim como é facultado aos julgadores originários rever seus votos anteriores.

Tal procedimento se aplica aos julgamentos não unânimes proferidos em ação rescisória (quando o resultado for a rescisão do julgado) e ao agravo de instrumento, quando houver reforma da decisão que julgar parcialmente o mérito.

Não tem ele cabimento nos casos de remessa necessária, incidente de assunção de competência, resolução de demandas repetitivas e julgamentos não unânimes proferidos, nos tribunais, pelo plenário ou pela corte especial.

Todo acórdão conterá ementa, podendo ser assinado e registrado sob a forma eletrônica.

Processo civil – Teoria geral do processo e processo de conhecimento

> **Quadro Sinótico – Da ordem dos processos**

Generalidades	É dever dos tribunais a uniformização da sua jurisprudência, mantê-la íntegra, estável e coerente. Todos os processos devem ser registrados no protocolo do tribunal no dia de entrada, com imediata distribuição, na forma estabelecida pelo respectivo regimento interno, observados a alternatividade, o sorteio eletrônico e a publicidade.

112. DO INCIDENTE DE ASSUNÇÃO DE COMPETÊNCIA (CPC, ART. 947)

O incidente faz parte do grupo de procedimentos criados com a finalidade de propiciar maior efetividade à Justiça, pela técnica de uniformização de entendimento e vinculação dos órgãos do Poder Judiciário hierarquicamente inferiores àquele que proferiu a decisão. Essa técnica visa evitar a repetição desnecessária de inúmeros julgamentos sobre questões de direito idênticas.

A hipótese de assunção de competência ocorre quando o julgamento de recurso, de remessa necessária ou de processo de competência originária envolver questão de direito com grande repercussão social, sem repetição em múltiplos processos.

O incidente visa remeter o julgamento da questão, seja por ato de ofício do relator, seja a requerimento das partes e interessados, ao crivo do órgão colegiado indicado pelo regimento. Esse órgão, reconhecido o interesse público, assume a competência do julgamento, e sua decisão vinculará todos os juízes e órgãos fracionários, salvo no caso de revisão de tese.

113. DO INCIDENTE DE ARGUIÇÃO DE INCONSTITUCIONALIDADE (CPC, ARTS. 948 E 949)

Existem duas formas de controle jurisdicional da constitucionalidade.

O controle concentrado é aquele feito nas ações que têm como objeto justamente a análise da adequação ou não da norma, em sentido amplo, ao que estabelece a Constituição Federal e que são de competência do STF.

Já o controle difuso é feito por todo juiz diante de um caso concreto.

Nos tribunais, uma vez arguida a inconstitucionalidade de lei ou de ato normativo do Poder Público, o relator submeterá a questão à turma ou à câmara com competência para conhecer do processo, após oitiva das partes.

A turma/câmara pode rejeitar a arguição, prosseguindo-se no julgamento do processo, ou acolhê-la, quando a questão será submetida ao plenário do tribunal ou seu órgão especial, se houver.

Após prévia remessa do acórdão aos juízes, será designada sessão de julgamento e autorizada a manifestação das pessoas jurídicas de direito público responsáveis pela edição do ato questionado e das partes legitimadas à propositura das ações previstas no art. 103 da Constituição Federal, na forma do regimento interno. Diante da relevância da matéria, o relator poderá admitir, por despacho irrecorrível, a manifestação de outros órgãos ou entidades.

114. DO CONFLITO DE COMPETÊNCIA (CPC, ARTS. 951 A 959)

Os chamados conflitos de competência ocorrem quando dois ou mais juízes se dizem competentes ou negam sua competência para julgar determinado caso ou questão.

Pode ser ele suscitado ao tribunal pelo juiz ou qualquer das partes, conquanto esta não tenha arguido a incompetência relativa anteriormente no feito.

Distribuído o conflito, será ouvido o juiz ou os juízes suscitados, por meio de informações. Nos casos em que não puder julgar de plano o conflito (decisão fundada em súmula do STF, do STJ ou do próprio tribunal ou em tese firmada em julgamento de casos repetitivos ou assunção de competência), o relator designará sempre um dos juízes para resolver, em caráter provisório, as medidas urgentes, podendo sobrestar o processo.

Após manifestação do Ministério Público, o conflito irá a julgamento, no qual se declarará qual o juízo competente e a eventual validade dos atos daquele reconhecido incompetente.

O julgamento de conflitos entre autoridades judiciárias e administrativas terá previsão no regimento interno do tribunal.

115. DA HOMOLOGAÇÃO DE DECISÃO ESTRANGEIRA E DA CONCESSÃO DO *EXEQUATUR* À CARTA ROGATÓRIA (CPC, ARTS. 960 E 963)

Como regra geral, salvo disposição em tratado, toda decisão estrangeira, seja ela definitiva ou provisória, só pode produzir efeitos após a análise de sua adequação ao ordenamento pátrio, procedimento este de competência do STJ. Isso porque, conforme já visto, o exercício da jurisdição envolve questões de soberania nacional, motivo pelo qual inaceitável supor que decisões provenientes de Estados estrangeiros fossem imediatamente executadas no Brasil, sem qualquer análise do Judiciário pátrio.

A decisão estrangeira deve ser homologada em ação perante o STJ, sendo possível a execução de decisão interlocutória estrangeira por meio de carta precatória. A homologação de decisão arbitral estrangeira obedecerá ao disposto em tratado ou lei, com aplicação subsidiária do Código de Processo Civil.

A decisão estrangeira, definitiva ou interlocutória, só tem validade no Brasil após sua homologação ou concessão do exequatur, respectivamente, salvo disposição em contrário da lei brasileira ou tratado. Mas no curso da ação de homologação poderão ser deferidos pedidos de urgência e atos de execução provisória da decisão estrangeira.

A sentença estrangeira de divórcio consensual independe de homologação do STJ, isso por ser ela oriunda de um procedimento de jurisdição voluntária, no qual não existe a atividade jurisdicional típica. Tanto que no Brasil o divórcio consensual, não havendo menores, pode ser realizado perante os notários.

No referente às medidas estrangeiras de urgência, devem ser elas realizadas por carta rogatória. Aquelas determinadas sem a audiência do réu só serão executadas no Brasil se garantido o contraditório em momento posterior. A urgência da medida não pode ser reapreciada pelo STJ, sendo de competência exclusiva da autoridade estrangeira que a prolatou.

Em todos os casos em que a homologação da sentença estrangeira for dispensada, a medida de urgência a ela ligada deve ter sua validade expressamente reconhecida pelo juiz que lhe dará cumprimento.

São requisitos da homologação da decisão e da concessão do exequatur nas rogatórias ter sido ela proferida por juízo competente, ser precedida de citação regular, ainda que verificada a revelia, ser eficaz no país que a proferiu, não ofender a coisa julgada brasileira, estar acompanhada de tradução oficial (salvo dispensa em tratado), não conter manifesta ofensa à ordem pública e não ter sido ela proferida em hipótese de competência exclusiva da autoridade judiciária brasileira.

Processo civil – Teoria geral do processo e processo de conhecimento

Quadro Sinótico – Dos processos de competência dos tribunais

1) Incidente de assunção de competência	O incidente visa evitar a repetição desnecessária de inúmeros julgamentos sobre questões de direito idênticas. A hipótese ocorre quando o julgamento de recurso, de remessa necessária ou de processo de competência originária envolver questão de direito com grande repercussão social, sem repetição em múltiplos processos, e remete o julgamento da questão ao crivo do órgão colegiado indicado pelo regimento. Esse órgão assume a competência do julgamento, e sua decisão vinculará todos os juízes e órgãos fracionários.
2) Incidente de arguição de inconstitucionalidade	Nos tribunais, uma vez arguida a inconstitucionalidade de lei ou de ato normativo do Poder Público, o relator submeterá a questão à turma ou à câmara com competência para conhecer do processo, após oitiva das partes. Aceita a arguição, a questão será submetida ao plenário do tribunal ou seu órgão especial, se houver.
3) Conflito de competência	Distribuído o conflito, será ouvido o juiz ou os juízes suscitados, por meio de informações. Nos casos em que não puder julgar de plano o conflito, o relator designará sempre um dos juízes para resolver, em caráter provisório, as medidas urgentes, podendo sobrestar o processo.
4) Homologação de decisão estrangeira e concessão do *exequatur*	Como regra geral, salvo disposição em tratado, toda decisão estrangeira, seja ela definitiva ou provisória, só pode produzir efeitos após a análise de sua adequação ao ordenamento pátrio, procedimento este de competência do STJ. A decisão estrangeira deve ser homologada em ação perante o STJ, sendo possível a execução de decisão interlocutória estrangeira por meio de carta precatória. São requisitos da homologação da decisão e da concessão do *exequatur* nas rogatórias ter sido ela proferida por juízo competente, ser precedida de citação regular, ainda que verificada a revelia, ser eficaz no país que a proferiu, não ofender a coisa julgada brasileira, estar acompanhada de tradução oficial (salvo dispensa em tratado), não conter manifesta ofensa à ordem pública e não ter sido ela proferida em hipótese de competência exclusiva da autoridade judiciária brasileira.

116. AÇÃO RESCISÓRIA (CPC, ARTS. 966 A 975)

É o remédio jurídico que visa reparar a injustiça, em sentido amplo, de uma sentença transitada em julgado. É ela, portanto, ação de cunho desconstitutivo, visando à extinção da imutabilidade dos efeitos materiais da sentença de mérito, por ocorrência de algum dos vícios de anulabilidade previstos no art. 966 do Código de Processo Civil.

Alguns autores ainda vislumbram na rescisória natureza declaratória de nulidade da sentença. Pelo já estudado no capítulo dos pressupostos processuais e da **querela nullitatis insanable**, podemos afirmar não ser a rescisória destinada ao controle dos vícios mais graves da sentença de mérito da qual não caiba mais recurso. Esses vícios gravíssimos impedem até mesmo considerar a existência jurídica da sentença proferida, como nos casos de juiz não investido ou citação nula do réu que permaneceu revel em juízo. Os vícios objeto da rescisória são sim graves, mas não o suficiente para tornar inexistente o provimento jurisdicional. Ao contrário, visam controlar as sentenças anuláveis, portadoras de vícios de segundo grau de gravidade com relação à sentença inexistente.

Tais vícios serão considerados sanados sempre que os prazos estabelecidos no art. 975 do Código de Processo Civil escoarem. A regra geral é a extinção do direito à rescisão em dois anos, contados do trânsito em julgado da última decisão proferida no processo. Se o vencimento ocorrer durante as férias forenses, recessos, feriados ou em dia em que não houver expediente forense, será ele prorrogado até o primeiro dia útil imediatamente subsequente.

Nos casos de sentença proferida baseada em prova falsa, descoberta em processo criminal ou na própria ação rescisória, o prazo de dois anos começa a contar a partir da descoberta da prova nova, observado o prazo máximo de cinco anos, contados do trânsito em julgado da última decisão proferida no processo.

Já nas hipóteses em que as partes tenham obtido sentença mediante simulação ou colusão, o prazo para terceiro prejudicado ou Ministério Público começa a correr a partir do momento em que haja ciência dos vícios mencionados.

São casos de rescisão da sentença (CPC, art. 966):

a) **Prevaricação, concussão ou corrupção do juiz.** O atingimento da parcialidade do juiz motiva o afastamento dos efeitos materiais de sua sentença. Não demanda a condenação criminal, comportando prova na própria rescisória, e gera a anulação de todo o processo, desde o início da instrução.

b) **Impedimento ou incompetência absoluta do juiz.** Em sendo o impedimento hipótese objetiva de parcialidade do julgador, sua decisão é rescindível, também ocasionando a nulidade do processo desde o início da instrução. Já a eventual suspeição, de natureza subjetiva, fica sanada pelo advento do trânsito em julgado da sentença de mérito. A incompetência absoluta também é vício insanável, reconhecível de ofício no curso do processo. A sentença de mérito proferida por juiz absolutamente incompetente é rescindível, gerando a nulidade do processo desde a instrução. Já a relativa se prorroga, se não arguida em preliminar de contestação.

c) **Dolo ou coação da parte vencedora, em detrimento da parte vencida ou, ainda, simulação ou colusão entre as partes, a fim de fraudar a lei.** Devem as partes obediência ao princípio da lealdade processual. Se o vencedor impediu ou dificultou dolosamente a atuação da parte adversa ou influenciou dissimuladamente o juízo do magistrado, pode ter rescindida a decisão em seu favor, se provado no curso da rescisória ter sido o dolo a causa de sua vitória no processo. No mesmo sentido, o dolo bilateral das partes, para fraudar a lei por meio do processo. Nessa hipótese, os prejudicados (terceiros ou Ministério Público) podem rescindir a decisão prejudicial.

d) **Ofensa à coisa julgada.** Já foi objeto de análise a solução do conflito entre duas sentenças idênticas. Como visto, a sentença mais nova, violadora da coisa julgada, pode ser afastada do mundo jurídico pela rescisória. Entretanto, vencido o prazo legal de dois anos, não há como afastar o reconhecimento de validade da segunda sentença (mais nova) sobre a primeira (mais antiga).

e) **Violação manifesta de norma jurídica.** Não basta à parte alegar incorreta interpretação da lei no caso concreto, mas sim o *error in judicando* ou *in procedendo* patológico e repulsivo. É a decisão que nega vigência à lei em vigor ou se pauta por interpretação completamente oposta e manifestamente errônea. É o caso de decisão baseada em enunciado de súmula ou acórdão proferido em julgamento de casos repetitivos que não tenha considerado a existência de distinção entre a questão discutida no processo e o padrão decisório que lhe deu fundamento.

f) **Falsidade de prova.** A prova falsa só leva à rescisão se não existir outro elemento de convicção nos autos capaz de levar à mesma conclusão. Ademais, precisa a falsidade ser apurada em processo criminal ou demonstrada na própria rescisória.

g) **Descoberta pelo autor de nova prova cuja existência ignorava ou de que não pôde fazer uso, capaz, por si só, de lhe assegurar pronunciamento favorável.** A primeira hipótese é a descoberta de prova já existente, mas desconhecida pelo autor na época do

Processo civil – Teoria geral do processo e processo de conhecimento

processo. Nesses casos, a rescisória tem cabimento toda vez que a prova descoberta for capaz, sozinha, de modificar a conclusão da anterior. A segunda hipótese é do surgimento de prova nova, inexistente à época do processo, como no exemplo dos exames de DNA nas investigações de paternidade.

h) **Erro de fato.** É de interpretação restritiva, só sendo admissível a rescisão quando a sentença admitir fato inexistente ou considerar inexistente fato efetivamente ocorrido. Ademais, o erro deve ser a causa da conclusão da sentença, decorrente da análise das próprias provas dos autos e da ausência de controvérsia ou pronunciamento judicial sobre o fato no processo anterior.

A rescisória será admitida contra sentença que não seja de mérito, se esta impedir a nova propositura de demanda ou a admissibilidade de recurso.

Já os acordos homologados em juízo, por serem forma de autocomposição decorrente do acordo de vontade das partes, deverão ser objeto de ação anulatória e não rescisória.

Têm legitimidade para ajuizar a rescisória as partes e seus sucessores, o terceiro juridicamente interessado (assistente), o Ministério Público, quando tiver sido parte ou na qualidade de fiscal da lei, se não foi ouvido no processo em que sua intervenção era obrigatória ou se a sentença for decorrente de colusão entre as partes, a fim de fraudar a lei e aquele que não foi ouvido no processo em que lhe era obrigatória a intervenção.

A inicial da rescisória deve trazer o pedido de rescisão do julgado e, se for o caso, de novo julgamento, além da prova do depósito da importância de 5%, multa aplicável caso a ação seja unanimemente inadmitida ou julgada improcedente, revertendo em favor do réu. Esse depósito não ultrapassará o valor de 1.000 (mil) salários mínimos e não se aplica aos entes públicos, suas autarquias e fundações.

Quadro Sinótico – Ação rescisória

Ação rescisória	É o remédio jurídico, de cunho desconstitutivo, que visa a reparar a injustiça, em sentido amplo, de uma sentença transitada em julgado. São casos de rescisão da sentença: a) Prevaricação, concussão ou corrupção do juiz. b) Impedimento ou incompetência absoluta do juiz. c) Coação da parte vencedora, em detrimento da parte vencida ou, ainda, simulação ou colusão entre as partes, a fim de fraudar a lei. d) Ofensa à coisa julgada. e) Violação manifesta de norma jurídica. f) Falsidade de prova. g) Descoberta pelo autor de nova prova cuja existência ignorava ou de que não pôde fazer uso, capaz, por si só, de lhe assegurar pronunciamento favorável. h) Erro de fato.

117. INCIDENTE DE RESOLUÇÃO DE DEMANDAS REPETITIVAS (CPC, ARTS. 976 A 987)

Mais um procedimento que objetiva a uniformização dos entendimentos jurisprudenciais das cortes estaduais e federais de 2º grau, como forma de evitar julgados díspares em demandas repetitivas.

O incidente tem cabimento quando houver efetiva repetição de processos que contenham controvérsia sobre a mesma questão unicamente de direito, simultaneamente com risco de ofensa à isonomia e à segurança jurídica.

Mas é ele incabível se já houver recurso para a definição da tese sobre o direito material ou questão processual repetitiva perante o STF ou o STJ.

O procedimento poderá ser requerido ao presidente de tribunal pelo juiz ou relator (de ofício), pelas partes, pelo Ministério Público ou pela Defensoria Pública. A intervenção do Ministério Público será sempre obrigatória, a quem compete assumir a titularidade nos casos de desistência ou abandono.

O julgamento será realizado pelo órgão responsável pela uniformização de jurisprudência do tribunal, o qual julgará igualmente o recurso, a remessa necessária ou o processo de competência originária de onde se originou o incidente.

Para dar ampla publicidade aos incidentes, serão eles registrados eletronicamente no cadastro eletrônico do CNJ, com apontamento das teses jurídicas, os fundamentos determinantes da decisão e os dispositivos normativos relacionados. O relator poderá, ainda, realizar audiências públicas para ouvir depoimentos de pessoas com experiência e conhecimento na matéria.

O incidente gera a suspensão dos processos pendentes, individuais e coletivos, pelo prazo de um ano. Vencido o prazo, a suspensão cessa, salvo decisão fundamentada do relator em sentido contrário. A tutela de urgência deverá ser requerida perante o juízo onde tramita o processo suspenso.

Qualquer legitimado poderá requerer ao tribunal que conhecerá dos recursos extraordinário ou especial interpostos contra a decisão do incidente a suspensão de todos os processos em curso no território nacional que versem sobre a mesma questão.

O julgamento comporta sustentação oral das partes e do Ministério Público (trinta minutos cada). Os demais interessados dividirão outros trinta minutos, prazo este que poderá ser ampliado diante do número de inscritos.

A tese jurídica fixada no julgamento será aplicada a todos os processos, presentes e futuros, sob pena de reclamação, que versem sobre questão de direito idêntica e que estejam sob a jurisdição do tribunal respectivo, inclusive os juizados especiais.

Se o incidente versar sobre prestação e serviço concedido, permitido ou autorizado, o resultado será comunicado ao órgão, ente ou agência reguladora competente para fiscalização da efetiva aplicação da tese por parte dos entes sujeitos a regulação.

118. RECLAMAÇÃO (CPC, ARTS. 988 A 993)

A reclamação tem cabimento, a requerimento do interessado ou do Ministério Público, para preservar a competência do tribunal, garantir a autoridade das decisões do tribunal, garantir a observância de enunciado de súmula vinculante e de decisão do Supremo Tribunal Federal (em controle concentrado) e garantir a observância de acórdão proferido em julgamento de incidente de demandas repetitivas ou de assunção de competência.

Não tem ela cabimento contra decisão transitada em julgado ou antes de esgotadas as instâncias ordinárias, nos casos de acórdão de recurso extraordinário com repercussão geral reconhecida ou proferido em julgamento de recurso extraordinário ou especial repetitivos.

Como regra, a reclamação será distribuída ao relator do processo principal. Poderá ele ordenar a suspensão do processo ou ato impugnado para evitar dano irreparável.

A contestação da reclamação é feita pelo beneficiário da decisão impugnada, mas pode ela ser impugnada por qualquer interessado.

O Ministério Público tem intervenção obrigatória.

Processo civil – Teoria geral do processo e processo de conhecimento

A procedência da reclamação gera a cassação da decisão exorbitante ou determinará medida adequada à solução da controvérsia, com cumprimento imediato, antes mesmo de lavrado o acórdão.

Quadro Sinótico – Incidente de resolução de demandas repetitivas e reclamação

1) Incidente de resolução de demandas repetitivas	O incidente tem cabimento quando houver efetiva repetição de processos que contenham controvérsia sobre a mesma questão unicamente de direito, simultaneamente com risco de ofensa à isonomia e à segurança jurídica. O julgamento será realizado pelo órgão responsável pela uniformização de jurisprudência do tribunal, o qual julgará igualmente o recurso, a remessa necessária ou o processo de competência originária de onde se originou o incidente. A tese jurídica fixada no julgamento será aplicada a todos os processos, presentes e futuros, sob pena de reclamação, que versem sobre questão de direito idêntica e que estejam sob a jurisdição do tribunal respectivo, inclusive os juizados especiais.
2) Reclamação	Tem cabimento, a requerimento do interessado ou do MP, para preservar a competência do tribunal, garantir a autoridade das decisões do tribunal, a observância de enunciado de súmula vinculante e de decisão do Supremo Tribunal Federal (em controle concentrado) e a observância de acórdão proferido em incidente de demandas repetitivas ou de assunção de competência.

Capítulo XXXV
TEORIA GERAL DOS RECURSOS

119. CONCEITO

Recurso é o ato pelo qual a parte demonstra seu inconformismo com uma decisão proferida nos autos, postulando a sua reforma ou modificação, no todo ou em parte.

A garantia do duplo grau de jurisdição outorga maior força de pacificação social à decisão, na medida em que impõe à parte sua submissão apenas após a revisão da sentença que lhe é desfavorável.

São recorríveis, no todo ou em parte, todos os atos do juiz que caracterizem decisões interlocutórias ou sentenças e admissíveis os recursos de apelação, agravo, de instrumento, agravo interno, embargos de declaração, recurso ordinário, especial, extraordinário, agravo em recurso especial ou extraordinário e embargos de divergência (CPC, art. 994).

Dos despachos não cabe recurso (art. 1.001).

A regra geral é o recebimento dos recursos no efeito apenas devolutivo, ou seja, não impedem eles a eficácia da decisão recorrida, salvo disposição legal ou decisão judicial em sentido diverso (CPC, art. 995).

Para o recurso ser admitido e processado, normalmente deve ele preencher prévios requisitos legais, nominados como pressupostos subjetivos e objetivos dos recursos.

Se ausentes tais requisitos, não será o recurso analisado em seu mérito, ou seja, não será apreciado o pedido de reforma ou invalidade da decisão proferida, em raciocínio muito semelhante ao feito com as condições e mérito da ação.

Todo julgamento proferido pelo tribunal substitui a decisão impugnada, no que tiver sido objeto do recurso (art. 1.008).

120. PRESSUPOSTOS SUBJETIVOS

Levam em consideração a qualidade necessária à pessoa do recorrente.

120.1. LEGITIMIDADE

São legítimos para recorrer as partes o terceiro prejudicado e o Ministério Público, como parte ou como fiscal da ordem jurídica. É pressuposto analisado abstratamente, bastando ao recorrente afirmar ter sofrido prejuízo jurídico em decorrência da decisão.

120.2. INTERESSE

O interesse em recorrer está ligado ao conceito de sucumbência. Sucumbir consiste em não receber da decisão tudo o que dela se esperava.

Para as decisões interlocutórias o interesse em recorrer surge quando gerada ao recorrente uma situação de desvalia no processo.

Já para as sentenças, o autor sucumbe quando não tem o acolhimento integral de sua pretensão, na forma como deduzida na inicial. O réu, por sua vez, sucumbe quando o pedido do autor é atendido, mesmo que parcialmente.

O recurso do terceiro prejudicado é forma de intervenção de terceiros em fase recursal, tendo cabimento em duas hipóteses, conforme o parágrafo único do art. 996:

Processo civil – Teoria geral do processo e processo de conhecimento

a) Quando a relação jurídica submetida à apreciação judicial atingir direito que se afirme titular. Seu interesse caracteriza-se pela qualidade de assistente que poderia ter ostentado no processo em primeiro grau.

b) Quando estiver ele autorizado a discutir em juízo como substituto processual da parte vencida (legitimação extraordinária).

O interesse do Ministério Público em recorrer está vinculado à natureza da sua função exercida no processo. Por vezes sua intervenção é determinada pela matéria objeto do processo, cuja relevância do interesse público demanda a participação da instituição defensora da sociedade (**fiscal da ordem jurídica**). Nessas hipóteses, seu interesse surge pela simples discordância com o teor da decisão proferida.

Já nos casos em que é parte, seu interesse em recorrer está vinculado ao conceito de sucumbência já exposto.

A parte que aceitar expressa ou tacitamente (prática de atos incompatíveis com a vontade de recorrer) a decisão não poderá interpor recurso (art. 1.000).

A desistência do recurso pode ser feita a qualquer tempo e não exige anuência do recorrido ou dos litisconsortes. Entretanto, não atinge ela questão de repercussão geral já reconhecida ou que seja objeto de recursos extraordinários e especial repetitivos.

121. PRESSUPOSTOS OBJETIVOS

Estão ligados às exigências legais para o conhecimento do recurso.

121.1. TEMPESTIVIDADE

Todo o nosso sistema processual é baseado em preclusões (sistema rígido), com perda de faculdades processuais pelo seu não exercício no momento oportuno.

Portanto, toda decisão tem um prazo legal peremptório para ser recorrida, sob pena de preclusão, sendo a tempestividade exatamente tal análise.

O prazo comum dos recursos é de quinze dias, com exceção dos embargos de declaração. Sua contagem inicia-se na data em que os advogados, as sociedades de advogados, a Advocacia Pública, a Defensoria Pública ou o Ministério Público são intimados da decisão (art. 1.003).

A intimação é considerada feita em audiência quando nela for proferida a decisão. Já para as decisões proferidas antes da citação do réu, o prazo terá seu início conforme as regras do art. 231 do Código de Processo Civil.

No prazo legal, deverá a petição de interposição do recurso estar protocolada em cartório ou segundo a norma de organização judiciária, ressalvada regra especial.

O recurso remetido pelo correio terá sua tempestividade considerada como sendo a data da postagem.

Em caso de falecimento da parte ou de seu advogado, durante o prazo recursal, ou ainda nos casos de força maior que suspenda o curso do processo, o prazo será restituído em favor da parte, herdeiro ou sucessor, começando a fluir novamente depois de sua intimação (art. 1.004).

Havendo litisconsórcio, o recurso de um a todos aproveita, salvo quando os interesses forem distintos ou opostos. Na hipótese de solidariedade passiva, o recurso de um aproveita aos demais quando as defesas contra o credor forem comuns (art. 1.005).

121.2. CABIMENTO

Para cada decisão deve haver um único recurso apropriado à sua reforma ou invalidação. É o princípio da unirrecorribilidade das decisões, que comporta aparente exceção, no caso de interposição conjunta de recurso especial e extraordinário contra um mesmo acórdão. Aparentes porque, na realidade, não são dois ou mais recursos cabíveis contra a mesma decisão, mas recursos com objetos distintos interpostos contra partes diversas do mesmo julgado.

Se a lei tem previsão expressa quanto a qual recurso cabível, a parte que não observar essa disposição cometerá erro grosseiro, gerando o não conhecimento de sua pretensão à reforma ou invalidade da decisão.

Se, em caso inverso, for a lei omissa, abre-se azo à aplicação do princípio da fungibilidade, autorizante do recebimento de um recurso por outro, quando não cometido erro grosseiro e observado o prazo de interposição do recurso correto.

121.3. PREPARO

É o pagamento das despesas de processamento do recurso, cuja prova de recolhimento, juntamente com o porte de remessa e de retorno, deve vir aos autos juntamente com a petição de interposição, sob pena de deserção, salvo nos autos eletrônicos (art. 1.006).

Há dispensa do recolhimento nos recursos interpostos pelo Ministério Público, pela União, pelo Distrito Federal, pelos Estados, pelos Municípios, e respectivas autarquias, e pelos que gozam de isenção legal.

Eventual insuficiência de preparo, inclusive porte de remessa e de retorno, só implicará deserção se não complementado o valor no prazo de cinco dias, após intimação de seu advogado.

Mesmo quando ausente o recolhimento, faculta a lei ao recorrente, após intimado por seu advogado, que recolha tardiamente a despesa, desde que no dobro do valor original. Nessa hipótese, caso o preparo tardio seja insuficiente, não se aplicará a regra de complementação já mencionada.

A pena de deserção poderá ser relevada pelo relator, desde que provado o justo impedimento pelo recorrente.

O erro no preenchimento da guia de custas não gera a deserção, cabendo ao recorrente sanar o vício em cinco dias.

121.4. GENERALIDADES

Todo recurso, após interposto, pode contar com a desistência do recorrente, exercitável a qualquer tempo e independentemente de anuência do recorrido ou litisconsorte. Sua diferença em relação à renúncia é que esta é formulada nos autos previamente à interposição do recurso.

Ela pode ser expressa, manifestada oralmente ou por escrito nos autos, ou tácita, pelo transcurso do prazo para recorrer (CPC, art. 502). Já a parte que aceitar, tácita ou expressamente, a sentença não poderá dela recorrer (CPC, art. 503). A aceitação expressa é feita também por escrito ou oralmente nos autos, enquanto a tácita decorre da prática de ato incompatível com a vontade de recorrer (p. ex.: cumprimento voluntário da sentença).

122. RECURSO ADESIVO

Tem ele cabimento quando houver sucumbência recíproca das partes, como forma de desestímulo para recursos desnecessários. A parte que deixar de recorrer de sua sucumbência poderá aderir ao eventual recurso interposto pela parte adversa (CPC, art. 997). Cabe apenas nos recursos de apelação, extraordinário e especial, sendo interposto no mesmo prazo

Processo civil – Teoria geral do processo e processo de conhecimento

conferido às contrarrazões, com conhecimento de seu mérito sujeito à admissibilidade e à não desistência do recurso principal.

Dúvidas existem quanto à possibilidade de se aderir ao recurso ordinário. Muito embora o Código de Processo Civil não preveja seu cabimento nessa hipótese, é o recurso ordinário cabível nos feitos originários dos tribunais, funcionando como espécie de apelação (para tanto confira-se o *caput* do art. 1.028 do CPC). Assim, parece-nos que a melhor interpretação é a que autoriza o seu cabimento, muito embora sem expressa previsão legal.

Quadro Sinótico – Teoria geral dos recursos

1) Conceito	É o ato pelo qual a parte demonstra seu inconformismo com uma decisão proferida e postula sua reforma ou modificação. São recorríveis todos os atos que caracterizem decisões interlocutórias ou sentenças. Para ser admitido e processado, todo recurso deve preencher prévios requisitos legais (pressupostos subjetivos e objetivos).
2) Pressupostos subjetivos	a) Legitimidade b) Interesse
3) Pressupostos objetivos	a) Tempestividade b) Cabimento c) Preparo
4) Recurso adesivo	Tem ele cabimento nos casos de sucumbência recíproca das partes, como forma de desestímulo para recursos desnecessários.

Capítulo XXXVI
DOS RECURSOS EM ESPÉCIE

123. APELAÇÃO (CPC, ARTS. 1.009 A 1.014)

É o recurso cabível contra a sentença.

Todas as questões resolvidas na fase de conhecimento cujas decisões não comportem agravo de instrumento nem estejam preclusas devem ser levantadas em preliminar de apelação ou nas contrarrazões. Nesta última hipótese, terá o recorrente vista para manifestar-se a respeito delas em quinze dias.

Tal procedimento deverá ser observado mesmo quando a sentença trouxer, em um dos seus capítulos, decisão a respeito das matérias previstas no art. 1.015, das quais, a princípio, teria cabimento o recurso de agravo de instrumento.

É ela um recurso ordinário, de primeiro grau, com a petição de interposição dirigida ao próprio juiz prolator da sentença recorrida, contendo os nomes e as qualificações das partes, a exposição do fato e do direito, as razões do pedido de reforma ou decretação de nulidade e o pedido de nova decisão. Tem por finalidade principal evitar o trânsito em julgado da sentença e serve como forma de obtenção da garantia do duplo grau de jurisdição.

123.1. PROCEDIMENTO

A petição de apelação é interposta para o próprio juiz prolator da sentença de primeiro grau.

A ele compete zelar pela intimação do apelado para apresentar suas contrarrazões e observar o procedimento cabível nos casos de interposição de apelação adesiva.

Cumpridas essas formalidades, os autos serão remitidos ao tribunal, independentemente do juízo de admissibilidade, que deverá ser feito pelo relator da apelação, após a distribuição do recurso.

O relator deverá decidir monocraticamente o recurso, nas hipóteses do art. 932, III a V, ou, se não for o caso, elaborar seu voto para julgamento do recurso pelo órgão colegiado.

123.2. EFEITOS DA APELAÇÃO

123.2.1. SUSPENSIVO

A apelação terá efeito suspensivo, ou seja, sua interposição tem o efeito de suspender a executividade dos efeitos da decisão (formais e materiais), enquanto não julgado o recurso.

O art. 1.012 excepciona as hipóteses em que a apelação será recebida somente no efeito devolutivo, possibilitando ao recorrido a instauração de uma execução provisória enquanto pendente o recurso.

É a sentença que: **a)** homologar a divisão ou a demarcação de terras; **b)** condenar a pagar alimentos; **c)** extinguir sem resolução do mérito ou julgar improcedentes os embargos do executado; **d)** julgar procedente o pedido de instituição de arbitragem; **e)** confirmar, conceder ou revogar tutela provisória; e **f)** decretar a interdição.

Entretanto, mesmo nesses casos, a eficácia da sentença poderá ser suspensa se o apelante demonstrar a probabilidade de provimento da apelação ou, diante da relevância da fundamentação, demonstrar risco de dano grave ou de difícil reparação.

Processo civil – Teoria geral do processo e processo de conhecimento

Esse pedido deve ser formulado ao relator, se já distribuída a apelação, ou ao tribunal, se o recurso, já interposto, não houver sido distribuído. No último caso, o tribunal distribuirá o requerimento e o relator do pedido torna-se prevento para a apelação.

123.2.2. DEVOLUTIVO

A apelação tem o condão de devolver ao tribunal o conhecimento da matéria impugnada no recurso.

Nessa devolução incluem-se: **a)** todas as questões suscitadas e discutidas no processo, ainda não solucionadas, desde que relativas ao capítulo impugnado; e **b)** todos os fundamentos do pedido ou da defesa, mesmo que o juiz tenha acolhido apenas um deles.

O espírito do Código de Processo Civil é evitar que o processo retorne ao primeiro grau para novo julgamento, motivo pelo qual autoriza o tribunal a julgar o mérito da causa quando: **a)** reformar sentença fundada no art. 485 do Código de Processo Civil; **b)** declarar a nulidade da sentença que for incongruente com os limites do pedido ou da causa de pedir (*extra, citra* e *ultra petita*); **c)** estiver presente omissão no exame de um dos pedidos, quando deverá julgá-lo; e **d)** decretar a nulidade da sentença por falta de fundamentação.

No mesmo sentido, quando a sentença reformada tiver reconhecido decadência ou prescrição, o tribunal, se possível, examinará o mérito, sem retorno dos autos ao juízo de primeiro grau.

Se a parte provar que deixou de propor questões de fato em primeiro grau por motivo de força maior, poderá fazê-lo na apelação.

Quadro Sinótico – Apelação

Apelação	É o recurso cabível contra a sentença. Todas as questões resolvidas na fase de conhecimento, cujas decisões não comportem agravo de instrumento nem estejam preclusas, devem ser levantadas em preliminar de apelação ou nas contrarrazões. É ela um recurso ordinário, de primeiro grau, com a petição de interposição dirigida ao próprio juiz prolator da sentença recorrida, contendo os nomes e as qualificações das partes, a exposição do fato e do direito, as razões do pedido de reforma ou decretação de nulidade e o pedido de nova decisão. I) Efeito suspensivo – A apelação terá efeito suspensivo, ou seja, sua interposição tem o efeito de: suspender a executividade dos efeitos da decisão (formais e materiais), enquanto não julgado o recurso, com exceção da decisão que homologar a divisão ou demarcação de terras; condenar a pagar alimentos; extinguir sem resolução de mérito ou julgar improcedentes os embargos do executado; julgar procedente o pedido de instituição de arbitragem; confirmar, conceder ou revogar tutela provisória; decretar a interdição. II) Efeito devolutivo – A apelação tem o condão de devolver ao tribunal o conhecimento da matéria impugnada no recurso, incluídas todas as questões suscitadas e discutidas no processo, ainda não solucionadas, desde que relativas ao capítulo impugnado e a todos os fundamentos do pedido ou da defesa, mesmo que o juiz tenha acolhido apenas um deles.

124. AGRAVO DE INSTRUMENTO (CPC, ARTS. 1.015 A 1.020)

É o recurso cabível contra as decisões interlocutórias que versarem sobre: **a)** tutela provisória; **b)** mérito do processo; **c)** rejeição da alegação de convenção de arbitragem; **d)** incidente de desconsideração da personalidade jurídica; **e)** rejeição ou revogação do pedido de gratuidade da justiça; **f)** exibição ou posse de documento ou coisa; **g)** rejeição do pedido de limitação do litisconsórcio; **h)** admissão ou não da intervenção de terceiros; **i)** concessão, modificação ou revogação dos efeitos suspensivos aos embargos à execução; **j)** distribuição do ônus da prova; e **k)** outros casos expressamente previstos em lei.

A taxatividade das hipóteses no processo de conhecimento é evidente, na medida em que se exige expressa previsão legal para o cabimento do agravo de instrumento.

Assim, toda decisão interlocutória proferida, mas da qual não tenha cabimento o agravo de instrumento, não se sujeita à preclusão, podendo e devendo ser objeto de abordagem em preliminar de apelação ou de suas contrarrazões.

Por tais motivos existe a expressa previsão de cabimento de agravo de instrumento contra todas e quaisquer decisões proferidas na fase de liquidação ou cumprimento de sentença, no processo de execução e no de inventário. São todos procedimentos nos quais não há que se falar em sentença ou recurso de apelação, da forma como estabelecida no processo de conhecimento. Por óbvio que, nesses procedimentos, diante da impossibilidade de protelar a apreciação de algumas decisões tomadas em seu curso para a fase de apelação, todas as decisões são impugnáveis por agravo de instrumento.

É ele recurso de segundo grau, interposto para o tribunal competente, mediante petição escrita, com o nome das partes, a exposição de fato e de direito, as razões do pedido de reforma ou invalidação da decisão e o nome e o endereço dos advogados, constantes do processo.

No prazo do recurso, o agravo será interposto por protocolo realizado diretamente no tribunal competente, protocolo na própria comarca, seção ou subseção judiciárias, postagem, sob registro e com aviso de recebimento, transmissão de dados tipo fac-símile, nos termos da lei ou outra forma prevista em lei.

São peças obrigatórias do agravo de instrumento cópias da petição inicial, da contestação, da petição que ensejou a decisão agravada, da própria decisão agravada, da certidão de intimação ou outro documento que comprove a tempestividade do recurso e das procurações dos advogados. É facultado ao advogado do declarante declarar a inexistência de qualquer um dos documentos obrigatórios, sob pena de sua responsabilidade pessoal, e juntar outros que reputar úteis. São eles dispensados no caso de autos eletrônicos.

A petição será acompanhada das custas e do porte de retorno, quando devidos.

Na falta de cópia obrigatória ou de qualquer outro vício de admissibilidade, deve o relator conceder o prazo de cinco dias para regularização.

Em não sendo os autos eletrônicos, o agravante deverá juntar aos autos do processo cópia do agravo, sob pena de inadmissibilidade do recurso. Se o juiz reformar inteiramente sua decisão, o relator dará o agravo por prejudicado.

Distribuído o agravo, o relator, no prazo de cinco dias:

a) Poderá atribuir efeito suspensivo ou deferir antecipação, total ou parcial, da pretensão recursal, comunicando ao juiz da sua decisão.

b) Ordenar a intimação do agravado pessoalmente, ou na pessoa de seu advogado, para responder no prazo de quinze dias, facultada a juntada de documentação.

c) Determinar a intimação do Ministério Público, preferencialmente por meio eletrônico, para manifestação em quinze dias, quando for o caso de intervenção.

O julgamento deverá ser realizado em prazo não superior a um mês da intimação do agravado.

125. AGRAVO INTERNO (CPC, ART. 1.021)

O agravo interno tem cabimento contra decisão proferida pelo relator e como destinatário o respectivo órgão colegiado, observadas as regras do regimento interno do tribunal quanto ao processamento.

Processo civil – Teoria geral do processo e processo de conhecimento

A petição de agravo impugnará os fundamentos da decisão recorrida, com abertura de prazo de quinze dias para manifestação do agravado, e, não havendo retratação, julgamento pelo colegiado.

É vedado ao relator agravado se limitar a repetir os fundamentos da decisão atacada para julgar improcedente o agravo.

Se este for tido de forma unânime como manifestamente inadmissível ou improcedente, o agravante será condenado a pagar ao agravado multa entre 1% e 5% do valor atualizado da causa. A condenação deverá ser depositada previamente à interposição de qualquer outro recurso, com exceção da Fazenda Pública e do beneficiário da Justiça Gratuita, que farão o pagamento ao final.

Quadro Sinótico – Agravo de instrumento e agravo interno

1) Agravo de instrumento	É o recurso cabível contra as decisões interlocutórias que versarem, de maneira taxativa, sobre: a) Tutela provisória. b) Mérito do processo. c) Rejeição da alegação de convenção de arbitragem. d) Incidente de desconsideração da personalidade jurídica. e) Rejeição ou revogação do pedido de gratuidade da justiça. f) Exibição ou posse de documento ou coisa. g) Rejeição do pedido de limitação do litisconsórcio. h) Admissão ou não da intervenção de terceiros. i) Concessão, modificação ou revogação dos efeitos suspensivos aos embargos à execução. j) Distribuição do ônus da prova. k) Outros casos expressamente previstos em lei. Assim, toda decisão interlocutória proferida, mas da qual não tenha cabimento o agravo de instrumento, não se sujeita à preclusão, podendo e devendo ser objeto de abordagem em preliminar de apelação ou de suas contrarrazões.
2) Agravo interno	O agravo interno tem cabimento contra decisão proferida pelo relator e como destinatário o respectivo órgão colegiado, observadas as regras do regimento interno do tribunal quanto ao processamento. Se este for tido de forma unânime como manifestamente inadmissível ou improcedente, o agravante será condenado a pagar ao agravado multa entre 1% e 5% do valor atualizado da causa.

126. EMBARGOS DE DECLARAÇÃO (CPC, ARTS. 1.022 A 1.026)

Em que pese previstos como espécie de recurso, não visam os embargos de declaração à reforma ou à invalidade de decisão judicial, mas, sim, o suprimento de sua eventual omissão sobre o qual devia o juiz se pronunciar, esclarecer obscuridade, eliminar contradição ou, ainda, a correção de erro material.

A decisão será considerada omissa quando deixar de se manifestar sobre tese firmada em julgamento de casos repetitivos ou em incidente de assunção de competência aplicável ao julgamento ou se incorrer em alguma das condutas descritas no art. 489, § 1º, do Código de Processo Civil.

Os embargos de declaração não têm efeito suspensivo e interrompem o prazo para interposição de outro recurso.

O efeito suspensivo pode ser concedido pelo juiz ou pelo relator se presentes a relevância da fundamentação e o risco de dano grave ou de difícil reparação.

O prazo para sua interposição é de cinco dias, em petição dirigida ao juiz, com indicação do vício que se pretende sanar, sem necessidade de preparo. Aplicam-se as regras estabelecidas para os prazos de litisconsortes com procuradores diferentes (art. 229).

Se o acolhimento dos embargos puderem implicar modificação da decisão embargada, o embargado será intimado para, querendo, se manifestar em cinco dias.

O juiz julgará os embargos nos mesmos cinco dias. Nos tribunais, o recurso deverá ser apresentado na sessão subsequente, podendo os embargos ser decididos monocraticamente, quando opostos contra decisão de relator ou outra decisão unipessoal proferida.

Os embargos poderão ser recebidos como agravo interno, se for este o recurso cabível, desde que seja o recorrente intimado para complementar as razões recursais.

Caso o acolhimento dos embargos modifique a decisão, eventual recurso interposto pelo embargado contra a decisão originária poderá ser complementado ou alterado, nos limites da modificação, no prazo de quinze dias da intimação da decisão dos embargos de declaração.

Para fins de prequestionamento, são considerados como incluídos no acórdão os elementos suscitados pelo embargante em suas razões, mesmo que seu recurso tenha sido inadmitido ou rejeitado, caso o tribunal superior considere existentes erro, omissão, contradição ou obscuridade.

Se manifestamente protelatórios os embargos de declaração, o embargante será condenado ao pagamento de multa não excedente a 2% do valor atualizado da causa. Em caso de reiteração, a multa será elevada até 10%, condicionada a interposição de qualquer recurso ao seu depósito prévio, com exceção da Fazenda Pública e dos beneficiários da gratuidade da justiça, que deverão pagar ao final do processo.

127. DOS RECURSOS PARA O SUPREMO TRIBUNAL FEDERAL E O SUPERIOR TRIBUNAL DE JUSTIÇA

127.1. RECURSO ORDINÁRIO (CPC, ARTS. 1.027 E 1.028)

Tem o recurso ordinário a finalidade primordial de garantir o duplo grau de jurisdição nos processos de competência originária dos tribunais.

Serão julgados em recurso ordinário:

a) Pelo Supremo Tribunal Federal, os mandados de segurança, os **habeas data** e os mandados de injunção decididos em única instância pelos tribunais superiores, quando denegatória a decisão (o STF funcionando como simples órgão recursal de processos de competência originária dos tribunais superiores).

b) Pelo Superior Tribunal de Justiça, os mandados de segurança decididos em única instância pelos Tribunais Regionais Federais ou pelos Tribunais de Justiça dos Estados e do Distrito Federal e Territórios, quando denegatória a decisão (o STJ funcionando como grau recursal de processos de competência originária dos Tribunais Regionais Federais ou da justiça comum), e das causas em que forem partes, de um lado, Estado estrangeiro ou organismo internacional e, de outro, Município ou pessoa residente ou domiciliada no País.

Aplicam-se ao recurso ordinário as mesmas regras estabelecidas para a apelação, quanto aos requisitos de admissibilidade e ao procedimento, e para o agravo de instrumento, nos casos de decisões interlocutórias proferidas nas demandas entre Estado estrangeiro ou organismo internacional.

Findo o prazo de quinze dias para contrarrazões, os autos serão remetidos ao tribunal superior, independentemente de juízo de admissibilidade.

Processo civil – Teoria geral do processo e processo de conhecimento

127.2. DO RECURSO EXTRAORDINÁRIO E DO RECURSO ESPECIAL

127.2.1. DISPOSIÇÕES GERAIS (CPC, ARTS. 1.029 A 1.035)

Os recursos extraordinário e especial, como os próprios nomes já indicam, têm como escopo primordial a defesa de interesses públicos, maiores que os interesses das partes envolvidas no litígio. Esses interesses públicos são caracterizados pela possibilidade de a decisão recorrida ter violado, em sentido amplo, a Constituição ou a Legislação Federal.

Por serem eles de cabimento fora do normal (excepcionais), por visarem à tutela de interesses absolutamente diversos, por não integrarem eles a garantia constitucional do duplo grau de jurisdição, por terem as hipóteses de individuais de cabimento previstas na Constituição Federal, devem ser interpostos conjuntamente, cada qual abordando seu objeto específico.

As petições distintas de interposição serão endereçadas ao presidente ou ao vice-presidente do tribunal recorrido, contendo a exposição de fato e de direito, a demonstração do cabimento do recurso e as razões do pedido de reforma ou de invalidação da decisão recorrida.

Se o recurso se fundar em dissídio jurisprudencial, cabe ao recorrente fazer a prova da divergência, seja por meio de cópia física, seja por mídia digital e indicação das circunstâncias que identifiquem ou assemelhem os casos confrontados.

O STF ou o STJ poderá desconsiderar o vício formal ou determinar a correção do recurso, desde que não o repute grave e que seja ele tempestivo.

O pedido de concessão de efeito suspensivo a esses recursos poderá ser formulado: **a)** ao presidente ou ao vice-presidente do tribunal recorrido, no período entre a interposição do recurso e a publicação da decisão de sua admissão, e ainda no caso de o recurso ter sido sobrestado por força do julgamento de recursos repetitivos; **b)** ao relator, se já distribuído o recurso; e **c)** ao tribunal superior respectivo, quando o recurso já tiver sido recebido, mas ainda não distribuído. O relator do pedido fica prevento para o julgamento do recurso.

Recebida a petição e intimado o recorrido para contrarrazões, o presidente ou o vice-presidente do tribunal recorrido deverá:

I) Negar seguimento:

a) a recurso extraordinário cujo objeto discuta matéria à qual o STF não tenha reconhecido repercussão geral ou contra acórdão que esteja em conformidade com o entendimento do STF, exarado em regime de repercussão geral;

b) a recurso extraordinário ou especial contra acórdão que esteja de acordo com entendimento do STF ou do STJ, exarado em regime de julgamento de recursos repetitivos.

II) Retornar o processo ao órgão julgador para realização do juízo de retratação, se o acórdão recorrido divergir do entendimento do STF ou do STJ exarado nos regimes de repercussão geral ou de recursos repetitivos.

III) Sobrestar o recurso que tenha por objeto controvérsia de caráter repetitivo ainda não decidida pelo STF e pelo STJ.

IV) Selecionar o recurso como representativo de controvérsia integrante de julgamentos repetitivos.

V) Realizar o juízo de admissibilidade e, se positivo, remeter o feito ao STF ou ao STJ, desde que o recurso não se sujeite ao regime de repercussão geral ou julgamento de recursos repetitivos ou não tenha sido ele selecionado como representativo da controvérsia ou, ainda, o tribunal recorrido tenha refutado o juízo de retratação.

SINOPSES JURÍDICAS

Da inadmissibilidade proferida no item V caberá agravo de instrumento. Nos casos dos itens I a III, caberá agravo interno.

Caso interpostos os dois recursos, os autos serão enviados para o STJ, a quem compete, após julgado o recurso especial, remeter os autos ao STF, caso o recurso extraordinário não esteja prejudicado.

O relator do recurso especial pode sobrestar seu julgamento, em decisão irrecorrível, caso entenda ser prejudicial o extraordinário, quando remeterá os autos ao STF.

Tal prejudicialidade pode ser rejeitada pelo STF, com devolução dos autos para julgamento do recurso especial.

Se o relator entender que o recurso especial versa sobre questão constitucional, deverá conceder o prazo de quinze dias para que o recorrente demonstre a existência de repercussão geral e se manifeste sobre a questão. Remetidos os autos ao STF, este, em juízo de admissibilidade, poderá devolvê-lo ao STJ.

Se o STF entender que o recurso extraordinário versa sobre ofensa reflexa à Constituição, por demandar revisão de interpretação da lei federal ou de tratado, enviará os autos ao STJ para julgá-lo como recurso especial.

Os recursos extraordinário e especial devolvem ao tribunal superior o conhecimento dos demais fundamentos para a solução do capítulo impugnado.

O STF não conhecerá de recurso extraordinário quando seu objeto constitucional não tiver repercussão geral.

Considera-se questão de repercussão geral a existência de questões relevantes do ponto de vista econômico, político, social ou jurídico que ultrapassem os interesses subjetivos do processo. Compete ao recorrente demonstrar a presença da repercussão geral.

Haverá repercussão geral sempre que o acórdão contrariar súmula ou jurisprudência dominante do STF ou tenha reconhecido a inconstitucionalidade de tratado ou de lei federal.

Na análise da repercussão geral, poderá o relator admitir manifestação de terceiros. Reconhecida sua presença, o relator determinará a suspensão do processamento de todos os processos que versem sobre a questão, no território nacional.

O interessado poderá requerer ao presidente ou ao vice-presidente do tribunal de origem que exclua do sobrestamento o recurso extraordinário intempestivo, colhida a manifestação do recorrido em cinco dias. Indeferido o pedido, caberá agravo interno.

O recurso que tiver a repercussão geral reconhecida deve ser julgado no prazo de um ano, com preferência sobre os demais feitos, com exceção daqueles que envolvam réus presos e pedidos de *habeas corpus*.

127.2.2. DOS JULGAMENTOS DOS RECURSOS EXTRAORDINÁRIO E ESPECIAL REPETITIVOS (CPC, ARTS. 1.036 A 1.041)

Na busca de segurança jurídica e otimização de resultado, sempre que houver múltiplos recursos, extraordinários ou especiais, versando sobre idêntica questão de direito, deverão ser eles objeto de um julgamento único, perante o STF ou o STJ.

O presidente, ou o vice, do Tribunal de Justiça ou do Tribunal Regional Federal selecionará dois ou mais recursos que representem a controvérsia repetitiva para fins de afetação pelo STF ou pelo STJ, com suspensão de todos os processos pendentes no Estado ou na região. Tal escolha não vincula o relator no tribunal superior, que poderá selecionar outros recursos representativos da controvérsia. Os recursos escolhidos devem trazer argumentação e discussão abrangentes a respeito da questão a ser decidida.

Processo civil – Teoria geral do processo e processo de conhecimento

Recebidos os recursos, o relator, analisando a presença dos pressupostos do incidente, proferirá decisão de afetação com a identificação precisa da questão a ser julgada, com a suspensão de todos os processos com esse objeto e pendentes no território nacional. Poderá, ainda, requisitar aos Tribunais de Justiça ou Regionais Federais a remessa de um recurso representativo da controvérsia.

Rejeitada a afetação, o tribunal de origem será comunicado para revogar a suspensão dos demais recursos.

Os recursos afetados deverão ser julgados em um ano, com preferência sobre os demais, com exceção daqueles que envolvam réu preso ou pedidos de *habeas corpus*.

Os recursos requisitados diretamente pelos tribunais superiores podem trazer em seu bojo outras questões, além daquela objeto de afetação. Nesses casos, a questão afetada deve ser decidida em primeiro lugar.

Intimada da suspensão, pode a parte demonstrar a distinção entre o objeto de seu processo e a questão afetada, quando então poderá ela requerer seu prosseguimento. Esse requerimento deverá ser feito no juízo perante o qual o feito se encontra sobrestado, seja ele em primeiro grau, no tribunal de origem ou no tribunal superior.

Reconhecida a distinção, o próprio juiz ou o relator dará seguimento ao processo, determinando a subida dos recursos extraordinário ou especial, se for o caso.

Da decisão que resolver o requerimento do interessado cabe agravo de instrumento, se estiver em primeiro grau, ou agravo interno, se a decisão for do relator.

Após a afetação dos recursos, poderá o relator solicitar ou admitir a participação de todos aqueles com interesse na controvérsia, realizar audiência pública e requisitar informações aos tribunais inferiores.

O Ministério Público tem participação obrigatória e o julgamento será feito com preferência dos demais feitos, ressalvados os casos de réu preso e *habeas corpus*.

Decidida a questão repetitiva, os órgãos colegiados declararão prejudicados os demais recursos que versem sobre a mesma controvérsia ou decidirão aplicando a tese firmada.

Se for negada a repercussão geral no recurso extraordinário afetado, os demais que estejam sobrestados serão automaticamente inadmitidos.

Após a publicação do acórdão, a decisão será obrigatoriamente seguida nos processos em curso que estejam suspensos. Gerará ela a negativa de seguimento aos recursos sobrestados na origem, quando o acórdão recorrido tiver seguido a orientação contida na decisão vinculante. Caso o acórdão recorrido contrarie a orientação exarada, a decisão será reexaminada pelo órgão que a proferiu.

Se a orientação envolver a prestação de serviços públicos, será ela informada aos órgãos, aos entes ou às agências responsáveis pela fiscalização da sua efetiva aplicação por parte dos entes sujeitos à sua regulação.

Faculta-se à parte desistir da ação, antes de proferida a sentença, se nela for discutida questão idêntica à resolvida pelo incidente de recursos repetitivos, independentemente da concordância do réu. Se a desistência ocorrer antes da contestação, fica o autor isento do pagamento das custas e dos honorários advocatícios.

Caso o acórdão divergente seja mantido pelo tribunal de origem, o recurso extraordinário ou especial será remetido ao respectivo tribunal superior. Nos casos em que realizado juízo de retratação, o tribunal de origem decidirá as demais questões, não decididas quando da decisão retratada.

Se presentes outras questões, além da decidida no incidente de recursos repetitivos, após retratada a decisão, o tribunal de origem fará juízo de admissibilidade e remeterá, se for o caso, o recurso ao tribunal superior para julgamento das demais questões.

SINOPSES JURÍDICAS

127.2.3. DO AGRAVO EM RECURSO ESPECIAL E EM RECURSO EXTRAORDINÁRIO (CPC, ART. 1.042)

Da decisão que não admite o recurso especial ou extraordinário cabe agravo, salvo se a negativa se fundar em entendimento firmado em repercussão geral ou em decisão sobre recursos repetitivos.

O agravo será interposto perante o tribunal de origem e independe de pagamento de custas e despesas postais. Segue ele o regime da repercussão geral e recursos repetitivos, inclusive quanto ao sobrestamento e à retratação.

Após manifestação do agravado, em quinze dias, o agravo será remetido ao tribunal superior, o qual poderá, inclusive, ser julgado em conjunto com o recurso principal.

O agravo deve ser interposto individualmente para a negativa dos recursos especial e extraordinário. Havendo interposição conjunta, os autos serão remetidos ao STJ, para, após julgado o agravo e/ou recurso especial, ser remetido para o STF, salvo se o recurso extraordinário estiver prejudicado.

127.2.4. DOS EMBARGOS DE DIVERGÊNCIA (CPC, ART. 1.043)

Na linha de criar remédios para evitar a insegurança jurídica decorrente de decisões díspares, a respeito do mesmo tema, cabem embargos de divergência contra acórdão proferido por órgão fracionário que, em recurso extraordinário ou especial, divergir do julgamento de qualquer outro órgão do mesmo tribunal, sendo ambos os acórdãos de mérito, ou sendo um de mérito e o outro, embora não tenha conhecido o recurso, tendo apreciado a controvérsia.

Nos embargos poderão ser confrontadas teses jurídicas existentes em recursos e ações de competência originária, podendo a divergência versar sobre questões de direito material ou processual.

São eles cabíveis, ainda, quando o acórdão paradigma for da mesma turma da decisão embargada, desde que sua composição tenha se alterado em mais da metade de seus membros.

O procedimento seguirá o estabelecido no regimento interno do respectivo tribunal, interrompendo o prazo para interposição de recurso extraordinário. Este será processado e julgado se os embargos de divergência forem desprovidos ou não modificarem a decisão anterior.

Quadro Sinótico – Recursos ordinário, extraordinário e especial; do agravo em recursos extraordinário e especial; embargos de divergência

1) Recurso ordinário	Tem o recurso ordinário a finalidade primordial de garantir o duplo grau de jurisdição nos processos de competência originária dos tribunais.
2) Recurso extraordinário e especial	Ambos têm como escopo primordial a defesa de interesses públicos, maiores que os interesses das partes envolvidas no litígio. Esses interesses públicos são caracterizados pela possibilidade de a decisão recorrida ter violado, em sentido amplo, a Constituição ou a legislação federal, e devem ser interpostos conjuntamente, cada qual abordando seu objeto específico. Os recursos extraordinário e especial devolvem ao tribunal superior o conhecimento dos demais fundamentos para a solução do capítulo impugnado. O STF não conhecerá de recurso extraordinário quando seu objeto constitucional não tiver repercussão geral.

Processo civil – Teoria geral do processo e processo de conhecimento

3) Do agravo em recursos extraordinário e especial	Da decisão que não admite o recurso especial ou extraordinário cabe agravo, salvo se a negativa se fundar em entendimento firmado em repercussão geral ou em decisão sobre recursos repetitivos. O agravo será interposto perante o tribunal de origem e independe de pagamento de custas e despesas postais. Segue ele o regime de repercussão geral e recursos repetitivos, inclusive quanto ao sobrestamento e à retratação.
4) Embargos de divergência	Têm cabimento contra acórdão proferido por órgão fracionário que, em recurso extraordinário ou especial, divergir do julgamento de qualquer outro órgão do mesmo tribunal, sendo ambos acórdãos de mérito, ou sendo um de mérito e o outro, embora não tenha conhecido o recurso, tendo apreciado a controvérsia. Nos embargos poderão ser confrontadas teses jurídicas existentes em recursos e ações de competência originária, podendo a divergência versar sobre questões de direito material ou processual.